国学新读本

春秋繁露

曾振宇 注说

河南大学出版社

国学新读本编辑委员会

总策划　马小泉

主　编　李振宏

编　委　（以姓氏笔画为序）

　　　　马小泉　王　健　朱绍侯　刘小敏
　　　　李中华　李振宏　苏凤捷　何晓明
　　　　张云鹏　张富祥　宋会群　杨天宇
　　　　杨寄林　杨朝明　赵国华　郑慧生
　　　　姜建设　袁喜生　曹　峰　曹础基
　　　　曾振宇　戚良德　龚留柱　熊铁基

目 录

序 ………………………………… 李振宏（ 1 ）
《春秋繁露》通说 ……………………………… （ 1 ）

楚庄王第一 ……………………………………… （115）
玉杯第二 ………………………………………… （125）
竹林第三 ………………………………………… （135）
玉英第四 ………………………………………… （145）
精华第五 ………………………………………… （154）
王道第六 ………………………………………… （160）
灭国上第七 ……………………………………… （172）
灭国下第八 ……………………………………… （174）
随本消息第九 …………………………………… （176）
盟会要第十 ……………………………………… （179）
正贯第十一 ……………………………………… （181）
十指第十二 ……………………………………… （183）
重政第十三 ……………………………………… （185）
服制像第十四 …………………………………… （188）

二端第十五 …………………………………（190）

符瑞第十六 …………………………………（192）

俞序第十七 …………………………………（193）

离合根第十八 ………………………………（196）

立元神第十九 ………………………………（198）

保位权第二十 ………………………………（202）

考功名第二十一 ……………………………（205）

通国身第二十二 ……………………………（208）

三代改制质文第二十三 ……………………（209）

官制象天第二十四 …………………………（220）

尧舜不擅移、汤武不专杀第二十五 ………（224）

服制第二十六 ………………………………（227）

度制第二十七 ………………………………（229）

爵国第二十八 ………………………………（232）

仁义法第二十九 ……………………………（239）

必仁且智第三十 ……………………………（244）

身之养重于义第三十一 ……………………（248）

对胶西王越大夫不得为仁第三十二 ………（251）

观德第三十三 ………………………………（253）

奉本第三十四 ………………………………（258）

深察名号第三十五 …………………………（262）

实性第三十六 ………………………………（270）

诸侯第三十七 ………………………………（273）

五行对第三十八 ……………………………（274）

第三十九［缺］………………………………（276）

第四十[缺] ………………………………………… (276)

为人者天第四十一 ……………………………… (276)

五行之义第四十二 ……………………………… (279)

阳尊阴卑第四十三 ……………………………… (281)

王道通三第四十四 ……………………………… (285)

天容第四十五 …………………………………… (289)

天辨在人第四十六 ……………………………… (291)

阴阳位第四十七 ………………………………… (294)

阴阳终始第四十八 ……………………………… (295)

阴阳义第四十九 ………………………………… (297)

阴阳出入上下第五十 …………………………… (299)

天道无二第五十一 ……………………………… (301)

暖燠常多第五十二 ……………………………… (303)

基义第五十三 …………………………………… (305)

第五十四[缺] ………………………………… (308)

四时之副第五十五 ……………………………… (308)

人副天数第五十六 ……………………………… (310)

同类相动第五十七 ……………………………… (313)

五行相生第五十八 ……………………………… (316)

五行相胜第五十九 ……………………………… (319)

五行顺逆第六十 ………………………………… (322)

治水五行第六十一 ……………………………… (325)

治乱五行第六十二 ……………………………… (326)

五行变救第六十三 ……………………………… (327)

五行五事第六十四 ……………………………… (329)

郊语第六十五 ……………………………（332）

郊义第六十六 ……………………………（335）

郊祭第六十七 ……………………………（336）

四祭第六十八 ……………………………（338）

郊祀第六十九 ……………………………（340）

顺命第七十 ………………………………（342）

郊事对第七十一 …………………………（345）

执贽第七十二 ……………………………（348）

山川颂第七十三 …………………………（350）

求雨第七十四 ……………………………（352）

止雨第七十五 ……………………………（356）

祭义第七十六 ……………………………（358）

循天之道第七十七 ………………………（361）

天地之行第七十八 ………………………（369）

威德所生第七十九 ………………………（372）

如天之为第八十 …………………………（374）

天地阴阳第八十一 ………………………（376）

天道施第八十二 …………………………（379）

参考文献 …………………………………（382）

序

最近一些年来,一股"国学热"的思潮强劲涌动,在文化学界以至于整个社会上,引起了强烈反响。为什么在这样一个社会的大变革时代,在从传统社会向现代社会的转型期,最为传统的国学,却能引起国人的极大兴趣,这的确是一个值得思考和研究的问题。

"国学"作为一个学术文化概念,产生于近代。从渊源上讲,"国学"概念的产生,与"国粹"有些关联,并且是从对抗西学侵入的角度提出来的。今天,中华民族早已是一个独立于世界民族之林的自立自强的民族,全球经济一体化所带来的世界文化的汇合与交融,也早已是历史发展的必然趋势,而在这样的历史大势中,却会有"国学热"的产生,乍一看来,确有不可思议之处。但实际上,国学的当代走红,则与我们今天所处的历史时代有着一定的关系。

随着改革开放的迅速推进,随着市场经济的强劲发展,传统道德受到了强烈冲击,传统文化与现代文化观念的碰撞也日益强烈。于是,如何看待传统文化的问题,就严峻地提到了国人的面前。传统文化的出路何在,它从何而来,要走向何方,如何对之进行价值重估,一切关心文化问题、有着强烈历史责任感的人们,无不把关注的目光投向中国的传统学术。当然,也不排除一些对改革开放和市场经济所带来的冲击无法理解和接受,对现代经济发展对传统道德的亵渎强烈抗议的人们,自然而然地发出向传统文化复归而倡导国学的呼声。总之,不论是出于积极的思考,还是抱着一种向后看的心态,对国学的重视则成了最近十多年来一种普遍的文化选择。

于是,对待"国学热"就需要有一个分析的态度。对于任何一个民族的发展来说,传统文化都是其牢固的根基,是其一切历史的出发点,摒弃传统、甚至全盘否定传统文化,都是幼稚可笑的,不可取的。但一遇到问题就求助于传统,甚至一味狂热地提倡向传统复归,也是走不通的,过去那句常说的"倒退是没有出路的"话,虽说不是什么至理名言,却也还是有些道理的。这些年来,一些地方出现的中小学生、甚至幼儿园小朋友的读经热,就是一种值得注意的倾向。国学,毕竟是一种学术,需要有一定的文化基础,有一定的分析批判能力,才能对之进行识读、鉴别而决定其取舍。所以,严格地说,对于国学,尤其是经学,在当代中国,需要的是研究以及在此基础上的批判继承,而不是再像传统社会中那样采取唱诗班的方式,对青少年一代进行无分析地灌输。因此,如何弘扬传统文化,就是一个需要思考的问题。

正是基于以上考虑,为着弘扬优秀传统文化的需要,也为着对社会上盲目崇尚读经的风气有所引导,我们组织了这套"国学新读本"丛书,选择一些在中国传统文化中影响较大的国学典籍,对之进行简明扼要的注释,然后在读本前边,用较大篇幅解读该典籍的基本思想文化内涵,评述其在中国文化史上的地位和影响,并对如何阅读该典籍做出读书方法上的引导。通过这样一个较为翔实的导读内容,以批判分析的态度,给青年人的国学典籍阅读提供一个健康的思想导向。根据这样的宗旨,这套丛书,在大的结构上,每本都分为"通说"和"简注"两个部分,"通说"是导读的性质,"简注"在于疏通文字,希望这样的安排,能够为青年朋友和一般社会读者提供一个国学入门的向导。果能如此,也就实现了撰著者和出版者的愿望。

国学所以是国学,就在于它是我们祖国优秀民族文化和民族精神的载体。在这些国学典籍中,包含着民族文化的基因,蕴藏着民族精神的范型。衷心期待这套丛书能够成为广大读者学习国学精华、体认民族精神、继承祖国优秀文化遗产的良师益友。

李振宏

2008年2月28日

《春秋繁露》通说

一 董仲舒其人其书

孔子创建的儒家学派,经过子思、孟子、荀子等人的努力,得以薪火相传。迨至两汉时期,儒学经历了一次重大的变革。墨家、道家、法家、阴阳家、黄老学派的一些思想被儒家学派吸纳,西汉时期的儒家已经不同于先秦时代的原始儒家。正因为如此,有些学者将汉代儒家称之为"新儒家"。在这一历史阶段,最有名的儒家代表人物当属董仲舒。《汉书·五行志》说:"景、武之世,董仲舒治《公羊春秋》,始推阴阳,为儒家宗。"作为"儒家宗"的董仲舒是承前启后的一代伟人,《春秋繁露》一书中所体现的博大精深、意蕴深奥的思想,对中国文化的发展产生了深远的影响。

(一) 董仲舒其人

董仲舒大约出生于汉高祖九年(公元前198年),约卒于汉武帝元封五年(公元前106年)①,广川(今河北景县)人。作为一位中国历史上著名的思想家,历代留传下来的有关他的思想的资料不算太少,但记录他的生平事迹的材料却是凤毛麟角、雪泥鸿爪,后人只能从《史记》、《汉书》、《春秋繁露》、《艺文类聚》等典籍中寻觅些许有关董仲舒一生行事的稀疏史影。

1."天人三策"

董仲舒从小研习《春秋》,对这一记载春秋时期史事的鲁国史籍非常熟稔。《史记·儒林列传》说,董仲舒"以治《春秋》,孝景时为博士"。汉文帝元年(公元前179年),董仲舒大约20岁。汉景帝后元三年(公元前141年),董仲舒大约58岁。也就是说,从20岁到58岁左右的这段时间里,董仲舒因为精通《春秋》,而成为官方讲授儒家经典的学官(博士)。

博士是古代学官的名称,它与儒学有着密切的关联。《史记·循吏列传》载:"公仪休者,鲁博士也。"《汉书·贾山传》说贾山的"祖父祛,故魏王时博士弟子也"。一位是鲁国博士,另一位是魏国博士。由此可见,早在战国时期,博士一职已经存在。秦始皇统一中国后,博士设置因循不变。秦始皇时代有博士70人,秦二世时期有博士诸生30多人,其中有姓名可考者达12人,如见于《史记》、《汉书》的有博士仆射周青臣和博士淳于越、伏胜、叔孙通、羊子、黄疵、正先7人。另外,根据《古今姓氏书辨正》等史料记载,还有李克、桂贞、卢敖、圈公、沈遂5人。从学派上看,淳于越、伏胜、叔孙通、羊子、圈公、李克6人属于儒家,黄疵是名家,卢敖是神仙家,其余几人难下论断。由此可见,在可判学派归属的8名博士当

---

① 学界在董仲舒生卒年问题上一直有争议。金春峰认为董仲舒生卒年为公元前179年至前104年;王永祥则认为董仲舒约生于公元前192年至前191年之间,约卒于公元前107年至前104年之间。

中,儒家占了大多数。李斯的焚书之奏建议"非博士官所职,天下敢有藏《诗》、《书》、百家语者,悉诣守、尉杂烧之"①。李斯将《诗》、《书》放在首位,也说明秦王朝博士官是诸家并立、以儒家为主的格局。汉承秦制,因循未变。汉高祖曾经拜叔孙通为博士,但西汉初期因为天下甫定,百废待兴,博士学官的建制不太健全。到汉文帝时期,情况才转入正轨,博士已达七十多人,博士的数目和秦王朝的相差无几②。

董仲舒是因通《公羊春秋》当上博士的。设专经博士的制度,大概形成于汉文帝时期。文、景之时,专门研究《诗》的博士有鲁人申公、燕人韩婴、齐人辕固生;专门研究《书》的博士有晁错;治《春秋》的博士有胡毋(母)生、公孙弘、董仲舒、江生;治《书》的博士有张生、欧阳生、兒宽;治《易》的博士有主父偃、周霸。研治《孟子》、《尔雅》、《孝经》的也有博士。当时还没有"罢黜百家",博士并非儒家一派垄断,名家博士、方仙道博士也可招收弟子、传授师法。建元五年(公元前136年),汉武帝"罢黜百家,独尊儒术",正式下诏以《诗》、《书》、《礼》、《易》、《春秋》五部典籍为法定经典,并且设立博士,其他非五经博士都被罢黜。从此以后,博士之职为儒家一派所专有③。

汉武帝建元元年(公元前140年)十月,刚刚履临九五之尊的汉武帝,下诏命令丞相、御史、列侯等大臣选出"贤良文学"之士,

---

① 司马迁:《史记·秦始皇本纪》,中华书局,1959年版。下同不另注。
② 参见周桂钿:《董学探微》,北京师范大学出版社,1989年版。
③ 至南北朝时,"博士"演变为专精一艺的职官。如西晋专有律学博士,北魏专有医学博士,隋唐有国子、四门博士和算学博士、书学博士等等。宋代以后,开始重视实际操作的特种行业技艺,对从事某种职业的人一概称为博士,从此,博士的名位向餐饮服务行业的茶坊、酒店中普及。据孟元老的《东京梦华录·饮食果子》记载:"凡店内卖下酒厨子,谓之茶、饭、量酒博士。"

将他们召集起来,由他亲自考试。他以皇帝的名义提出问题(策问),让那些"贤良文学"们回答(对策)。在前后三次策问中,汉武帝提出了几个问题求教于这些饱学之士:

其一,汉武帝问:"三代受命,其符安在?"夏、商、周三代天子各受天命,天命分别表现在哪些祥瑞上?这一提问实际上是对王权存在合理性的形而上的追问。董仲舒回答说:"臣闻天之所大奉使之王者,必有非人力所能致而自至者,此受命之符也。天下之人同心归之,若归父母,故天瑞应诚而至。《书》曰'白鱼入于王舟,有火复于王屋,流为乌',此盖受命之符也。周王曰'复哉复哉',孔子曰'德不孤,必有邻',皆积善累德之效也。及至后世,淫佚衰微,不能统理群生,诸侯背畔,残贼良民以争壤土,废德教而任刑罚。刑罚不中,则生邪气;邪气积于下,怨恶畜于上。上下不和,则阴阳缪戾而妖孽生矣①。"董仲舒认为,王权源于神权,人间的王权只有得到了天命这一最高神权的认可,才具备合理存在的证明。这种证明不是超验的,而是经验的,其外在直观表现就是祥瑞。譬如,周武王伐纣的时候,一条白鱼跃入周武王舟中,这就是天命对周武王伐纣行为的嘉许和对周武革命的认可。董仲舒在这里提出了一个很重要的观点:人心向背是天瑞的终级依据。人间的王权只有得到了普天下大多数人的拥护,"归之如流水",上天才会顺应民心,"天瑞应诚而至"。

其二,汉武帝问:"灾异之变,何缘而起?"水旱地震火山爆发等自然灾害发生的原因究竟是什么?这本来是一个涉及到天文学、地质学等自然科学方面问题,但是,精通阴阳五行之术的董仲舒却作了另一番解释:"臣谨案《春秋》之中,视前世已行之事,以观天人相与之际,甚可畏也。国家将有失道之败,而天乃先出灾害

---

① 班固:《汉书·董仲舒传》,中华书局,1962年版。下同不另注。

以谴告之,不知自省,又出怪异以警惧之,尚不知变,而伤败乃至。以此见天心之仁爱人君而欲止其乱也。自非大亡道之世者,天尽欲扶持而全安之,事在强勉而已矣。"①董仲舒认为,水灾、旱灾、虫灾、地震等自然灾害,不是一种单纯的自然现象,实质上它和天降祥瑞一样,是上天意志的直观表现形式——"谴告"。如果人间的君王残贼百姓、暴虐无道,使之生灵涂炭,万户萧索,上天就会通过水旱之灾、日食月食等自然怪异现象予以警告;倘若统治者仍然执迷不悟,不思悔改,上天就会更换王命,使江山易主。

其三,汉武帝问:"性命之情,或夭或寿,或仁或鄙,习闻其号,未烛厥理。"有人长寿,有人夭亡;有的人名重如山,有的人卑鄙猥琐,其中的原因究竟是什么?汉武帝的这一提问,涉及到了人性论和生命科学。董仲舒回答说:"臣闻命者天之令也,性者生之质也,情者人之欲也。或夭或寿,或仁或鄙,陶冶而成之,不能粹美,有治乱之所生,故不齐也。孔子曰:'君子之德风,小人之德草,草上之风必偃。'故尧舜行德则民仁寿,桀纣行暴则民鄙夭。夫上之化下,下之从上,犹泥之在钧,唯甄者之所为;犹金之在镕,唯冶者之所铸。'绥之斯徕,动之斯和',此之谓也。"②董仲舒在这里没有明确提出日后他系统论证的人性学说——"天赋善恶论",而是提出了一个类似于孔子的观点:人民性情的善与恶、好与坏、高尚与卑劣,与政治的清浊有着直接的关联。如果君王圣明,施行仁政,抚恤百姓,人民道德水准就很高,寿命也很长;反之,如果生于乱世,统治者像桀纣一样暴虐奢靡,与人民为敌,人民的道德水准就如同草寇,寿命如同朝露,朝不保夕。人间的政治就像是一位陶工,人民的性情与寿命就像是一堆尚未成形的泥土,这堆泥土将来会塑造成一件件什么样的陶器,取决于陶工自身的素质。

---

①② 《汉书·董仲舒传》。

董仲舒的对策受到了汉武帝的赞许,"天子览其对而异焉"。汉武帝之所以会感到惊异,大概是董仲舒的对策与众不同,无论谈论什么问题,董仲舒总是与现实时政挂钩,甚至是在暗讽时政。刚上台不久的汉武帝踌躇满志,所以会对董仲舒的对策产生惊异的表情。接着,汉武帝又提出了第四个问题:如何评价"有为"与"无为"?尧舜的时代垂拱无为,天下太平;周文王日理万机,"至于日昃不暇食",天下也大治。结果虽然一样,但为何治国安民之道的差异会如此悬殊呢?此外,汉武帝还提到了"奢"和"俭"的问题、质朴和雕琢的问题。这三个问题在我们今天看来,好像有些迂阔空洞,没有什么价值,其实并非如此,这三个问题实质上就是从汉初以来一直争论不休的"有为"与"无为"的问题。汉初,文帝和景帝都喜欢黄老之学,奉行"无为而治"的治国方针,尤其是汉文帝的皇后窦氏,更是钟情于黄老之学。汉武帝即位时,窦太后还健在,窦以太皇太后的身份强调要奉行"黄老无为"之学。汉武帝虽然从内心里倾向于实行积极"有为"的政治,但在当时的政治背景下,还存在很大的阻力。因此,汉武帝特意提出这一问题进行"策问",让"贤良文学"们广泛发表意见,目的在于了解国人对这一敏感政治问题所持的态度。所以,"有为"与"无为"之争在当时是一个非常敏感的现实问题。

董仲舒在对策中回答说:"帝王之条贯同,然而劳逸异者,所遇之时异也。"古代的帝王有的主张"无力"而"逸",有的奉行"有为"而"劳",这是由于他们所处的时代不同、条件不一,不能一概而论。董仲舒的这一番话,很可能是受到了法家商鞅的影响。当年商鞅在"御前大辩论"时,也曾说过:"治世不一道,便国不必法古。汤武之王也,不修古而兴;殷夏之灭也,不易礼而亡。然则反古者未可必非,循礼者未足多是也。"①治理天下没有一成不变、万世一系的法则,只要对天下有利就不必效法先贤。商汤、周武王不效法往古,照样兴旺强盛;殷纣、夏桀虽没有改变旧礼,照样灭亡。违反前贤古制的人不应受到指责,死守旧礼、不知变通的人不应该受到后人的推崇,治国的关键是"各当时而立法,因事而制礼"②。此后,董仲舒又回答了"奢"与"俭"的问题:"臣闻制度文采玄黄之饰,所以明尊卑、异贵贱而劝有德也。"有些"奢"的东西,表面上看好像是虚文,没有什么实际的功效,但实际情况并非如此。"奢"也有"奢"的价值,它同样是上层建筑中不可或缺的组成部分,"俭非圣人之中制也",单纯地追求俭朴和片面地追求奢侈,都不是统治者应该固守的价值观念。关于质朴和雕琢的问题,董仲舒以玉为例进行解答。他认为问题的关键在于它是一块什么样的玉,如果是良玉,那自然用不着雕琢;如果是一块常玉,那就非用人力加以雕琢不可。"常玉不琢不成文章,君子不学不成其德"。董仲舒对这几个问题的回答,表面上看似乎有些牵强附会、互不相关,实质上是围绕着一个核心问题来展开的。这一核心问题就是肯定积极"有为",反对消极"无为"。董仲舒的这种政治倾向,正好迎合了年青有为的汉武帝的口味,汉武帝所以对其称赞有加,也是其来有自了。

汉武帝和董仲舒在一问一答中,配合默契。在第三次对策的最后一段中,董仲舒说了这样一句话:"《春秋》大一统者,天地之常经,古今之通谊也。""大一统"思想是贯穿在董仲舒思想体系中的一根红线,包涵了两大内容:一是政治上大一统;二是思想上大一统,也就是以儒家思想为主流意识形态和全民族的道德规范,这

---

①② 《商君书·更法》,上海古籍出版社缩印浙江书局汇刻本,1986年版。

是董仲舒毕生矻(kū)矻以求的最高社会理想。

董仲舒成为博士之后，名望日益隆盛。根据《史记·儒林列传》记载，董仲舒"下帷讲诵，弟子传以久次相受业，或莫见其面，盖三年董仲舒不观于舍园，其精如此。进退容止，非礼不行，学士皆师尊之"。桓谭的《新论·本造》也有类似的记载："董仲舒专精于述古，年至六十余，不窥园中菜。"今人周桂钿先生认为此时的董仲舒已年逾花甲，大约62岁左右①。座下弟子众多，董仲舒整天忙于传业授道，心无旁鹜，三年不出家门。根据《汉书》记载，汉武帝于元朔五年（公元前124年）元月，批准了丞相公孙弘为博士置弟子员的建议。汉武帝诏令公孙弘拟定了具体方案，规定五经博士教授的学生每一经有10人，全国博士弟子50人，由太常从全国择选年龄18岁以上、相貌端正者充当，并且免除其赋税徭役负担。除了这些正式的博士弟子之外，又增设"受业如弟子"的旁听生，由全国各郡国县官选拔"好文学，敬长上，肃政教，顺乡里，出入不悖"的青年才俊②，跟随博士官受业。弟子们每年考试一次，如果能通一经，就可以补文学掌故的缺，考得最高等的可以做中郎；才能下等以及一经都不及格的，勒令退学。博士弟子有一定的名额、一定的待遇、一定的考核和任用程序，成为进身仕途的一条重要门径；而博士也就专掌经学传授，成为学官了。由此可以推测，董仲舒除了10名正式博士弟子外，还有一大批"受业如弟子"的旁听生，传道解惑任务十分繁重，所以无暇窥园了。

2. 从江都相到胶西相

元光元年（公元前134年），汉武帝任命董仲舒为江都相。江都是一个诸侯国，易王刘非是汉武帝的兄长，当时董仲舒已是65

---

① 参见周桂钿：《董学探微》，北京师范大学出版社，1989年版。
② 《汉书·儒林传》。

岁左右的耆艾老者。董仲舒赴任后，除了辅佐易王外，仍然心怀天下，为国分忧。元光五年（公元前130年），董仲舒建议汉王朝趁国力鼎盛之时，发兵出击匈奴，安定边陲。易王刘非于是上书汉武帝，建议出击匈奴。易王刘非的上书在朝廷引起轩然大波，侍臣严安上书说："今欲招南夷，朝夜郎，降羌僰，略濊州，建城邑，深入匈奴，燔其茏（龙）城，议者美之。此人臣之利也，非天下之长策也。"①严安认为易王刘非别有用心，企图趁汉朝大军北击匈奴之机扩展个人势力，图谋不轨。汉武帝偏听偏信，龙颜大怒，于是将"幕后军师"董仲舒废为中大夫。

董仲舒获罪后，暂时赋闲在家，但忧国忧民之心丝毫没有减弱。当时辽东地方的汉祖庙和汉高祖陵园中的便殿先后失火，董仲舒就这两事写了一篇《灾异之记》。他精通阴阳五行灾异之学，倡言"天人感应"，董仲舒在这篇文章中将自然现象和现实政治相比附，认为辽东地区祖庙失火意味着在外地的不法诸侯该杀，汉高祖陵园失火意味着在朝的不法诸侯该杀。正当董仲舒在家奋笔疾书之时，他的朋友主父偃登门拜访。主父偃看见这篇文章后大惊失色，连忙将它偷了出来，上奏汉武帝。汉武帝特意召集了一些大臣就此事进行议论，董仲舒的学生吕步舒不知道这是他老师的文稿，"以为大愚"，要求汉武帝予以严惩，以儆效尤。结果，董仲舒被定为死罪。汉武帝大概考虑到董仲舒已是七十来岁的垂垂老者，不久又下诏将其赦免。

元朔五年（公元前124年），公孙弘任丞相。当时胶西王刘端（治所在今山东省高密一带）骄横纵恣，为害一方，凡前往胶西任相国、二千石级的官员，多被刘端陷害。胶西虽是小国，而被杀受伤害的二千石级官员却很多。公孙弘心怀叵测地对汉武帝说："独

---

① 《史记·平津侯主父列传》。

董仲舒可使相胶西王。"①汉武帝旋即任命董仲舒为胶西相。公孙弘、董仲舒两人一直不和,那么公孙弘为什么会建议任命董仲舒为胶西相呢?这其中大概有两方面的原因,第一个原因是公孙弘研究《春秋》的功力不如董仲舒,由此产生忌恨之心。公孙弘虽然也治《公羊春秋》,但功力浅薄,无法与董仲舒相比。《史记·儒林列传》评论说:"公孙弘治《春秋》不如董仲舒。"当时有几件事例可以充分证明这一点。一是吾丘寿王奉汉武帝之命向董仲舒学习《春秋》,学成之后,吾丘寿王经常用《春秋》经义比勘时政。有一次,公孙弘奏言平民百姓不许挟带弓弩,吾丘寿王以《春秋》之义予以驳斥,"书奏,上以难丞相弘,弘诎服焉"。公元前116年,从汾水中打捞出一件铜鼎,众人都认为是周鼎,吾丘寿王认为是汉鼎,得到了汉武帝的赞赏。董仲舒的学生如此"高材通明",反衬出老师董仲舒的学术水平明显高于公孙弘。二是公孙弘位居相位的时候,朝廷每次有重大决策要出台,总要派人去请教董仲舒,董仲舒总能根据《春秋》大义,作出令人信服的解答。在当时,论学问高深,的确没有人能超过董仲舒。董仲舒可以以《春秋》决狱,说《春秋》事之得失,这些都是公孙弘无法望其项背的。

　　第二个原因可能是董仲舒多次在公开场合批评公孙弘人品低劣,使他产生了嫉恨之心。"董仲舒为人廉直"②,批评公孙弘身居相位,不为天下平民百姓谋福利,而是一味党同伐异。值得注意的是,当时持这种观点的人并不只董仲舒一人,年逾九旬的大臣辕固生对公孙弘说:"公孙子,务正学以言,无曲学以阿世!"③司马迁对公孙弘也有一个评价:"弘为人意忌,外宽内深。诸尝与弘有隙者,

---

①② 《史记·儒林列传》。
③ 《汉书·儒林传》。

虽详与善,阴报其祸。杀主父偃,徙董仲舒于胶西,皆弘之力也。"①从这些人的评价来综合分析,应该说董仲舒对公孙弘的评论是客观中肯的,但也因此与公孙弘结下了仇怨。

由于上述原因,身居相位的公孙弘趁机将董仲舒赶出京城,以此宣泄其嫉恨之心。董仲舒上任后,胶西王对他倒很敬重,言听计从,关怀备至;但董仲舒自己一言一行如临深渊,如履薄冰。因为他心里十分清楚,西汉自开国以来,皇权与封国的矛盾一直是一个十分重要而又敏感的现实问题。经过文、景两朝的打击,地方诸侯王的势力虽然有所削弱,但地方王国对帝国大一统局面的负面评价却如同幽灵一般无法根除。汉武帝上台后,继续推行汉景帝的削藩政策。元朔二年(公元前127年),汉武帝采纳了主父偃的建议,颁布"推恩令",规定诸侯王除嫡长子继承王位以外,其他子弟也可以在王国中封侯。这样就从王国中分出若干个小侯国,王国的直属领地进一步缩小,王国的实力日益削弱,这对于稳定政局,维护大一统政治局面,消除祸萌,起到了重要的作用。元鼎五年(公元前112年),汉武帝又以祭宗庙时王侯贡献的"酎金"量少或成色不佳为理由,剥夺了106个贵族的爵位。不久,汉武帝又颁布了"左官律"。"左官"指诸侯王国的官吏,汉代以右为尊,以左为次。"左官律"规定这些官吏不得在朝内任职,防止诸侯王在中央培植私人势力。此后,汉武帝又用法律手段废除了一大批王国和侯国,王国和侯国的数目大大减少。

但是,即便在这种政治氛围中,仍然发生了方国谋反事件。建元年间,淮南王刘安入朝,武安侯田蚡在灞上迎候,田蚡悄悄地对刘安说:"方今上无太子,王亲高皇帝孙……宫车一日晏驾,非王谁立者!"淮南王喜形于色,回到封地后立即厉兵秣马,时刻准备发

---

① 《史记·平津侯主父列传》。

兵，谋夺帝位。不料事情败露，汉武帝派遣宗正以符节治刘安罪，刘安畏罪自杀，封国除为九江郡。刘安的弟弟——衡山王刘赐也因为同谋罪遭到惩治，刘赐自杀身亡，国除为郡。此后刘安、刘赐党羽被杀者达数万人之多。令人惊讶的是，在这种险象环生的政治氛围之下，身为汉武帝兄长的胶西王称孤谋叛之心有增无减。有一天，胶西王问董仲舒："粤王勾践与大夫泄庸、种、蠡谋伐吴，遂灭之。孔子称殷有三仁，寡人亦以为粤有三仁。桓公决疑于管仲，寡人决疑于君。"胶西王自称"寡人"，自比于齐桓公，对辅佐勾践灭吴的三大臣称赞有加，僭逆谋叛之心昭然若揭。董仲舒是坚决主张维护大一统、反对诸侯国分裂活动的，但身处虎狼之境，他又不便直抒胸臆，只好委婉地说：

　　臣愚不足以奉大对。闻昔者鲁君问柳下惠："吾欲伐齐，何如？"柳下惠曰："不可。"归而有忧色，曰："吾闻伐国不问仁人，此言何为至于我哉？"徒见问耳，且犹羞之，况设诈以伐吴乎？由此言之，粤本无一仁。夫仁人者，正其谊不谋其利，明其道不计其功，是以仲尼之门，五尺之童羞称五伯，为其先诈力而后仁谊也。苟为诈而已，故不足称于大君子之门也。五伯比于他诸侯为贤，其比三王，犹武夫之与美玉也①。

董仲舒从"义利之辨"的角度，含蓄地告诫胶西王僭逆谋反是不仁不义之事，仁者重义轻利。董仲舒这里所说的"义"，很明显就是指政治大一统。胶西王听完这一番大道理后，心里虽然很失望，但表面上仍然夸赞董仲舒讲得好。董仲舒早就听说胶西王这人骄横跋扈，现在又经过"越有三仁"这一番对话，深感胶西王心怀鬼胎，再呆下去必然连累自己。于是，董仲舒以自己年老体衰为理由向汉武帝申请退休家居。

------

① 《汉书·董仲舒传》。

董仲舒归家之后,对外宣称自己从此不问政事,潜心于修学著书;但是,实际情况未能遂愿。汉王朝始终没有忘记这位学富五车的通学大儒,董仲舒本人也是忧国忧民、心系天下。我们不妨看看以下的一些例子。《汉书·董仲舒传》记载:董仲舒告老归家后,朝廷每次有重大决策出台,事先总要派遣张汤等人登门求教。董仲舒思维清晰,总是援引《春秋》经典一一作对。元狩三年(公元前120年),关中地区闹饥荒,董仲舒上奏汉武帝,建议派遣使者去指导当地农民种"宿麦"①。元狩五年(公元前118年),董仲舒建议:"盐铁皆归于民。"元封四年(公元前107年),董仲舒向汉武帝建议:"义动君子,利动贪人,如匈奴者,非可以仁义说也,独可说以厚利,结之于天耳。故与之厚利以没其意,与盟于天以坚其约,质其爱子以累其心,匈奴虽欲展转,奈失重利何?奈欺上天何?奈杀爱子何?夫赋敛行赂不足以当三军之费,城郭之固无以异于贞士之约,而使边城守境之民父兄缓带,稚子咽哺,胡马不窥于长城,而羽檄不行于中国,不亦便于天下乎?"②董仲舒提出了"人质"之计,主张利用骨肉之情来制约匈奴的骚扰。

元封五年(公元前106年),董仲舒"年老,以寿终于家。家徙茂陵,子及孙皆以学至大官"③。孔子当年说"仁者寿",一代英杰终于走完了曲折而辉煌的生命历程。董仲舒的墓地在西汉首都长安西郊,有一次汉武帝经过他的墓地时,出于敬仰之情,特意下马凭吊。因此,董仲舒的墓地又被称为"下马陵"。

(二)《春秋繁露》考索

董仲舒的著述不算少,《汉书·董仲舒传》说他"所著皆明经

---

① 宿麦:冬小麦。
② 《汉书·匈奴传赞》。
③ 《汉书·董仲舒传》。

术之意,及上疏条教,凡百二十三篇……十余万言"。但其中的大部分已经失传了,流传下来的有《春秋繁露》一书,以及保存在《史记·儒林列传》、《汉书》的"董仲舒传"、"五行志"、"艺文志"、"食货志"和"匈奴传"诸篇中的一些吉光片羽。《春秋繁露》一书是中国儒学发展史上的一部煌煌巨著,同时也是我们今天了解和研究董仲舒哲学思想的基本典籍。

1.《春秋繁露》的著录

我们今天见到的《春秋繁露》一书,在《汉书·艺文志》中并没有著录。

根据史志记载,有关董仲舒的著作有以下几种:

《董仲舒》,一百二十三篇。《汉书·艺文志》诸子略著录,其他史志都没有提及此书。

《公羊董仲舒治狱》,十六篇。《汉书·艺文志》六艺略著录。在历史流传过程中,这部书的书名和卷数有所不同。《隋书·经籍志》题其为"《春秋决事》",《旧唐书·经籍志》题其为"《春秋决狱》十卷",《新唐书·艺文志》又题其为"《董仲舒春秋决狱》十卷"。《宋史·艺文志》、《明史·艺文志》也著录了此书,题名与《隋书·经籍志》相同。

《请祷图》,三卷。《隋书·经籍志》著录《杂占梦书》条下载:"梁有……董仲舒《请祷图》三卷,亡。"

《天人三策》三篇。《汉书·董仲舒传》有抄录。

《董仲舒集》二卷。《隋书·经籍志》著录,题其为汉"《胶西相董仲舒集》一卷。梁二卷"。《旧唐书·经籍志》、《新唐书·艺文志》、《明史·艺文志》同样著录为二卷,说明此书一直到明清仍然保存完好。

《隋书·经籍志》第一次提到"《春秋繁露》十七卷"。自此而后,《旧唐书·经籍志》、《新唐书·艺文志》、《崇文总目》、《宋史·

艺文志》都著录了此书。需要说明的一点是,《汉书·艺文志》著录的《董仲舒》一百二十三篇中,可能不包括《春秋繁露》。关于这一问题,《汉书·董仲舒传》尝言:"仲舒所著,皆明经术之义及上疏条教,凡百二十三篇;而说《春秋》事得失,《闻举》、《玉杯》、《蕃露》、《清明》、《竹林》之属,复数十篇,十余万言。"很显然,《汉书》将"明经术之义及上疏条教,凡百二十三篇"的《董仲舒》与后面的"说《春秋》事得失,《闻举》、《玉杯》、《蕃露》、《清明》、《竹林》之属,复数十篇,十余万言"相区别。《汉书·艺文志》虽然没有著录《春秋繁露》书名,但从《汉书·艺文志》、《汉书·董仲舒传》的记载来分析,当时《闻举》、《玉杯》、《蕃露》、《清明》、《竹林》还是各自成篇,不是一部书,也无法统一著录,所以班固仅仅说"复数十篇,十余万言"。《春秋繁露》一书书名最早出现在东晋葛洪依据刘歆史料编辑的《西京杂记》中,很可能是刘歆当年将董仲舒的这些单独的篇章搜集起来后,题名为《春秋繁露》,但是还没有公诸于世。在正史中,则是《隋书·经籍志》首次加以著录,而且在隋朝已经有了比较完整的版本流行于世。

2.《春秋繁露》的真伪

最早对这部书的真伪提出质疑的,是宋朝《崇文总目》的编者:"解者但谓所著书名,而隋、唐志《繁露》卷目与今正同。案其书尽八十二篇,义引宏博,非出近世,然其间篇第已舛,无以是正。又即用《玉杯》、《竹林》题篇,疑后取而附著云。"他们认为《春秋繁露》中用《玉杯》、《竹林》题篇是后人附加上去的。这种观点还仅仅只是认为篇题有伪,在这一观点基础上,后来形成了针锋相对的伪与真三种观点:

第一种观点认为,《春秋繁露》是伪书,以程大昌、朱熹、陈振孙和黄云眉等人为代表。

程大昌在《书秘书省繁露书后》中提出该书是伪书,理由有三点:其一,辞意浅薄:"臣观其书,辞意浅薄,间掇董仲舒策语,杂置其中,辄不相伦比,臣固疑非董氏本书。"其二,《繁露》本来是篇名,后来却被冠为全书之名:"又班固记其说《春秋》凡数十篇,《玉杯》、《繁露》、《清明》、《竹林》各为之名,似非一书。今董某进本,通以繁露冠书,而《玉杯》、《清明》、《竹林》特各居其篇卷之一,愈益可疑。"其三,今本《春秋繁露》在内容、词语上有很多增缀、造假之处。程大昌说《太平寰宇记》和杜佑《通典》当年摘引的《春秋繁露》文句在今本中都找不到:"他日读《太平寰宇记》及杜佑《通典》,颇见所引《繁露》语言,顾今书皆无之。《寰宇记》曰:'三皇驱车抵谷口。'《通典》曰:'剑之在左,苍龙之象也。刀之在右,白虎之象也。戟之在前,朱雀之象也。冠之在首,玄武之象也。四者,人之盛饰也。'此数语者,不独今书所无,且其体致全不相似,臣然后敢言今书之非本真也。"

朱熹在《朱子语类》中没有提出具体的论据,只是认为"尤延之(袤)以书为伪,某看来,不似董子书"。陈振孙在《书录解题》中支持了程大昌的第二、第三条理由:"案隋、唐及国史志,卷皆十七。《崇文总目》凡八十二篇,《馆阁书目》止十卷。萍乡所刻,亦财三十七篇。今乃楼攻媿得潘景宪本,卷篇皆与前志合,然也非当时本书也。先儒疑辨详矣。其最可疑者,本传载所著书百余篇,《清明》、《竹林》、《繁露》、《玉杯》之属,今总名曰《繁露》,而《玉杯》、《竹林》则皆其篇名,此决非其本真。况《通典》、《御览》所引,皆今书所无者,尤可疑也。然古书存于今世者希矣,姑以传疑存之可也。"

黄云眉在前贤之识的基础上,进而认为《春秋繁露》不仅书名伪造,而且从内容、文句到版本全都是伪造的:"以《繁露》为首篇之名,而以首篇之名目其全书,概《春秋》属辞比事之义,则诚足以与《馆阁书目》所释相发明矣。然其下二篇,即为《玉杯》、《竹林》,

与篇中所言全不相关,又将执何说以解之乎!……而行文烦猥,尤为显而易见。钱谦益摘其《深察名号》篇'性比于禾,善比于禾,米出禾中,而禾未可全为米也,善出性中,而性未可全为善也',又'民之性如茧如卵,卵待覆而为雏,茧待缲而为丝,性等教而为善也'等句,谓为'析理精妙,可以会通孟荀二家之说,非有宋诸儒可几及',则文人好事之谈,极不足据。试以仲舒本传'质朴之谓性,性非教化不成'二语,与是书'性者天质之朴也,善者王教之化也,无其质则王教不能化,无其王教则质朴不能善'等句对照,其矫意离合之迹,盖昭昭也,然则是书固不仅书名伪而书亦伪矣。"在古今所有认为《春秋繁露》是伪书的学者中,黄云眉的态度最为坚定。

第二种观点:以楼大防、黄震和金德建等人为代表,认为《春秋繁露》不是伪书,而是董仲舒本人的著作。

楼大防在《春秋繁露跋》中提出了三条理由:其一,根据宋胡榘得到的罗氏兰台本考证,程大昌提出的所引《通典》、《太平御览》、《太平寰宇记》三书的文语都在书中:"开禧三年,今编修胡君仲方榘宰萍乡,得罗氏兰台本,刊之县庠,考证颇备。先程公所引三书之言,皆在书中,则知程公所见者未广,遂谓为小说者,非也。"其二,胡榘在《春秋会解》一书中所引《春秋繁露》十三条都在《说文解字》王字下,所引董仲舒"古之造文字者,三画而连其中,谓之王。三者天地人也,而参通之者王也",也在第四十四篇《王道通三》中:"闻婺女潘同年叔度景宪多收异书,属其子弟访之,始得此本,果有八十二篇。是萍乡本犹未及其半也,喜不可言。以校印本,各取所长,悉加改定,义通者两存之。转写相讹,又古语亦有不可强通者,《春秋会通》一书,仲方摭其引《繁露》十三条,今皆具在。余又据《说文解字》'王'字下引董仲舒曰:'古之造文字,三画而连其中者谓之王。三者天地人也,而参通之者王也。'许叔重在后汉和帝时,今所引在《王道通三》第四十四篇中。"其三,全书文字风格属于汉朝,后世造伪者难以在文字风格上造假:"且其文词亦非后世所能到也。《左氏传》犹未行于世,仲舒之言《春秋》,多用《公羊》之说。"

黄震在《黄氏日钞》中,客观地介绍了两种不同的观点,但他本人倾向于支持楼大防:"汉世之儒,惟仲舒仁义三策,炳炳万世。曾谓仲舒之《繁露》而有是乎?欧阳公读《繁露》,不言其非真,而讥其不能高其论以明圣人之道,且有'惜哉惜哉'之叹。夫仲舒纯儒,欧公文人,此又学者所宜审也。"

第三种观点:《春秋繁露》不是伪书,但是这部书是由《董仲舒》一百二十三篇的一部分和《公羊治狱》十六篇组合而成的。持这种观点的学人,主要有胡应麟、姚际恒等人。

姚际恒在《古今伪书考》一书中说:"按《汉志》春秋类,有《公羊董仲舒治狱》十六篇;子儒家,有《董仲舒》百二十三篇。《隋志》春秋类,始有董仲舒《春秋繁露》十七卷,而子儒家别无所谓百二十三篇者。本传称仲舒说《春秋》得失,《闻举》、《玉杯》、《繁露》、《清明》、《竹林》之属数十篇,颜注谓皆其所著书名。前儒之辨此书者多矣,兹不备录,总以既名《繁露》,而其中又有《玉杯》、《竹林》二篇,与史传所言不合,皆以为疑,未有决者。惟胡元瑞曰:'《隋志》西京诸子往往具存,独仲舒百二十三篇略不著录;而春秋类突出《繁露》十七卷。今读其书,为《春秋》者仅十之四五,其余《王道》、《天道》、《天容》、《天辨》等章,率泛论性术治体,至其他阴阳五行之谭尤众,皆与《春秋》不相蒙。盖不特《繁露》冠篇为可疑,并所命《春秋》之名亦匪实录也。余意此八十二篇之文,即《汉志》儒家之百余篇者;必东京而后,章次残阙,好事者固以《公羊治狱》十六篇合于此书,又妄取班氏所记《繁露》之名系之。后人既不察《董子》百余篇之所以亡,又不深究八十二篇所从出,徒纷纷聚讼,故咸失之。'按元瑞此论虽属臆测,而实有理,故存其说。"

通而论之,我们认为楼大防的观点比较公允,合乎逻辑。吕振羽先生在其所著《中国政治思想史》一书中认为:"按今所传《春秋繁露》,内包《玉杯》、《竹林》等篇,今世学者多疑其系后人采缀而成,前人亦有作此种疑问者矣。然其能代表仲舒思想则无疑。"在漫长的历史流传过程中,后人对其有所增删在所难免,但《春秋繁露》一书的基本面貌与基本观点仍然是董仲舒本人的①。

二　董仲舒与中国古代气学

西方哲学中存在着两个世界:一个是感性的、现象的、经验的世界;另一个是非感性的、本质的、逻辑的世界。本体论是对逻辑世界的描述,它只存在于逻辑世界之中。换言之,没有脱离经验世界的逻辑世界的存在,本体论的存在也就失去其存在的前提与意义。从柏拉图到黑格尔,西方哲学形态一直表现为逻辑世界与经验世界的两离性。本体论是形而上学,"形而上学知识这一概念本身就说明它不能是经验的"②。由于本体论是在经验之外的一片领域里,它形成了西方哲学两离性的特点。反过来说,由于西方哲学划分出经验和经验之外两大分离的领域,从而产生了本体论以及本体论所表述的理性与纯粹原理范畴。本体论作为纯粹原理,其本质上是先验性的。西方哲学两离性的哲学形态,是本体论具有先验性的实质的可能的条件。③

反观中国传统哲学,我们不难发现,中国哲学从来就没有所谓经验世界之外还存在着一个相对独立的逻辑世界的观点。恰恰相

---

① 参见刘建国:《中国哲学史史料学概要》,吉林人民出版社,1983年版。
② 康德:《未来形而上学导论》,第17页,商务印书馆,1982年版。
③ 参见俞宣孟:《本体论研究》,上海人民出版社,1999年版。

反，在中国哲学形态中，逻辑世界、原理世界是与经验世界、现象世界不可分割地包容于一体的，用中国哲学固有的命题来表述，就叫"道不离器"、"气兼有无"。无论道论，抑或气论，都不是西方哲学意义上的那种在现象世界之外独立存在的逻辑世界。但是，在西方存在了数千年之久的本体论，则是存在于现象世界、经验世界之外的。西方本体论的纯粹原理不是从经验中归纳出来的，而是依赖于概念自身的逻辑推演；而概念的逻辑推演之所以可能，其前提又必须有一套经过哲学家改造的从逻辑方面加以规定的语言。很显然，中国哲学是缺乏这些条件的。换句话说，中国传统哲学从来就没有产生出一个纯粹依赖概念思辨的哲学领域。虽然"本体"一词早在晋代就已出现，但无论是西晋司马彪《庄子释文》中的"性，人之本体也"，还是张载的"太虚无形，气之本体"①，抑或朱熹的"虚灵自是心之本体"②，"本体"一词与西方的"本体"(Substance)无法划等号，而本体论甚至可以说是先天性地与中国传统哲学绝缘。

（一）中国古典气学的普遍性特点

中国传统哲学既然不存在西方哲学中的那种"第一原理"或"哲学中的哲学"，那么西方哲学特殊形态中的获得了普遍的"绝对形式"的"纯粹概念"是否也与中国传统哲学绝缘呢？这确实是值得学人关注的一个哲学问题。"气"与"道"、"理"等范畴一样，是中国传统学术中的主干概念。"气"字在甲骨文中已经出现。汉代《春秋繁露》、《白虎通》和《论衡》气论的产生标志着古典气论的体系化与理论化。宋代张载的气论表明古典气学已臻至理论思

---

① 张载：《正蒙·太和》。
② 黎靖德：《朱子语类》，卷五，中华书局，1994年版。下同。

维的巅峰状态。与西方哲学相比,气范畴具有以下四大特点。

1. 气有意志

作为宇宙之本原的气,是一活泼泼的"生气",有意志,有情感,这是中国传统哲学中最为发人深思的、独特的文化特质。这种文化特质早在《左传》、《国语》、《庄子》等先秦典籍中就已萌发。在汉代王充思想体系中,不仅鬼妖之气有精神、有知觉,而且宇宙万物皆有生命、皆有精神,都是一活泼泼的生命有机体:"夫人之精神,犹物之精神也。物生,精神为病;其死,精神消亡。人与物同,死而精神亦灭,安能为害祸?"①王充提出了"人之精神"和"物之精神"两个概念。我们不仅要追问:万物皆有生命、皆有意识如何可能?如果一直追问下去,最终又将牵涉到元气本原。元气之中阳气主管精神,阳气因而可以用于解释人类意识之起源,也可用来诠释鬼妖之气何以有知觉,此外也可用它来解释万物有意识如何可能。反过来说,正因为阳气先验性地蕴含精神意识之"因子",才能从形而上意义上论证人类精神意识之起源和万物精神之缘起。宇宙本原先验性地具有"泛心论"、"泛灵论"特质,是中国哲学必须正视、必须深入思考的一大哲学课题。

即使在代表中国古典气论最高水平的张载哲学中,这一哲学缺欠仍然没有得到根本性的超越。《正蒙·乾称》云:"气之性本虚而神,则神与性乃气所固有,此鬼神所以体物而不可遗也。"在张载哲学中,"神"范畴具有双层涵义:其一,神妙、变化莫测。气处于清虚无形状态,并且在运动变化过程中神妙莫测:"气有阴阳,推行有渐为化,合一不测为神。"②其二,"神"指谓精神意识与主宰,这种哲学涵义在张载哲学中占据主导地位。他认为太虚之气分而

---

① 王充:《论衡·论死》。
② 《正蒙·神化》。

为两种：清气与浊气。清气为神，浊气为形。神为精华，清净无碍；形是糟粕，混浊有碍。形有大小粗精之分，神却无所分别，纯粹是神："太虚为清，清则无碍，无碍故神；反清为浊，浊则碍，碍则形。"①张载认为神（精神、意识）和形（物质）皆源于气，都是"气所固有"，精神、意识是纯粹精致之气，万物皆是混浊驳杂之气。物质与意识皆属气化之物，其差别仅仅在于清浊程度不同。张载所论，实际上是在隐证另一个观点：气作为宇宙本原是一个有意识自觉的生命体。此外，气之先在性品德是"至诚"，"至诚，天性也"②。

张载这一观点源于思孟学派，然后又在王廷相思想中得以扩充。王廷相在与何柏斋的辩论中，一开始就以问语方式标明自己的观点："且夫天地之间，何虚非气？何气不化？何化非神？安可谓无灵？又安可谓无知？"③其后他又在《雅述》、《慎言》等文章中，正面阐述了他的万物有灵有知的"泛心论"观点。如动植飞潜、山川林薮、岩洞岛泽，皆有灵有知，"气所郁积，靡不含灵"④。宇宙万物何以皆有生命？皆有灵有知？王廷相从哲学高度对此进行了论述："愚以元气未分之时，形、气、神冲然皆具。"⑤这句话对于理解中国哲学的内涵与本质极其重要。元气在宇宙生成论上是一全息之"种子"，精神、知觉、伦理品德都是元气先验之属性，是元气"冲然皆具"的。在古典气论哲学逻辑体系中，设定宇宙本原具有泛生命（生气）特性是至关重要的。因为方其如此，才能"圆而神"地论证人类何以有生命知觉？人死后何以灵魂不灭？万物何以皆有生命？"神与性皆气所固有"一句话，"圆满"解决了一切哲学难题。研究中国哲学，如果不从哲学主干范畴入手，进而发现

---

① 《正蒙·太和》。
② 《正蒙·乾称》。
③⑤ 王廷相：《内台集·答何柏斋造化论》。
④ 王廷相：《雅述》下。

其中内在的泛生命特质,就很难把握中国哲学的一般性质;简单化地套用西方哲学的一些概念、术语,根本无法参悟中国哲学与文化的内在神韵。

中国哲学的这一特质,后来对德国哲学家莱布尼茨(1646—1716年)思想的影响也是比较深刻的。在莱布尼茨的"预定和谐系统"中,其单子论明显表现出中国哲学主干范畴的特质,气论与单子论遥相契合。单子有知觉、有生命。单子的知觉在清楚和明白方面存在着无限多的等级,莱布尼茨把它们归纳为三类:第一类是处于赤裸裸状态的单子,它们没有清楚和明白的知觉;第二类是那些具有比较清楚和明白的知觉而且有记忆伴随着的单子,莱布尼茨把它们称为灵魂;第三类是那些能够认识自己和上帝,具有必然和永恒的真理的单子,莱布尼茨称之为"理性灵魂"或"精神":"所有显示出形式的物质分子都是有生命的。"①莱布尼茨的这种哲学观点,深深地打上了中国文化的烙印。诚如李约瑟先生所论:"人们不难在他的哲学中找到中国思想的反响。"②

2. 泛伦理特性

宇宙本原同时又是价值本体,是中国古典哲学又一大特点。这一哲学特点实际上是建立在气范畴泛生命特性前提之下的,彼此构成因果关系。气本根具备伦理特性,早在先秦气论中就已萌芽,直到张载气论也未能彻底克服这一"天生"的哲学痼疾。张载认为气不仅具备"爱恶之情",而且还兼备至善至美的伦理品格——诚。气之性为诚,所以人类一生的道德化努力就在于追求与固守这一至上伦理品德,只有这样,才能臻于"天人合一"理想人

---

① 麦克唐纳·罗斯:《莱布尼茨》,第124、129页,中国社会科学出版社,1987年版。

② 李约瑟:《中国科学技术史》,第二卷《科学思想史》,第531页,科学出版社,1980年版。

格境界。

王廷相在承认气具有诚之伦理品格的同时,侧重于从人性论角度阐述这一观点。气之性至诚,气质之性有善有恶,故人性善恶混:"气有清浊粹驳,则性安得无善恶之杂?"①气质之性有善有恶如何可能?其根据在于元气虽然"天生"至诚,但是,由于气禀有异,因而人之性有善恶之别:"天之气有善有恶,观四时风雨、霾雾、霜雹之会,与夫寒暑、毒疠、瘴疫之偏,可睹矣。况人之生本于父母精血之辏,与天地之气又隔一层。世儒曰人禀天气,故有善而无恶,近于不知本始。"②从"泛心论"角度建构宇宙生成论,从哲学高度论证人性之起源,这种思维方式与列维·布留尔论述的"互渗律"正相吻合。

再如,王夫之"诚"论体系的逻辑起点上承张载的"实"与"有","实有"作为诚范畴最本质的规定,它是抽象的,但其中却包含着王夫之诚论在展开过程中的一切规定。诚(实有)最初表现为阴阳未分的"太和"之气,后来有了人和万物;这种在气化过程中产生出来的宇宙万物,究其实质都是诚的外化形式;有了气化,便产生了气化之规律,即所谓"理"。"理"分为"在天之天道"与"在人之天道"。"天道"和"人道"在人的认识境界和道德境界中达到"天人合一"。总之,诚作为实有在其逐渐展开的规定中包括了宇宙间一切有形和无形的实体及其本性,因此"尽天地间只是个诚"③,已经分解的规定因此而重新结合为一个诚的全体。此外,值得注意的是,"诚"作为阴阳未分的原初本然之气,其中已先验性地"包五德",因而后来当此气分化运动而有"理"时,便包含有

---

① 王廷相:《王氏家藏集·答薛君采论性书》。
② 《雅述》上。
③ 王夫之:《读四书大全说》,卷一五。

"五德"的伦理内容。人性中的仁义礼智信伦理原则,是"诚"在气化过程中的社会化外现。

王夫之进而认为,当人们达到了理性认识之"诚",获得了关于天道与人道相合一的明确认识之后,再在自己的言行中把它体现出来,就达到了"诚身"的境界,即"体其合之谓诚"①。这里的诚作为"诚身"的境界是认识境界和生命境界的统一。诚作为"通动静、合内外之全德也"②的生命境界,其主要内容有:"故诚贯四德,而四德分一,不足以尽诚。"③诚一分而为仁、义、礼、智"四德","四德"合一就是诚。诚作为理想的人生境界,其具体体现为:"事人,诚而已矣。'正己而无求于人',诚也。诚斯上交不谄,下交不渎。"④无论静与动,无论小而好恶言行,大而加于家国天下,都要谨存"此理"于心中,使"此理"在一言一行中自始至终充满周遍,无所欠缺。三者缺一,都不称之为"诚"。此处所谓"此理",即人性中先天性的仁义礼智之理。诚作为终极理想境界,其价值判断为"善":"诚则无不善。"⑤"说到一个'诚'字,是极顶字,更无一字可以代释。"⑥诚是集天下之善于一身,表里内外皆善。

虽然以实有释"诚"并非王夫之之首创,但王夫之对"诚"所作的哲学规定是"前无古人"的,其各种规定之间的区别和逻辑联系也是比较清晰的。一方面,他用"诚"标志自然界客观"实有"的一切无形和有形的物质实体及其客观"实有"的属性,力图通过诚这一高度抽象的哲学范畴来揭示世界的统一性,摆脱以往思想家以具体实物作为世界本原的局限性。但是,我们也应看到,虽然诚

---

① 王夫之:《张子正蒙注·诚明》。
②⑥ 《读四书大全说》,卷一五。
③ 《读四书大全说》,卷九。
④ 王夫之:《思问录·内篇》。
⑤ 《读四书大全说》,卷二一。

(实有)是对客观存在所作的一般性概括,但它并未超出气本论哲学形态,其内涵仍然是气。万物因气聚而有,本质上是气之有。气聚而有,散亦有,气就是实有:"二气絪缊而健顺章,诚也。"①因此,实有以气为基础,气之有决定着万物之有。没有气,万物实有都是虚妄。

3. 经验性

气作为哲学"第一概念","应该"是一克服了经验性缺陷的哲学纯粹概念。人们不是用视觉、听觉和触觉去感知哲学最高概念,而是通过逻辑思维来认识。黑格尔在评论原子论哲学性质时说:"'一'的原则完全是观念性的,完全属于思想……我们不能看见'一',因为它是思想的一种抽象。"②在西方哲学史上,赫拉克利特第一次提出了"存在"范畴,但他并没有从形而上学意义上进行论证。爱利亚学派的巴门尼德赋予了"存在"一系列哲学特性,从而克服了"水"、"火"、"气"、"数"的直观性、经验性缺陷,蜕变而为高度抽象的哲学一般范畴。巴门尼德认为,"存在"是不可分的、连续的"一","只剩下一条路可言:有物存在"③。巴门尼德的"存在"已经获得了高度抽象的逻辑意义,它已不是一般的具体的物质形态,而是世界万事万物之共同本质的概括了。正因为如此,黑格尔高度评价了巴门尼德的"存在"范畴,并把"存在"作为他的逻辑学的起点。

反观中国古典哲学的气范畴,虽然已上升为宇宙本原,但其经验性局限仍未自觉地得到克服,形而上与形而下的纠缠一直是阻碍中国哲学范畴迈向"纯粹概念"的一道哲学之坎。王充哲学中

---

① 《思问录·内篇》。
② 黑格尔:《哲学史讲演录》,第332页,商务印书馆,1995年版。
③ 叶秀山:《前苏格拉底研究》,第143页,三联书店,1982年版。

的气范畴有厚薄之分、粗精之别："万物之生,俱得一气。气之薄渥,万世若一。"①从哲学与逻辑进程分析,将气之无形无象特质论证到哲学最高境界的人物是张载。《正蒙·太和》云："太虚无形,气之本体,其聚其散,变化之客形尔。"气是哲学最高范畴,在它之上不复存在"第一推动力"。它是自本自根、自在自为的,它没有具体的规定性,无法直观把握。但是,气是实有,而非绝对之虚无。

王廷相起而踵之,认为作为宇宙本原的气与宇宙间各种客观存在是迥然不同的："太古鸿蒙,道化未形,元气浑涵,茫昧无朕。不可以象求,故曰太虚。"②王廷相多次提及"太虚"概念,在逻辑结构上设置太虚这一概念,是为了论证元气的非经验性与"湛然清虚"状态。缘此,王廷相认为气又是"无偏无待"的。"无偏"是指元气没有具体的规定性,因为一旦具有某种特殊的规定性,就意味着气具有某些局限性;"无待"是指元气之上无物,元气自身就是宇宙之原初性存在,元气的存在是无条件的,无待于它物,它是自本自根的,在它之上不再存在任何主宰性根据。它是多中之一,是普遍的、一般的,是"哲学一般"。但是,需强调说明的是,王廷相在倡言元气无形无象、无偏无待的同时,又彰显出了元气经验性的缺欠："气虽无形可见,却是实有之物,口可以吸而入,手可以摇而得,非虚寂空冥无所索取者。"③在与论敌的辩论过程中,王廷相为了说明元气之"无"并非绝对虚无,竟然矫枉过正地认为元气虽不可目测,却可以直观经验。他在《答何粹夫》一文中,也表述着类似的观点："大抵阴阳,论至极精处,气虽无形,而氤氲焄蒿之象即阴,其动荡飞扬之妙即阳,如火之附物然,无物则火不见示是也。"

---

① 《论衡·齐世》。
② 《王氏家藏集·答天问》。
③ 《内台集·答何柏斋造化论》。

王廷相一方面认为"气无形",另一方面又认为气有"氤氲烝蒿"之象。哲学"第一概念"之抽象性与直观性、形而上与形而下的矛盾,在古典气论中成为了一道无法自我超越的哲学之坎。

冯友兰认为,气有"相对的意义",也有"绝对的意义":"我们不能说气是什么。其所以如此,有两点可说。就第一点说,说气是什么,即须说:存在底事物是此种什么所构成者。如此说,即是对于实际,有所肯定。此种什么,即在形象之内底。就第二点说,我们若说气是什么,则所谓气,亦即是一能存在底事物,不是一切事物所有以能存在者。气并不是什么,所以气是无名,亦称为无极。"①冯友兰于此实际上是立足于西方哲学本体论的高度"俯瞰"中国哲学,他所说的"气"范畴的名称是中国哲学的,其逻辑规定与哲学本质却是西方的。

4. 逻辑模糊性

世界各民族哲学形态的独特性,往往首先表现为概念、范畴的独创性。换句话说,要想深入研究一种哲学形态,最合理的切入点就是该哲学形态内部的主干概念。黑格尔说:"既然文化上的区别一般地基于思想范畴的区别,则哲学上的区别更是基于思想范畴的区别。"②证诸中西哲学,诚哉斯言!在西方哲学史上,可以勾勒出一幅线索清晰、层层递进的范畴发展演变史的图表。反观中国古代哲学,则缺乏这样一种线索明晰、递深递佳研究范畴、概念的哲学范畴史。在哲学与逻辑学意义上,作为哲学概念的气,不存在确定的逻辑内涵与外延。气范畴的这种逻辑特性其实早在先秦气论中就已萌芽。在《左传》、《国语》中,气范畴之义项繁杂淆乱,不

---

① 冯友兰:《新原道》,《中国现代学术经典·冯友兰卷》,第811页,河北教育出版社,1996年版。

② 黑格尔:《哲学史讲演录》,第一卷,第47页,商务印书馆,1995年版。

仅有阳气、阴气、风气、雨气、晦气、明气、而且还兼摄天地之气、血气、夜气、呼吸之气……按照这种逻辑思维模式,气之义项实际上还可以无限地枚举下去。罗素说:"逻辑是哲学的本质。"范畴、概念是揭示认知客体本质特征的思维方式。从逻辑学角度讲,一个科学的哲学概念必须具备相对确定的内涵与外延,必须遵循"A 是 A,不等于非 A"、"A 不是非 A"等形式逻辑基本规律。必须在确定的涵义上来使用每一个概念,否则就必然陷入折衷主义和诡辩论的错误泥潭。但是,我们不难发现,气概念实质上属于逻辑学意义上的"自毁概念"。它没有确定的逻辑内涵与逻辑外延,它可以诠解自然、生命、精神、道德、情感、疾病等一切认知对象的起源与本质。它是一个大而无当的泛宇宙本原,是一个无限性的终极根据。

在西方学术界,自 16 世纪以来,"气"一词究竟应该作何种定义与界说,至今未达成统一。在德国学术界,"气"概念的译名有三种:①Wirkungskraft(活动力、影响力);②Lebenskraft(生命力);③Odem(气息、呼吸)。在法国学术界,"气"一词则被译成:①Air atmospherique(地球上的大气);②souffle du vent(风吹出之息);③Haleine(出气、断气);④Vapeur(蒸气);⑤gaz(气体),fluide(流体);⑥esprits vitaux(精气),vigueur(力量的强度、效力),energie(精力、气力);⑦impatience(缺欠忍耐心),colere(发怒);⑧disposition ou sentiment de l'ame(精神的某种倾向,或者精神上的某种意识);⑨maniere d'etre(存在状况),apparence(外观);⑩intelligence(分析理解能力),vaison(理性),principe intellectuel(知的原动力)。在英国学术界,"气"的英译语有以下几例:①breath,air,vapour,stream,vital fluid,temperature,energy,anger;②ether(大气以外的媒介物);③material force;④陈荣捷教授把"元气"译成 the prime force,把"气"译成 force;⑤李约瑟教授把气译成 Subtle spirits。① 气范畴在西方学术界译名的歧异性,恰恰凸现出气范畴自身内涵与外延的难以确定性。实际上,你若想在西方概念库中寻求一个在内涵与外延上都和中国古典气概念十分吻合的对应词,那绝对是不可能的。在哲学与逻辑学意义上,如果某一个范畴、概念能够解释说明一切认识客体,那么它实质上什么也解释不了,什么也说明不了。矛盾律、同一律等形式逻辑基本规律,在中国哲学概念面前,可以说是圆凿方枘。

导致中国传统哲学这种"逻辑缺席"现象的一个深层次的原因,可能与中国传统哲学的思维方式、叙事模式和终极价值追求有密不可分的关系。

西方哲学以求"是"为特征,以事实判断为前提,重在探究"事物是什么"?揭示认识对象的"实然"状态,注重逻辑论证与思辨,逻辑方法的重要性远远大于结论的重要性。西方哲学的这种对任何一个概念都必须刨根究底进行论证与定义的理性传统,从苏格拉底时代就已经生成。他强调任何概念都必须建立在逻辑的严密定义基础上,否则一切论证都缺乏哲学前提。例如讨论"勇敢",首当其冲应解决的一个问题是:"什么是勇敢?"而非"勇敢是如何样的"?"当我对任何东西,不知道它是'什么'时,如何能知道它的'如何'呢?如果我对美诺什么都不知道,那么我怎么能说他是漂亮的还是不漂亮的,是富有的而且高贵的,还是不富有不高贵的呢"②?所以应抛弃"任何一个用未经解释或未经承认的名辞来说明的答案"③。

---

① 参见小野泽精一等:《气的思想》,上海人民出版社,1990年版。
②③ 北京大学哲学系:《古希腊罗马哲学》,第152、162页,商务印书馆,1982年版。

中国传统哲学以求"用"为特征,追求事物"应该是什么"?表达事物的"应然"状态,彰显出来的是价值理性。以《论语》文本为例,"仁"范畴出现了109次,但孔子始终未能自觉地对"仁"范畴作一个内涵与外延相对确定的逻辑定义。面对不同学生提出的同一个问题:"仁是什么?"孔子"因材施教"予以回答,具体结论都不一样,但思维方式是相同的,即"仁应该如何行"?这与强调首先要解决世界本质上是什么,然后才能探讨人类知识来源的西方哲学正相颠倒。

西方自古希腊哲学以来的宇宙论、认识论,探讨的是宇宙"是什么",他们所得出的"水"、"火"、"原子"等等结论,代表的是对宇宙本原本质上"是什么"的逻辑回答。与此相反,以气论、道论、理论为代表的中国哲学中的宇宙论、认识论,其重心在探究宇宙"应该是什么",而非宇宙事实上"是什么"。不仅如此,以气论、道论、理论为代表的宇宙论和认识论,往往与人生的终极价值、理想的人格境界相牵扯,表达的往往是一种生命的道德体验。正因为如此,是否应当对所使用的哲学范畴与概念作逻辑论证与定义,中国人并不把它看成是哲学研究的前提与出发点。

概而言之,气作为哲学范畴因为存在着上述四大特点,所以气范畴(包括道、理、天等范畴)实质上是一种"具体的一般性"(Concrete Universal),而不是"抽象的一般性"(Abstract Universal)。抽象的一般性是抽象的纯理,是排除了诸多其他的规定性,从变动和复杂中抽象出来的静止和单纯的东西。而"具体的一般性"是具体的、能动的。譬如"理"范畴,蕴涵了天、心、性、易、神、诚、敬、仁等诸多规定性,这些都是同一本根的不同表现;同时,"具体的一般性"又是包涵着特殊性的一般性,因此它必须是体用一如,既是形上又是形下,既是存在又是作用。一言以蔽之,中国传统哲学概念群中的主干概念,从来就未获得"绝对的纯粹形式"。西方哲学意义上的那种"纯粹概念",在中国传统哲学形态中并不存在①。

(二)"天地之气,合而为一"

小野泽精一在《气的思想》一书序文中,称《春秋繁露》"是一本把中国思想史出现的'气'概念的变迁这个'点',作为自然观和人的观念展开的这个'面'的焦点来考察的著作"。小野泽精一先生的观点具有方法论意义上的启迪作用。董仲舒气学是中国古典气学发展史上一个不可或缺的环节,它标志着建立在气本原基础上的中国古典本体学说的最终确立。

1. 董仲舒"气"范畴的义项

中国古典哲学存在着两种颇具代表性的本体学说:一是道本论,一是气本论。继《管子》作者之后,董仲舒是气本论的主要代表人物。《春秋繁露·五行相生》篇说:"天地之气,合而为一,分为阴阳,判为四时,列为五行。"在深入研究董子气论之前,我们有必要先厘清"一"、"元"、"气"三者之间的关系。有些学者认为"元"即"一","元"与"一"互训,但不同意"一"、"元"即气,因此,他们将董仲舒本体论概括为"元本体论"。这种观点,其实有待于进一步商榷。《春秋繁露·王道》篇说:"元者,始也,言本正也。"《玉英》篇说:"谓一元者,大始也。"《举贤良对策》篇又说:"《春秋》谓一元之意,一者,万物之所以始也;元者,辞之所谓大也。谓一为元者,视大始而欲正本也。"其实,在东汉就有学者明确指出"元"、"一"、"气"三者内涵相同、外延相近,实质上属于语词不同但内涵与外延相同的同语反复。譬如,何休《公羊解诂》就指出:"变一为元,元者,气也。无形以起,有形以分,造起天地,天地之始也。"唐代徐彦疏:"元为气之始,如水之有泉,泉流之原。无形以

---

① 参见曾振宇:《论气》,载《哲学研究》2004年第7期。

起,有形以分,窥之不见,听之不闻。有形与无形皆生乎元气而来,故言造起天地,天地之始也。"今人金春峰在《汉代思想史》一书中也认为:"作为万物或宇宙本原的'元',就是指元气。"日本学者小野泽精一等人编著的《气的思想》一书也持同样的观点:"总之,所谓'一',就是与阴阳之气、五行之气在本质上是相同的一气。"廓清了这一问题,有助于我们对董仲舒的本体论作一整体的、深入的剖析。

在《春秋繁露》一书中,气范畴与气本体的内涵纷繁杂陈、气象万千,简直使人目不暇接。如果仅仅看到了某些篇章中的气义旨,就匆匆忙忙地下结论,难免要蹈"瞎人摸象"之覆辙。因此,为了能对董仲舒的气论作出一个比较准确的评论,我们有必要先对气范畴诸种义项作一全面的梳理。

阴阳之气 李约瑟先生认为,阴阳概念的产生脱胎于原始生殖崇拜。把阴阳与气相联系,并且用阴阳二气的摩荡推移来诠释自然和社会现象,则肇端于《国语》。董仲舒在其著作中,也将阴阳二气当做本体内含的两种既对立又互为前提的力量。《春秋繁露·天地阴阳》篇说:"天地之间,有阴阳之气。"他认为阴阳之气细微不可见,但充盈于太虚之中,无处不在;宇宙间所有的存在都可以归纳为阴气与阳气两大类,或者说,宇宙间各种存在都是阴阳二气的存在证明与表现样式。董仲舒还十分详细地描述了阴阳二气的运行轨道:阴气与阳气在运行方向和运行轨道方面都截然相左,阳气发生于东北,由东北往南、往西,再返回到东北方向,按顺时针方向运转;阴气发生于东南,然后朝北运行,经过西北、西南,再回到东南,按逆时针方向运动。在《阳尊阴卑》篇中,董仲舒还为阴阳二气赋予了不同的社会伦理属性:"阳,天之德;阴,天之刑也。"阳气的特征为:暖、予、仁、宽、爱、生;阴气的特征表现为:寒、夺、戾、急、恶、杀。

四时之气 《左传》最早提出春夏秋冬四季是气化产物,阴、阳、风、雨、晦、明"六气"的相摩相荡,形成了寒热循环的有序变化。董仲舒同样认为春夏秋冬四季是气本体的外化方式之一,《王道通三》篇说:"春气爱,秋气严,夏气乐,冬气哀。爱气以生物,严气以成功,乐气以养生,哀气以丧终,天之志也。"春季何以暖?夏季何以热?秋季何以凉爽?冬季何以寒冷?值得注意的是,董仲舒在《王道通三》一文中对这些问题并没有从天文学、气象学角度进行探讨,而是把这种自然现象解释为气本体功能的体现与放大:春季之所以暖和,是因为天"爱而生之";夏季之所以炎热,是因为天"乐而养之";秋季之所以清凉宜人,是因为天"严而成之";冬季之所以寒冷,是因为天"哀而藏之"。在董仲舒的哲学中,天是有生命、有丰富情感的实体,但这种人格神的"天"同样是本体气的外化产物。因此,春夏秋冬四季产生的原因与其说是"天之志",不如说是"气之志"。

五行之气 在邹衍哲学中,五行是宇宙客观存在的五种基本质料和属性。在《春秋繁露》中,董仲舒将五行与气相结合,对五行作了哲学上的抽象;元气化而为阴阳二气,阴阳二气分而为五行之气,五行之气成为气本体论中一个不可或缺的环节。值得一提的是,董仲舒在《治水五行》篇中用五行之气的属性来解释气候变化的原因。他把一年360天划分为木气、火气、土气、金气和水气5个单元,每一单元因为五行之气运转变化的主次地位不同,呈现出了不同的气候特征;从冬至那天算起的72天内,木气为主,所以天气"燥浊而青";其后的72天里,火气为主,所以气候"惨阳而赤";第三单元的72天里,土气占据主导地位,所以气候"湿浊而黄";第四单元的72天里,金气为主,所以天气"惨淡而白";第五单元的72天里,水气为主,所以天气"清寒而黑"。不惟如此,在《五行之义》篇中,董仲舒还企图归纳和构建宇宙结构和宇宙模式,他将五行之气与方位、四季等等进行比附、归类：木、东方、春季为一类，火、南方、夏季为一类，金、西方、秋季为一类，水、北方、冬季为一类。在此基础上，社会政治的运作方式和动作重心也应该与"天之数"保持协调一致，上下相应。譬如，秋季之时，金气为主，金气的特征是"杀气之始"，所以统治者在秋季就应该"建立旗鼓，杖把旄钺，以诛贼残，禁暴虐"①。

自然现象之气　用阴阳二气的运作变化来解释自然现象，肇端于《国语》。公元前780年，西周三川地震，太史伯阳父将地震起因归结为"阳伏而不能出，阴迫而不能烝，于是有地震"。董仲舒也将风、雨、雷、电等自然现象看做气本体运行施化的结果：风起源于木气放散，霹雳起源于金气放散，闪电源起于火气，雨水源起于水气，雷源起于土气。与此同时，董仲舒在《王道》篇中又把风雨不时、旱涝地震等自然灾害称之为贼气："王正则元气和顺，风雨时，景星见，黄龙下。王不正则上变，贼气并见。"

冷暖寒暑之气　冷暖寒暑本是人类主体对外在气温变化的生理感受，但是，董仲舒在天人合一、天人互渗的哲学基础上，将冷暖寒暑也论证为气本体的一种功能证明：暖气、清气、暑气、寒气。董仲舒在这里运用了"比附"这一前逻辑思维方式来论证冷暖寒暑四气的存在：君王有喜怒哀乐，天也有喜怒哀乐；君王将喜怒哀乐贯彻于生杀予夺的政治运作过程中，天将喜怒哀乐融化在冷暖寒暑四气的迭相递嬗之中。

血气　血气这一概念并不是董仲舒的发明，孔子、孟子、庄子等人都谈论过血气。在他们的哲学中，血气是指人类生命机体的生理基础。董仲舒的"血气"说，基本上是对前贤学说的绍承："精积于其本，则血气相承受；贤积于其主，则上下相制使。血气相承

---

① 董仲舒：《春秋繁露·五行顺逆》，中华书局，1975年版。下同。

受,则形体无所苦;上下相制使,则百官各得其所。"①《为人者天》篇又说:"人之形体,化天数而成;人之血气,化天志而仁。"在这里,董仲舒的"血气"概念不仅仅是单纯的生理学范畴了,实际上已和思孟学派的心性学说相近,具有一定的伦理心性色彩。

精神之气 在中国哲学史上,庄子较早地从气本体高度探讨精神、意识的起源。在《人间世》等篇中,庄子将精神、意识称之为"神气",气聚而成人,但精神、意识不是人类大脑的认识功能,而是本体气的另一种外化形式。庄子的这一观点,对后来的董仲舒有所影响,他同样没有意识到精神、意识与人类脑功能之间的关系,而是将它论证为无所不包的气本体在另一个领域的延伸:"心有哀乐喜怒,神气之类也。"②东汉的《白虎通·情性》继而将"精"与"神"合而为一,专门解释了精神的起源:"精神者,何谓也?精者,静也,太阴施化之气也,象水之化,须待任生也。神者,恍惚太阳之气也,出入无间,总云支体,万化之本也。"在这里,精神、意识被认为是太阴之气、太阳之气"施化"的结果,它是人类生理机能的中枢,制约着人的肌体与性情的变化。既然人的精神、意识直接来源于本体气,那么人的情感、性情也不能单纯地归结为人类内在精神世界的产物,它也是与天地互渗、互参的气化结果:"人生于天,而取化于天。喜气取诸春,乐气取诸夏,怒气取诸秋,哀气取诸冬,四气之心也。"③董仲舒认为,天有春夏秋冬,人有喜怒哀乐,两者本质上趋同,都是气先验的内在情感的彰显。

伦理之气 将伦理观念看成是气本原在社会关系领域的放大与延伸,这是中国古典哲学中值得深思的现象之一。早在《国语·

---

① 《春秋繁露·通国身》。
② 《春秋繁露·人副天数》。
③ 《春秋繁露·王道通三》。

周语下》中,就已经将人的实践理性与本原气相牵连,董仲舒《春秋繁露·阳尊阴卑》继而说:"是故推天地之精,运阴阳之类,以别顺逆之理。安所加以不在?在上下,在大小,在强弱,在贤不肖,在善恶。恶之属尽为阴,善之属尽为阳。阳为德,阴为刑。刑反德而顺于德,亦权之类也。"作为普遍存在的气,虽然无形但又无所不在,宇宙间所有的存在都是阴阳二气施化的结果,实践理性也不例外。具体地说,气内含阳气,所以存在着善这一伦理观念;气内含阴气,所以存在着恶这一伦理观念。阴阳二气生生不息,善与恶等伦理观念在人性中也永恒长驻。在《深察名号》中,董仲舒还具体分析了仁、贪两种对立伦理观念的起源:人性受之于气,元气中的阴阳两气相融相化、互为前提、相互转化,所以人性中不可能存在着纯粹的至善或纯粹的至恶,而是善与恶交融,作为"预定和谐"同时存在于人性之中。伦理观念是先验的,但伦理修养是经验的,生命历程的终级价值就在于如何固守与光大人性中仁善的一端,排斥与扬弃人性中贪恶的一端。自此,董仲舒为他的"伦理起源学说"寻找到了形而上的依据。

至此,我们有必要对气本体作一个小结。在《春秋繁露》一书中,气范畴与气本体至少兼容、统摄了12种义项。通而论之,它涵盖了自然、生命、精神、伦理、社会、人事各方面,实际上它还可以包容得更多。气范畴没有相对确定的内涵,也没有相对确切的外延,它是大而无当的终极存在,它可以解释一切。建立在这种哲学概念基础之上的宇宙生成论,其主要特性可以归纳为两点:其一,宇宙本原是一有机的、活泼泼的存在体,是"一切生命体中最伟大的物体"。它所要说明、图解的宇宙间的每一种存在、每一种存在的每一个部分,作为一种"预定和谐",也都是一种有机的生命存在。其二,这种宇宙本原具有先验的道德属性。董仲舒等人之所以要为"天地立心",给宇宙本体赋以道德属性,目的在于为人类的道德观念与道德规范寻求形而上的哲学依据。正因为如此,气本体可以"圆而神"地论证一切。关于哲学本体的这种奇特的性质,深受中国文化浸润的莱布尼茨理解得可谓入木三分:"物质的每一部分都可以设想为一个充满植物的花园或一个充满鱼类的池塘;但植物的每一茎梗、动物的每一肢体、每滴树液或血液,也都是这样的一个花园或池塘。"①与笛卡尔把世界表述成一个庞大的机器相反,莱布尼茨倾向于把世界看成是一个庞大的活的有机体,它的每一部分也是一个有机体。在《单子论》一书中,他把不可再分的最小的有机体称之为单子,每个单子都反映着本体,每个单子都反映了宇宙。莱布尼茨的这种哲学观点,深深地打上了中国文化的烙印,诚如李约瑟所论:"人们不难在他的哲学中找到中国思想的反响。"②

2. 气与"天人合一"

天人关系是中国古代哲学所关注的核心问题。近些年来,天人关系又一次成为学术界争论的一大热点,有些学者从天人关系角度划分中西哲学的不同性质,将中国传统文化特质归纳为"天人合一",将西方古典文化归纳为"天人相分",甚至认为"天人合一"代表了世界文化的未来方向,对于如何认识人在宇宙间的责任、处理人与自然的关系大有启迪③。肇始于古希腊、罗马文明的西方文化哲学可否抽绎为"天人相分",这是一个值得深入讨论的话题,但将中国古典哲学的特点概括为"天人合一",应该说绝非空穴来风。但问题在于如何正确理解董仲舒及其中国古典哲学"天人合一"这一命题的底蕴。张岱年先生在其所著《中国哲学大纲》中,将"天人合一"之旨趣归纳为两个方面:一是天人相通,二是天

---

①② 《中国科学技术史》第二卷《科学思想史》,第531页。
③ 季羡林:《传统文化能否再写辉煌》,《人民日报》1994年12月6日。

人相类。近几年有人认为"天人合一"这一命题是一种哲学悖论。其逻辑推论过程如下：如果这里的"天"指的是自然界，那么天的规则是自然法则，人的规则是社会法则，人之所以与动物不同，就因为它突破了动物的界限，才能使人从动物界中分化出来。在这一逻辑意义上，人类第一个起点就是天人不合一，天人不合一是人类诞生的杠杆，所以"天人合一"是一个哲学悖论。

"天人合一"这一哲学命题果真如此令人困惑不解吗？近百年来，学术界之所以一直没有彻底解决这一课题，症结就在于忽略了对"天人合一"之"一"的训释。大多数学者都把"天人合一"之"一"解析为一个普通的数量词，没有认识到"一"乃"天人一也"之"一"。也就是说，"一"实际上指哲学本体，也就是亚里士多德在《形而上学》中所说的"万物都由它构成，开始由它产生，最后又化为它"的终极普遍存在。在董仲舒的哲学中，"天人合一"之"一"就是气本体，气是一种大而无当的终极存在，它可以解释自然、精神、伦理、社会诸现象，它是一个无穷大的本原，宇宙间的诸种实在与现象，无论是物质的抑或精神的都源起于它，最终又复归于它。我们只有从这一哲学层面解读"天人合一"，才能真正领悟这一哲学命题的奥义。

通而论之，"天人合一"有三个层面的内涵。

其一，天人同质。《春秋繁露·深察名号》说："天人之际，合而为一。同而通理，动而相益，顺而相受，谓之德道。""天"指与人类社会相对的自然，但它不是西方哲学本体论意义上的自然，而是有机的、泛道德的自然，这诚如列维·布留尔所言："对原始人的思维来说，这种意义上的自然界是不存在的。社会集体把它周围的实在感觉成神秘的实在；在这种实在中的一切不是受规律的支配，而是受神秘的联系和互渗来支配。"①既然如此,天与人在性质上是相同的,"以类合之,天人一也"②。天与人在本质上都是充满生命活力的泛道德存在,都是气本体在不同空间、不同意义上的延伸与证明。参悟了这一点,我们才能茅塞顿开地理解董仲舒何以反复多次、不厌其烦地论证天有喜怒哀乐之情感,人也有喜怒哀乐之情感,天通过春夏秋冬四季的清暖寒暑来表达它的诉求。《阴阳义》说:"天亦有喜怒之气、哀乐之心,与人相通。"

其二,天人同构。天与人不仅在性质上趋同,在结构上也相近。天与人在结构上可以相互论证,互为前提,构成形式逻辑上的"循环互证"。譬如,天有三百六十日,人有三百六十节;天有四时,人有四肢;天有日月,人有耳目;天有山谷起伏,人有五脏六腑;天有星辰,人有毛发……按照这种比附逻辑,天与人在结构上的相同相近还可以无限地枚举下去。值得注意的是,董仲舒还利用了物理学上的一些共振现象来论证天人同质也同构。《同类相动》篇说:"故气同则会,声比则应,其验皦然也。"音调相同的乐器会相互震动,大气气压的增强会导致关节病痛的复发,月亮盈亏变化会引起水生动物的生理变化……如果单纯地从自然科学角度评价这些论述,应该说不乏真知灼识之处。但是,这些"精细的论证"恰恰是"醉翁之意不在酒",其目的在于更深刻地论证他的"天人同构"说。

其三,天人互渗。列维·布留尔在论述原始人的前逻辑思维特征时说:"我们在这里见到的是原始人对因果律的不正确的应用,他们把原因和前件混淆起来了。这应当是一个以 post hoc, ergo propter hoc(在这之后,所以因为这个)的谬误而得名的极普遍的

---

① 列维·布留尔:《原始思维》,第 238 页,商务印书馆,1981 年版。下同。
② 《春秋繁露·阴阳义》。

逻辑错误……对土人来说,没有任何偶然的事情。那些在时间上接近的事件,即便是彼此很远的地点发出,也很容易被他们认为是由因果关系连结起来的。"①这种集体表象的特征为:宇宙中没有任何一件事情是偶然存在的,任何一件事情都是另外一件事情的起因或结果。这种前逻辑思维不太重视两个物体或两件事情在空间上的关系,但非常重视时间上的因果联系。他们常常把在时间上接连发生的两个偶发事件联系起来认识,并且认定两者之间必然存在着某种因果律,哪怕这两者之间远隔重洋,他们也毫不顾忌。从这一哲学理论出发,我们就很容易破译晦涩佶屈的《五行五事》篇了。在这篇文章中,董仲舒断言,如果君臣不知礼节,放浪形骸,树木就长不直,夏天经常有暴风;君王如果言不守信,秋天就常有霹雳;君王如果目光短浅,胸无大志,秋天就常有闪电;君王如果不善纳谏,刚愎自用,水就不能渗透进地下,春夏两季就会暴雨成灾;君王如果心胸狭隘,庄稼就会歉收,秋天就常打雷。君王品行—君臣政绩—庄稼丰歉—植物荣枯—四季气候变迁之间,构成了一个因果互渗链。在我们现代人看来,这几者之间不可能存在着内在的逻辑联系,也不可能存在内在的因果关联。但是,从"天人合一"这种宇宙理论出发进行理解,有些问题却似乎又是圆融无碍的,"因而,一切奇异的现象都被看成是稍后必将发生的灾难的征兆,同时也是它的原因;但是,以另外一个观点看来,这个灾难也同样可以被看成是那个奇异现象的原因"②。据此,宇宙中永远不存在偶发事件,任何一件事情、任何一件物体既是它自身,又不是它自身;既是另外一件物体或事件的原因,同时又会是另外一件物体或事件存在的结果。

天人同质、天人同构、天人互渗,构成"天人合一"学说的三个

---

①② 列维·布留尔:《原始思维》,第238、279页。

层面的旨义,而"天人合一"学说成立的形而上的哲学根据,则是那无所不在、无所不能的泛道德本体。我们只有从这一意义上去重新界定"天人合一",才能真正把握其内在的哲学命脉。

三 "法天而行":董仲舒与中国传统天信仰

在先秦时代,人们的最高信仰对象并不是一成不变的。在商朝,最高的崇拜对象是"帝"或者"上帝"。帝不仅是自然界的最高立法者,能支配自然界的生成变化,创造并化育万物,决定岁收丰歉,而且它还是人类社会的至上神,主宰着人类社会的政治活动,决定着人的吉凶祸福。商朝统治者相信自己就是上帝的子孙,他们的统治权力是上帝意志的体现,他们的宝座得到了上帝的保佑,这一切都具有神圣不可侵犯的性质。如果谁想僭逆犯上,谁就是忤逆了上帝的意志,必然遭受上帝的惩罚。周王朝统治时期,人们信仰的最高对象不再是上帝,而是天,天的意志称为"天命"。天既是自然神,也是人类社会的主宰之神,是两者合二为一的上神。随着岁月的流逝,天的内涵在不断地变化。在春秋、战国时期,天的义项至少有三层:一是自然之天,不包含人格神的成分。《论语·阳货》说:"天何言哉?四时行焉,百物生焉,天何言哉!"二是义理之天,"仁义忠信,乐善不倦,此天爵也;公卿大夫,此人爵也"①。三是主宰之天,"为善者天报之以福,为不善者天报之以祸"②。

(一) 从"天之道"到"人之道"

董仲舒的天论来源于墨子的"天志"。从《墨子》之《天志》、

---

① 《孟子·告子章句上》,上海书店,1986年版。
② 《荀子·宥坐》,中华书局,1983年版。

《尚同》等篇的内容分析，我们可以发现一个显著的特点：墨子宣扬的天仅仅是一至上人格神，它既不是自然神，也不是自然和主宰人类社会的人格神的多元一体，而是天的内涵比较单一。董仲舒的天论虽然缘起于墨家，但也有所创新。他认为，天不仅是创造自然界万物的自然神、创造人类生命的人格神，同时还是主宰人类社会的至上神。基于此，董仲舒力倡"法天而行"，认为人类社会的政治体制、政治结构和政策导向都应该与"天之道"保持协调一致，以"天之道"来统摄"人之道"。

1. 董仲舒天论的基本内涵

董仲舒虽然是汉儒领袖，但其天论不是来源于孔子。孔子多次提到过天与天命，譬如"知我者，其天乎"①？"获罪于天，无所祷也"②。但是，孔子思想中的天与天命，其创造宇宙万物、主宰人类社会的至上神色彩非常淡薄，哲理性却比较浓厚。与其说孔子的天是指人格神、至上神，不如说是指哲理性的天更恰当。综观《论语》一书，充满了理性和入世情怀，孔子无意为他的伦理箴言和治世格言寻求超人间力量的支持。恰好相反，我们可以在《论语》一书中找到很多怀疑与否定天与天命的言论："子不语怪、力、乱、神。"③"未能事人，焉能事鬼？"④董仲舒思想体系中的天虽然脱胎于墨家思想，但两者之间也存在着明显的区别。那么，董仲舒哲学中的天与墨子哲学的区别何在呢？在回答这个问题之前，我们不妨先将董仲舒哲学体系中的天范畴加以梳理："天高其位而下其施，藏其形而见其光。高其位，所以为尊也；下其施，所以为仁也；藏其形，所以为神；见其光，所以为明。故位尊而施仁，藏神而见光

---

① 《论语·宪问》，中华书局，1990年版。下同。
② 《论语·八佾》。
③ 《论语·述而》。
④ 《论语·先进》。

者,天之行也。"① 天在董仲舒哲学认识论上的地位又不可混同于地、人、金、木、水、火、土等实存,而是一种位居于宇宙万物之上并且化育天地万物的宇宙本原。在宇宙论上,气和天都成了终极存在,这是董仲舒哲学中的一大矛盾现象。如何认识与评价这一思想中的矛盾,有待于学人进一步探讨。

从《春秋繁露》一书的逻辑结构分析,作为哲学认识论意义上的天本原,具有以下几重内涵:

首先,天是创造宇宙万物的至上神:"天者万物之祖,万物非天不生。"②"天者,百神之大君也。事天不备,虽百神犹无益也。"③ 在《春秋繁露》一书中,天范畴的内涵与外延并不是严格同一的。《官制象天》说:"天有十端,十端而止已。天为一端,地为一端,阴为一端,阳为一端,火为一端,金为一端,木为一端,水为一端,土为一端,人为一端。凡十端而毕,天之数也。""天有十端"之天和"天为一端"之天显然不是同一个概念,前者指的是宇宙空间,后者实际上是指代自然界。宇宙空间之天和自然之天属于语词相同但内涵各异的交叉概念。这种哲学概念上的模糊性、游移性,凸现出了中国古代哲学认识论的不足。

其次,天是孕育人类生命的人格神。《为人者天》说:"为生不能为人,为人者天也。人之人本于天,天亦人之曾祖父也。此人之所以乃上类天也。"《王道通三》说:"人生于天,而取化于天。"天是人类生命生育与存在的根据,同时又是生命体存在的质料之一。关于这一点,《庄子·达生》也有类似的表述:"天地者,万物之父母也。"

---

① 《春秋繁露·离合根》。
② 《春秋繁露·顺命》。
③ 《春秋繁露·郊语》。

再次，天是人类社会的最高立法者，是主宰人类社会的最高神。《墨子·天志》说："天子未得恣己而为政，有天正之。"墨子苦心孤诣构建"天命约束机制"的目的在于为制约君王权力寻求形而上的依据。董仲舒显然绍承了墨子的这一观点，并且有所发明。他进而论证君王权力的存在根据、社会制度的存在合理性，都是来源于天的意志："《春秋》之法，以人随君，以君随天。曰：缘民臣之心，不可一日无君，一日不可无君，而犹三年称子者，为君心之未当立也，此非以人随君耶？孝子之心，三年不当。三年不当而逾年即位者，与天数俱终始也，此非以君随天耶？故屈民而伸君，屈君而伸天，《春秋》之大义也。"①孟子曾经建构了"民→社稷→君王"三级金字塔式的政治格局，目的在于论证人民在政治生活中的地位，民本主义色彩昭然于世。董仲舒在这里建构的是"天→君→民"三级政治金字塔式结构，从表面上看，似乎董仲舒的思想是对孟子民本主义的一种反动与否定，但实质并非如此。董仲舒"屈民而伸君，屈君而伸天"的政治目的，在于论证天在人类社会中的神圣地位，从而为制约君王权力寻找至上的依据。这种政治理想的本质仍然是民本主义的，与孟子可以说是异曲同工。

最后，天有意志、有性情，是一活泼泼的生命存在。《阴阳义》篇说："天亦有喜怒之气、哀乐之心，与人相副。以类合之，天人一也。"与此同时，天也是价值本体。天的行为表现为"仁"："天，仁也。天覆育万物，既化而生之，有养而成之。事功无已，终而复始，凡举归之以奉人。察于天之意，无穷极之仁也。人之受命于天也。取仁于天而仁也。"②天孕育万物、化生万物，但从不居功自傲，只有奉献没有索取，呈现出一种至善至美的"仁"的品性。

---

① 《春秋繁露·玉杯》。
② 《春秋繁露·王道通三》。

概而论之，在《春秋繁露》一书中，天也是一宇宙本原，是有意志的、有品性的、主宰天地万物的自然神、人格神和至上神的统一体。

2．法天说

天是宇宙本原，天有"天道"。在天人关系上，董仲舒反复阐述一个根本性的价值观——"法天而行"，认为人道源出于天道，人道是天道在人类社会的折射。董仲舒的"法天说"具有三个层面的涵义。

首先，人类生理结构"法天"。《为人者天》从理论上解释了为什么人类生理结构应法天而行："为生不能为人，为人者天也。人之人本于天，天亦人之曾祖父也。此人之所以乃上类天也。人之形体，化天数而成；人之血气，化天志而仁；人之德行，化天理而义……"儿子虽是父母十月怀胎而生，但解释不了作为类的人究竟从何而来。按照康德式的认识思路，必然会一直追问到一个终极性的问题：人类生命如何可能？人类生命生理结构何以可能？对于这个问题，董仲舒回答说：人类生命源出于天，所以人类的生理结构在本质上、形式上与天的结构是同一的；天是大宇宙，人是小宇宙，人类生命体是天的缩影。其实，这一观点可能也不是董仲舒的发明，《庄子·达生》早就说过："天地者，万物之父母也。"董仲舒可能是受到了庄子思想的影响。

在《人副天数》、《为人者天》等篇中，董仲舒比附了人与天是如何一一对应的，如下表：

(1)人象	(2)天象
头是圆形	天是圆形
头发	星辰
耳目	日月
呼吸	风气
知事	神明

（1）人象	（2）天象
乍视乍瞑	昼夜
柔刚	夏冬
哀乐	阴阳
骨肉	地厚
血脉	山川
腹腔	万物
足方	地方
四肢	四时
每肢三个关节	每时三个月
四肢共有十二个关节	四时共有十二个月
人十月而生	天道十月而成
数以十进位	天数为十
目不能二视,耳不能二听,手不能二事	天道无二
人有三百六十六个骨节	一年有三百六十六日
人有十二个大骨节	天有十二个月
人有五脏	天有五行

在这里,天象与人象、天数与人数一一对应,了无间隔。不仅如此,董仲舒认为,人的性情也起源于天的性情,或者说人的性情就是天的性情的外化形式:"夫喜怒哀乐之发,与清暖寒暑其实一贯也。喜气为暖而当春,怒气为清而当秋,乐气为太阳而当夏,哀气为太阴而当冬。四气者,天与人所同有也,非人所能蓄也。"①天有春夏秋冬之分,人有喜怒哀乐之情,喜来源于春气,乐来源于夏气,怒来源于秋气,哀来源于冬气,"人生于天,而取化于天"②。

其次,政治制度法天。像以往大多数思想家一样,董仲舒在崇拜天的同时,也对天的结构、原则、规律进行了抽象、概括,并从中抽绎出了一些永恒性的"自然法则",关于这一点,最典型的莫过

---

①② 《春秋繁露·王道通三》。

于对"天之数"的崇拜。在中国传统文化中,"一、二、三、四、五、六、七、八、九……"等自然数很早以来就不仅仅是一些单纯的数字符号,尽管《汉书·律历志》说过"数者,一十百千万也,所以算数事物",但是,这其实仅仅只是数的基本性质之一,数字还被赋予了广泛而深厚的文化意象,甚至上升为哲学范畴。在中国传统文化中,数是一个"先天地而已存,后天地而已立"的先验自在之物,人类对于它的认识仅仅是一个领悟与掌握的过程,而不是一个发明与创造的历程。《汉书·律历志》虽然说伏羲氏在推演八卦的过程中产生了数的概念,后来又经过黄帝等人的总结,使数的概念趋于完善;但是,这种将数字与神话人物结合的努力,恰恰是为了证明数起源的神秘性,恰恰是为了强调数的先验性。此外,数又被确定为一种形而上的终极之物,具有永恒不变的自然法则的涵义。古人"万物莫逃乎数"的观念,就是强调宇宙间的一切存在实质上只是数的存在,是数的陈列与表现样式,宇宙间的一切人和事都逃不出数的规定。譬如,"一"指谓宇宙本原,"二"指代由本原分化而成的阴阳二气,"三"指代阴阳推演、相摩相荡而化生的天地万物。这恰如老子所说:"道生一,一生二,二生三,三生万物。万物负阴而抱阳,冲气以为和。"①当然,这还仅仅是在自然观的意义上对于宇宙运行规律的探索,它的深层表述则是一种神秘化的"定数"观念。在中国古代典籍中,我们时常可以见到"天数已定"、"命数难逃"之类的文字,描述宇宙间万物万事的确定性,这种确定性从事物产生的那时刻起就已存在先验的既定之中了②。这种"神秘的实在"能够对人类的兴衰产生巨大的作用,正因为如此,对数这种"神秘实在"的崇拜,也是董仲舒思想体系中的一个重要

---

① 《老子》四十二章,中华书局,1984年版。
② 参见俞晓群:《数术探秘》,三联书店,1994年版。

内容:"天之数,人之形,官之制,相参相得也。人之与天多此类者,而皆微忽,不可不察也。"①"备天数以参事,治谨于道之意也。"②"官制法天"也是董仲舒"天人合一"思想的内涵之一,人类社会政治制度的性质、结构、功能等等,必须以"天之数"作为其存在的合理依据。在这一问题上,"三"和"五"两个数尤其重要。

"三"之所以重要,是因为"三"被看成是宇宙现象与宇宙法则的高度概括。"天以三成之,王以三自持。"③宇宙由"天、地、人"三部分构成,在这一宇宙规律基础上,宇宙间的众多现象无不呈现为三或者三的倍数:

  天有三光:日、月、星;

  地有三形:高、下、平;

  人有三尊:君、父、师……

《官制像天》说:"何谓天之大经?三起而成日,三日而成规,三旬而成月,三月而成时,三时而成功。寒暑与和,三而成物;日月与星,三而成光;天地与人,三而成德。由此观之,三而一成,天之大经也,以此为天制。"缘此,董仲舒不仅为汉王朝政治制度存在的合法性寻找到了至高无上的哲学依托,而且为汉王朝政治制度的结构找到了形而上的说明:

  天子以三公作为辅佐,

  三公以九卿作为辅佐,

  九卿以三大夫作为辅佐,

  三大夫以三士作为辅佐,

  三臣而成一选,

  礼三让而成一节……

"天之数"的另一个"神秘实在"是"五"。"五"与"五行"紧密

---

①②③ 《春秋繁露·官制象天》。

地联系在一起。五行学说最早出现在《尚书·洪范》中:"五行:一曰水,二曰火,三曰木,四曰金,五曰土。水曰润下,火曰炎上,木曰曲直,金曰从革,土爰稼穑。"在中国传统文化中,五行也是宇宙图式理论上的一个范畴。在汉代以前,古人在论述宇宙的演化过程中,通常使用气、道、阴阳等抽象概念,很少涉及到五行。从汉朝开始,人们用五行概念来诠释宇宙万物的生成变化。譬如:《论衡·物势》:"天用五行之气生万物。"《孔子家语·五帝》:"天有五行水火木金土,分时化育以成万物。"这种学说历经魏晋隋唐的不断补充、发挥,到宋代已经趋向成熟。胡瑗、周敦颐、朱熹等一批哲人将五行之气和阴阳学说有机结合,构建了一个"气(道)→阴阳→五行→万物"的宇宙生成图式,五行作为从阴阳到万物这一生成演化过程的中介环节而获得了哲学认识论价值。在董仲舒思想中,五行学说也是一个非常重要的部分,它不仅具有哲学认识论的意义,而且也成为人类社会政治制度形而上之根据:"天地之气,合而为一,分为阴阳,判为四时,列为五行。行者行也,其行不同,故谓之五行。五行者,五官也,比相生而间相胜也。故为治,逆之则乱,顺之则治。"①按照这种认知逻辑,天有五行,人类社会自然应该设置五官与此相对应。在《五行相生》、《五行顺逆》、《五行相胜》等篇中,董仲舒十分详细地论证了人类社会的政治结构应该如何与五行这一宇宙法则相互协调、相互论证的问题。

司农:木代表东方、春,春天是万物复苏、萌芽生长的时节,社会统治者应当设立"司农"这一官职与天相配:"木者春,生之性,农之本也。"②司农的职责是劝导农民勤勉于农事,开垦荒地,种植百谷;农民的徭役不超过三天,赋税实行"什一之税"。木之德为

---

① 《春秋繁露·五行相生》。
② 《春秋繁露·五行顺逆》。

仁,所以司农应该推行仁政,对农民、草木、鸟兽虫鱼都应该仁慈宽惠。如果司农仁德深厚,"恩及草木,则树木华美,而朱草生;恩及鳞虫,则鱼大为,鳣鲸不见,群龙下"①。与此同时,董仲舒还从另一个角度对君王和司农的行为予以限制:君王不应该不理朝政、沉湎酒色,不应该赋役无度、盘剥百姓无所节制;司农则不应该朋党比周、蔽上欺下,不劝导农民积极从事农业生产,整天沉溺于搏戏斗鸡、走狗养马,纵容平民百姓贪图享乐,导致辖区道德水平下降,长幼无序,上下相欺,寇贼蜂起,横行乡里。君王与司农的这种行为忤逆了五行本气之性,必将招致百草不生、百谷不熟、洪水泛滥、群龙深藏、猛兽横行的后果。《汉书·五行志》说:"田猎不宿,饮食不享,出入不节,夺民农时,及有奸谋,则木不曲直。"从我们现代人的思维逻辑来理解,董仲舒的这些思想非常怪诞离奇。但是,如果我们从那个时代流行的"天人合一"、"天人感应"观念出发去体会其内在的底蕴,一切又都迎刃而解了。

司马:火代表南方、夏。火的特点"成长",与之相对应的官职是司马。司马的职责是"举贤良,进茂才,官得其能,任得其力,赏有功,封有德,出货财,振困乏,正封疆,使四方"②。

司营:土代表季夏、中央。与此相对应,人类社会应该设置司营一职。土是万物生长之本,夏季是万物成熟之时,所以司营应该辅佐君王治理百政。君王如果能够始终以"鲠直与否"衡量大臣,天下必定五谷丰收、六畜兴旺、仓廪充实、人丁兴旺,贤能之士闻风向往;如果司营是一个谀臣,以君王的喜怒哀乐作为政治决策的依据,必将导致贤臣叛离,人民逃亡。董仲舒用五行学说"木克土"的原理来提醒统治者时时刻刻保持"惕厉"之心,不要重蹈楚灵王身败名裂的覆辙。

---

①② 《春秋繁露·五行顺逆》。

司徒：金代表秋，秋天是成熟、收获的季节，同时也是"杀气之始"，是由盛到衰的转折关头。司徒作为一种官职，西周时期开始设置，主要掌管国家的土地与人口。西汉哀帝时期，改丞相为大司徒，与大司马、大司空并列三公。但在《春秋繁露》一书中，司徒这一官职的职权范围显然不同于上述，他的主要职责是军事而不是土地人口，"建立旗鼓，杖把旄钺，以诛贼残，禁暴虐，安集，故动众兴师，必应义理。出则祠兵，入则振旅，以闲习之"①。据此，司徒的职权范围是率领三军保国戍边，征讨叛逆，修缮城郭，整饬兵甲，维护社会治安。如果司徒罪不可恕，"司马诛之"。为什么让司马行使诛杀之权呢？因为司马属火，司徒属金，火克金，所以制约司徒的官吏应是司马。

司寇：水代表冬季，《五行相胜》说："夫水者，执法司寇也。"与此相对应，人类社会应该设置司寇一职。司寇的职责是执掌司法大权，"闭门闾，大搜索，断刑罚，执当罪，饬关梁，禁外徙"②。司寇应该谨小慎微，赏罚得当，执法公允，像水一样公平无欺。如果司寇结党营私，巧言令色，赏罚不明，号令不行，诛杀无辜，必将招致水灾出现，"必有大水，水为民害"③。《汉书·五行志》也持同样的观点："若乃不敬鬼神，政令逆时，则水失其性。雾水暴出，百川逆溢，坏乡邑，溺人民。及淫雨伤稼穑，是为水不润下。"如果司冠罪不可恕，司营可以依法诛杀。司营属土，司寇属水。土克水，所以制约司寇的官吏是司营。

最后，政治决策导向法天。统治者的政治决策纯粹是一个社会政治学范畴，属于一种社会行为。但是，在《春秋繁露》所构建的宇宙哲学体系中，事情并非如此简单。如果我们单纯地从现代人的认识水平和思维方式去阅读《春秋繁露》，我们很可能坠入云

————————

①②③　《春秋繁露·五行顺逆》。

遮雾罩之中,不知道董仲舒是在说呓语还是在说谵语。但是,如果我们以现代哲学认识水平为理性工具,切入那个时代的思维模式中,我们会发现列维·布留尔的原始民族思维模式研究对此很有启发价值。列维·布留尔认为世界范围内的原始民族存在着一种普遍意义上的宇宙观——万物有灵,万物感应,"人格化的灵被认为是赋予每个人和每个物(动物、植物、月球、武器等等),并使他(它)们有灵性;另一个阶段在这一个之先,那时还没有进行人格化,那时好像有一个能够到处渗透的弥漫的本原,一种遍及宇宙的广布的力量在使人和物有灵性,在人和物里发生作用并赋予他(它)们以生命"①。在万物有灵论的支配下,流行着一种具有普遍意义的思维模式——互渗律。这种思维方式认为宇宙间的任何一种存在和客体都不是偶然性的,都是相互联系、相互作用的,都可能是另一个客体、另一种存在的原因或结果。这种思维方式尤其重视时间意义,"一切奇异的现象都被看成是稍后必将发生的灾难的征兆,同时也是它的原因;但是,以另一个观点看来,这个灾难也同样可以被看成是那个奇异现象的原因。所以,假如我们用因果律来解释这些集体表象,那就是歪曲了它们,因为因果律要求前件与后件之间的不变的和不可逆的时间次序。实际上,这些集体表象服从于互渗律——原逻辑思维的固有的规律。任何奇异现象和以它为征兆的灾难之间是靠一种不能进行逻辑分析的神秘联系连结起来的"②。如果两件事情在时间上构成了前后次序,那么不管这两件事在空间上是如何的遥远,都能构成原始民族的特有的因果联系。此外,这种原始民族的思维模式还确信宇宙间的一切都充满着灵魂,都在相互作用,"原始人用与我们相同的眼睛来看,但

————————

①② 列维·布留尔:《原始思维》,第 432、279 页。

是用与我们不同的意识来感知"①。在原始人思维的集体表象中，一切认知客体都以我们现代人不可思议的方式存在着、作用着，任何东西既是它们自身，又是其他什么东西；既是一件事情的因，又是另外一件事情的果："一个实体可以是另一个实体的象征，但它并不就是这另一个实体。然而，以原始逻辑思维的观点来看，这些同一又是完全可以理解的，因为它们是互渗的同一。"②

从列维·布留尔的理论出发，我们就可以很轻松地读懂《治水五行》、《治乱五行》、《五行变救》、《五行顺逆》等篇节了。董仲舒以五行学说为指导，将一年360天划分为五个单元，每一单元72天。从冬至那天算起的72天，木气主事，"其气燥浊而青"。木代表东方、春天，春天的特点是万物萌生、百兽复苏。顺应自然界的这一特点，董仲舒认为在这一时期统治者的工作重点应该是搞好农业生产的宏观管理："木者春，生之性，农之本也。劝农事，无夺民时，使民，岁不过三日。行什一之税，进经术之士。挺群禁，出轻系，去稽留，除桎梏，开门阖，通障塞。"③如果统治者的政治决策完全依循五行之气的运行规律，以自然界的运行法则作为人类社会的政治行为的决策导向，那么就会产生风调雨顺、五谷丰收的结局："恩及草木，则树木华美而朱草生；恩及鳞虫则鱼大为，鳝鲸不见，群龙下。"④换言之，如果政治决策背离了自然界五行之气的运行规律，逆五行之气而动，统治者沉湎于声色犬马之中，不爱惜民力，大兴徭役，巧夺民时，将会招致十分不利的后果："民病疥搔，温体，足胻痛。咎及于木，则茂木枯槁，工匠为轮多伤败。毒水渰群，漉陂如渔。咎及鳞虫，则鱼不为，群龙深藏，鲸出见。"⑤值得注意的是，在《五行变救》一篇中，董仲舒煞费苦心地论述了当人事乖

---

①② 列维·布留尔：《原始思维》，第35、119页。
③④⑤ 《春秋繁露·五行顺逆》。

离天时、天降灾异的时候,统治者可以及时发挥主观能动性,亡羊补牢,调整政治决策导向,顺应五行之气运行规律。在木气主事这一阶段,如果天人相背、人事与天事不协调,自然界的怪异现象表现为"春凋秋荣,秋木冻,春多雨",统治阶层应该及时采取一系列措施进行补救:"救之者,省徭役,薄赋敛,出仓谷,振困穷矣。"①

在火气主事的 72 天里,火气"惨阳而赤"。火代表夏季,自然界万物蓬勃生长,良者立,莠者萎,优胜劣汰。与五行之火的运行规律相配,统治者在这一时期的工作重心应该是如何通过察举、征辟等手段,擢拔贤能之士,有能者赏之,无功无能者黜之。如果统治者不了解这一时期五行之气运行的特点,逆时而行,"善者不赏,恶者不绌,不肖在位,贤者伏匿"②,自然界降临的灾异将会是"冬温夏寒",水旱之灾并起。统治者应该幡然醒悟,"救之者,举贤良,赏有功,封有德"③。

在土气主事的 72 天里,土气"湿浊而黄"。土气代表季夏,是自然界万物成熟的时节。统治者在这一时期的工作重点应该是加强道德教化,重老少长幼之礼,序夫妇长幼之节。如果统治者不重教化,"犯亲戚,侮父兄,欺罔百姓,大为台榭,五色成光,雕文刻镂"④,自然界必将出现大风时起、五谷不收的异常现象。统治者的补救措施应该是"省宫室,去雕文,举孝悌,恤黎元"⑤。

在金气主事的 72 天里,金气"惨淡而白"。金气代表秋季,秋季是自然界收获的季节,同时也是大自然万物由盛向衰的转折点。在这一时期,统治者的工作重点有两个方面:一是战争,"金者秋,杀气之始也"⑥。统治者可以在这一时期讨伐不义,诛杀贼人,维护社会正义。二是以法治国,以法治吏,"警百官,诛不法",如果

---

①②③⑤ 《春秋繁露·五行变救》。
④⑥ 《春秋繁露·五行顺逆》。

统治者在秋季这一时期好大喜功,穷兵黩武,蔑视法纲,刑罚不当,天地之间必然会出现昴毕星宿失色、寇贼峰起的局面。如果统治者适时改弦更张,"举廉洁,立正直,隐武行文,束甲械",还有望得到上天的宽宥。董仲舒"隐武行文"思想和墨子的"非攻"思想很相近,墨子并不是一概地否定战争,他否定的只是非正义的战争,对于正义的战争,墨子还是持肯定态度的。

在水气主事的72天里,水气"清寒而黑"。水代表冬季,冬季是收藏的季节,统治者的工作中心应该围绕两个方面进行:一是祭祀:"宗庙祭祀之始,敬四时之祭,禘祫昭穆之序。天子祭天,诸侯祭土。"①二是整顿社会秩序,维护社会治安。《五行顺逆》篇说:"闭门闾,大搜索,断刑罚,执当罪,饬关梁,禁外徙。"如果人事与天时相协调,天地之间的祥瑞将会是灵龟;反之,如果统治者不懂"慎终追远"的礼节,废灭祭祀,执法不当,"必有大水,水为民害,咎及介虫,则龟深藏,鼋鼍响"②。因此,在天降灾异之前,统治者应该及时调正自己的决策导向,"忧囹圄,案奸宄,诛有罪,虋五日"③。

董仲舒对政治决策应如何"法天而行"的翔实论述,涉及了农业管理、官吏选拔、隐武兴文、祭祀、伦理教化、以法治国等政治行为的各个层面。董仲舒将人事与天时相结合,主张人事仿效天时,可能有双重目的:其一,为汉王朝统治者的各项政治制度、政治决断寻找形而上的、神圣的依托,这对于维护和强化专制主义中央集权有一定的帮助。其二,为制约君王权力寻找形而上的、神圣的论据。董仲舒和孔子都是民本主义者,都主张对君王的权力加以制约。但是,由于时代的不同,两人在如何才能有效地制约君王权力

---

①② 《春秋繁露·五行顺逆》。
③ 《春秋繁露·五行变救》。

的方法上有所不同。孔子站在政治道德化立场上,高扬道德理想主义大旗,倡导君王只有自化为尧舜式的贤君、圣君,方能治国平天下。孔子制约君王的手段是伦理道德原则,说到底这是一种"软约束思想"。董仲舒生活在皇权日益加强、专制主义中央集权政体已经成熟的汉王朝中期,如果仍旧一成不变地继承孔子衣钵,继续用孔子那一套圣君、贤君学说来制约君王,显然有些空幻、迂阔。董仲舒极其聪明地利用了当时社会上普遍流行的敬天心理,倡导"法天而行",借助天这一至上人格神的权威来隐晦地达到制约君王的目的。相比较而言,董仲舒制约君王的手段比较含蓄、隐晦,但是却更具社会功效,相对于孔子而言,董仲舒的这一套学说可以称之为"硬约束思想"。

(二) 对传统天人学说的现代反思

探究天人关系一直是中国古代哲学发展的主线。"究天人之际,通古今之变",是历代思想家赋予自己的神圣使命。在天人学说的逻辑演进历程中,董仲舒的天人思想独树一帜,创造性地将中国古代天人关系理论发展到了一个新的高峰。从中国文化发展史的层面考察,董仲舒的天人理论有着重要的思维导向价值和理论建构意义。

显然,天人感应思想并不是董仲舒的发明,在他之前已经存在了。至晚在西周时期,天人感应思想就已经萌生了。西周统治者鉴于前朝灭亡的教训,为了论证自己"受命"而王,特意以德释天命,用德的有无说明天命的转移,这是天人感应思想最早的形态。后来的《诗经》、《左传》、《礼记》、《尚书》、《吕氏春秋》等,大都用自然现象说明社会现象,将二者看做是内在生命情感联系的对应物。风调雨顺,表明政治清明;灾害迭现,表明政治昏暗。凤凰游、麒麟现,是天降祥瑞;天雨石、地裂缝、日食月蚀,是天降灾异。这种天人感应的思想影响十分深远。总的看来,它是以自然现象和社会现象的对应,通过比附阐发其政治见解,这时还没有一个先验设定的仁民爱物的"天心",也没有一个人格化的能对人君奖善罚恶的至上神式的"天"。墨子的"天志"学说,第一次明确地将天设定为有"兼爱"之心、能奖善罚恶的有意志有人格的至上神。他认为人们应尚同于天子,天子尚同于天,否则,"天灾将犹未止也"。如果四时失序、雨雪不时、五谷不收、灾疫并起,则是"天之罚也"。与此同时,天又是"兼爱"天下的,天派王公侯伯治理社会,是为了保护平民大众的利益,天降雨露霜雪,制春夏秋冬,是为了让天下大众平安幸福地生活。

和以往的天人学说相比较,董仲舒的学说更加成熟、更加严密、更加精巧。这首先表现为广泛地汲收了前人的天人感应思想。他既绍承了西周的以德释天命、天命随人德转移的思想,又继承了《左传》、《国语》、《诗经》、《吕氏春秋》等用阴阳论自然、用自然论人事的天人感应学说,更发展了墨子关于天志爱人、赏贤罚暴的思想。这种杂取诸家的思想态度和方法,反映了董仲舒儒学的兼容性,从而也丰富了中国文化的内涵。其次,董仲舒的天人感应思想利用了流行于汉代的阴阳五行思想,并以此为建构体系的理论原则,在哲学思维的层次上超越了前人。再次,董仲舒天人学说的方法论,主要是以类合和数偶将天地人纳入一个动态的宇宙图式,使天人感应在彼此相通相济的框架中进行,增强了思想的系统性。

在天人学说的理论方面,董仲舒也继承并超越了前人的思想。先秦时期,孟子之前没有明确的天人合一理论,首次明确论证天人合一思想的是孟子。但孟子只是强调弘扬人的主体性,尽心知性知天,通过道德境界的自我提升,达到致诚体仁的目的。孟子的天人合一理论缺乏外在的理论构架和内在的细密论证。庄子的天人合一论,虽然其价值取向和政治归宿与孟子大异其趣,但在修养心性以达内圣之境方面,两人又是殊途同归的。董仲舒的天人合一学说,在主体内在修养方面既继承了孟、庄,又超越了孟、庄。这种超越主要表现为将内圣之学置于服从君王和天的意志的前提下,将个人的内在道德自觉与外在的以人随君、以君随天和"天不变道亦不变"的外在律则相联系。这就在承认个人作用和历史责任的同时,使内圣之学转变为外王之道。此外,董仲舒的天人学说以天人感应为核心,无论其理论构架的系统、思想内容的丰富,抑或方法上的创新,都是对儒家文化以至整个中国文化的创造性贡献。

从中华文明演进的角度审视,董仲舒的天人学说具有超越时代的文化史意义。这主要表现为以下几点。

首先,它对中国文化基本形态的形成起了巨大的促进作用。秦汉时期是中国文化的定型期,它所形成的经济制度、官僚政治制度、家庭制度、文化教育制度以及伦理价值观念等等,奠定了中国文化的基础。与西方文化形态相比较,中国文化是一种伦理至上型文化。董仲舒的天人学说,将仁义忠孝等伦理规范纳入天人系统中,从而融政治与伦理为一体。将家庭关系与政治关系合而为一,将个体的内在道德修养外化为尊君事天的社会实践,使人人扬善抑恶,律己达人。由此形成了强大的趋善求治的社会心理态势,充实了中国文化的内涵,完善并拓展了中国文化的基本形态。

其次,董仲舒的天人学说对后来的天人思想起了思维导向的作用。在董仲舒之前,天人合一思想在思想文化领域并不占主导地位。自董仲舒而后,天人合一的思想成为人们的思维重心。天人感应思想的发展,则形成了两种不同的趋势:一是在知识分子阶层,它的影响和作用日渐淡薄,即使讲天人合一,也不用天人感应作论证,甚至后来还出现了唐代刘禹锡的"天人交相胜"的论题。二是在一般平民大众当中,天人感应思想日益强化,成为一种不可移易的深层文化心理。它作为一种天人互渗的思维方式,对中华民族思维中的擅综合、重体悟、轻分析特点的形成,也产生了深远的影响。

再次,董仲舒的天人学说丰富了儒学以至整个中国传统文化的兼容精神。先秦诸子,各持己见,各有所长。董仲舒的天人思想由于有了阴阳五行的架构,可以将任何事物分类,进而纳入其理论体系。这就为在客观上吸纳、改铸不同思想文化创造了条件。在董仲舒的思想体系中,儒、道、法、墨、名、农、阴阳等思想统贱一身,本身便是其兼容性的体现。后来佛教传入中国,本土文化能够与之共存,相互交流融合,实是与以董仲舒天人思想为主导的汉代儒学的兼容性分不开的。

复次,董仲舒的天人学说为中华民族大一统的观念的确立创造了哲学依据和社会心理基础。大一统观念是中华民族凝聚力的生动体现。先秦时期还没有出现理论意义上的大一统观念,无论是孔子所言"君君、臣臣、父父、子子"、"名不正则言不顺,言不顺则事不成,事不成则礼乐不兴",抑或《春秋》隐公元年的"春,王正月"等等表述,都不过是为了论证社会角色的责任意识和社会秩序的重要性,它与后来帝国一统意义上的大一统思想还有很大差距。传统意义上的大一统观念,产生于秦始皇统一中国之后。秦的大一统使维护既成的一统天下成为迫切的政治需要,秦的灭亡以及汉初至汉武帝即位的半个多世纪正反两方面的经验,迫使思想家们从文化心理的层面建设大一统的社会心理。冯友兰先生在《中国哲学史新编》第三册中讲到汉武帝时有对立的两个思想派别,一派是以董仲舒为代表,在政治上主张大一统;另一派则以淮南王刘安为代表,在政治上主张实行分封,倡导地方分权。结果董仲舒的思想占主导地位,合乎时代潮流。虽然秦始皇完成了中国的统一,但从哲学上论证大一统的正当性却是与西汉董仲舒紧密相关的。他的大一统思想是中国古代社会大一统体制的理论基础,而这种大一统思想又是以天人合一学说为其哲学依据的。

董仲舒的天人思想就其文化视野而言,是将天地人看做一个统一的整体,将个人、家庭和国家看做不可分离的有机体,是立足于大一统的高度来看待问题、处理问题的。董仲舒特别推崇"《春秋》大一统",主张以人随君、以君随天,而他所做的一切,正是为大一统社会的长治久安进行理论建设。经过他的理论建构和汉武帝的政治实践,大一统观念成为中国政治文化的重要组成部分,并逐渐转化为民族文化的深层心理意识,从而为中国古代社会的长期稳定和延续、为中国文化的发展做出了重大的贡献。

最后,天人学说决定了中国文化朝非宗教化的倾向发展。在中西文明的比较中,冯友兰先生曾经探讨过一个特殊的文化现象:为什么中国古代没有产生高级意义上的宗教?冯友兰在《中国哲学简史》中提到中国人以哲学代替宗教的倾向:"哲学在中国文化中所占的地位,历来可以与宗教在其他文化中的地位相比。"①并说中国人"不大关心宗教,是因为他们极其关心哲学。他们不是宗教的,因为他们都是哲学的。他们在哲学中满足了他们对超乎现世的追求"②。这如何可能呢?我们如果一直追问下去,就会发现中国文化中特有的天人关系学说与中国文化中的这种非宗教化倾向有着密切的关联。

在中国古代的天人关系学说里,人的有限意识和精神孤独完全被虚泛进天人相通的普泛意识中,有限的相对的人也同时被虚胀为无限的绝对的天,人成了与万物同根、与宇宙同体的永恒存在。人与天的等同意识消弭了孑孑孤立的自我意识,也模糊了人的疏离感。在这种天人无分的理想世界里,人既然有与宇宙和自然亲融无间的自我感觉,他当然就很难再产生被遗弃、被异化的无

---

①② 冯友兰:《中国哲学简史》,第1、5页,北京大学出版社,1996年版。

家可归的绝望,而这种因疏离感而导致的孤独意识和宿命意识常常是皈依宗教的深层心理根源。在这种浑然合一的天人一体宇宙观中,根本不存在一个超然绝对神的可以容身之地,非个体化的视角把上帝放逐出绝对同一的混沌虚无之外:"表现在哲学上的主客混一的混沌意识,表明了主体精神的自我满足,通过哲学的试探,中国人为自己找到了泛至太虚幻景的自由之路,以普泛化方式奠定了有天无神的理想王国的哲学基础。"①人生的"此岸"与"彼岸"是含混的、模糊的,人可以在人生的"此岸"追求幸福、追求自我的满足,人可以在"此岸"自我拯救。中国文化的这种哲学基础,决定了中国文化是一种注重现实的、伦理的、非宗教化的文明形态。

四 圣人之性·中人之性·斗筲之性

春秋战国时期,人性学说犹如一夜春风,各家各派相互诘难,蔚为大观。这是一个很值得重视的社会思潮。在西周以前,对天或上帝的崇拜和信仰是人类哲学的核心,人只不过是天或上帝统治下的被动的存在。自然现象、社会现象和精神现象都可以从天(上帝)的本质与功能中找到最终的答案,人类的生命结构、精神现象和社会行为也只不过是天(上帝)的神性功能的证明与外化。所以在此之前,人类探讨的只是至上神的神性,而不是人性。周革殷命之后,开始萌生了"天命靡常"的观念,"天道远,人道迩"的天人相分思想开始深入人心。当至上神的光辉开始黯然失色的时候,人类自身的地位开始凸现与上升。有些思想家开始思索:人类从何而来?人的本性是什么?人应该如何生存?人类生存的终极

---

① 彭越:《有天无神》,载《社会科学家》1992年第5期。

意义是什么？当古代哲人开始探讨这类"生存还是毁灭"、"生或者死"的具有永恒价值的问题时,也就是所谓的"终极关怀"了。"终极关怀"是由近现代西方思想家所提出的新的哲学概念。当代著名的美籍德国哲学家保罗·蒂利希(1886～1965年)指出:"我们的终极关怀就是决定我们是生存还是毁灭的东西。"①在中国古代哲学史上,终极关怀主要表现在两个方面:一是天人关系,二是人际关系。天人关系主要强调"天人合一",那么人际关系的最高原则是什么呢？在回答这一问题之前,有必要讨论另一个基础性的问题:人性是什么？对于这一终极性问题的不同回答,产生了异彩缤纷的人性理论。

(一) 董仲舒的人性学说:"天赋善恶论"

1. 董仲舒对"人性"概念的界定

在中国哲学史上,第一个对"人性"概念进行界定的人是告子。自此而后,几乎每一位思想家都将其哲学"大厦"建立在人性论基石上,人性学说一时错综纷纭。值得注意的是,历代思想家们对于人性这一概念的认识并不一致。通而论之,中国古代哲学中的"人性"概念有四种不同的界定:

其一,"生之谓性"。人性是指人类生而具有的、非经验性的、不学而能的自然属性,实质上就是指人的本能。这种观点以告子为代表。

其二,人性是指人伦道德的自觉体认与自觉能动性,是"人之异于禽兽者"。这派观点以孟子为代表。

---

① 保罗·蒂利希:《系统神学》,第一卷,第14页,上海三联书店,1999年版。

其三,人性是理。"性既是理,理则自尧舜至于途人一也。"①理的内涵是仁义礼智信,理是天地万物之本原,所以人性即是天地万物的最高本原。这种学说以程颐为代表。

其四,"性者生之理"。人性是人类生而具有的本能和社会伦理自觉体认的综合。"仁义礼智信"是人性,"声色臭味之欲"也是人性,这种观点以王夫之为代表。

《春秋繁露》一书中的人性论思想应该如何概括?几十年来学人见仁见智,始终没有形成一个统一的看法。对《春秋繁露》人性论思想看法的歧异性,恰恰衬托出董仲舒思想的复杂性。《春秋繁露》一书中的《深察名号》和《实性》两篇文章是专门谈论人性问题的,这有助于我们准确地理解董仲舒人性思想的真实面目。《深察名号》一开始就大谈名实关系:"治天下之端,在审辨大。辨大之端,在深察名号。名者,大理之首章也。"

我们知道,"名实之辨"作为一种社会思潮兴盛于春秋战国时代。春秋战国时代的社会大变革,带来了剧烈的社会震荡。"高岸为谷,深谷为陵",原先的等级秩序、生产关系、观念形态、审美情趣等等都在发生乾坤倒置的变化与错位。许许多多的新事物、新观念、新范畴在冲击着既存的一切,名与实产生了极大的紊乱,"名实之相怨久矣"②。有些旧有的观念、旧有范畴已代表不了新生事物而要求进行新的置换;许多新生的观念、范畴也要求有与之相契合的新名产生。社会的巨大变革引发了中国古代哲学由素朴、直观向缜密、思辨化方向发展的一个标志,即名实之辨,它是中国古代本土本属不发达的形式逻辑学得以艰难前进的一缕形而上智慧之光。先秦诸子百家大多都致力于名实之辨。迨至战国中晚期,名

---

① 程颐:《河南程氏遗书》,卷一八。
② 《管子·宙合》。

实之辨开始朝两个截然相左的方向分化:一是由于现实社会的迫切需求,名实之辨仍然停留在政治生活领域,名与实仍然作为与政治生活关系密切的概念而存在。二是衍化为形式逻辑学的认识对象,惠施、公孙龙等名家从名实之辨肇端,进而发展到对概念的分类、判断、界说、推理等逻辑学研究。与之相反,老子与黄老之学的"名实之辨"却仍然停留在社会政治学领域。

从《深察名号》的主旨来看,董仲舒的名实之辨与老子、黄老学派属于同一类型。董仲舒对天子、王、君、诸侯、大夫、士、民、祭礼等概念一一界定之后,开始对"人性"概念进行诠释:"今世暗于性,言之者不同,胡不试反性之名?性之名,非生与?如其生之自然之资,谓之性。"①这是董仲舒对人性概念所作的最具权威性的训释:人性是指人生而具有的、先验性的自然属性。很显然,董仲舒这种考察人性的方法论与荀子、庄子比较接近。庄子将人置放于大自然中,甚至置放于茫茫宇宙时空之中进行认识,四海在天地之间只是微不足道的一隅,而天地在宇宙中也只不过是稊米一颗,在这颗稊米之上有万物,人只不过是万物之一。基于此,庄子又将人类置放于天地万物演化的历史长河中进行考察:道生天地,天地生万物,"天地者,万物之父母也"。作为万物之一的人类,当然也是天育地化的结果。不仅如此,人类还是自然界中生物长期演化的结果,《至乐》篇中有一段具体的说明:从低级微小生物进化到虫、鸟、兽,最后进化到"程(豹)生马(一说"馬"为"爲"字之讹,"爲",《说文》"母猴也"),马生人"。这种生命进化学说虽然粗陋,但他的认识方法论却有些特点:人是茫茫宇宙中天地万物中的一物,而且是生物长期演化的结果。

庄子既然认为人类是一自然物,那么在他看来人性就是指人

---

① 《春秋繁露·深察名号》。

的自然性,而自然性最大的特点就是原生性。老子曾经用原生性的"朴"来高度概括人的本性,庄子则进一步发展了性朴说:"性者,生之质也。性之动,谓之为;为之伪,谓之失。"①据此,人类自然生就的、先验性的本质就是人性,对人类本能行为的改造与重塑,就是对人类本性的戕害。作为汉儒领袖的董仲舒,在人性范畴的哲学性质界定上,受庄子的影响是显而易见的。

2. 天赋善恶论

董仲舒对"人性"问题的阐述是通过对"心"概念的训释展开的。何为"心"?"栣众恶于内,弗使得发于外者,心也。故心之为名栣也"②。"栣"字比较费解,许慎《说文解字》说:"弱貌,从木,任声。"卢文弨根据许慎的这一训诂,进而认为"盖恶强则肆见于外,故欲驯之使无暴,即下云'损其欲,辍其情'者是也"。卢文弨认为栣是削弱的意思。刘师培认为"栣当作任,训当。犹言捍御众恶也"。苏舆《春秋繁露义证》注云:"'天有阴阳禁,身有情欲栣'。栣、禁对文,然则栣即禁也。"在《春秋繁露》的其他篇章中,也出现了"栣"字,譬如"栣众恶于内"、"天性不乘于教,终不能栣"。综合前贤今哲的研究成果,将栣字训释为"限制、控制、制约"是比较恰当的。因此,董仲舒的这句话就可以翻译为:心是将众恶制约在意识之内而不让它显现于外、转化为行为的生理机能。

在对"心"概念予以厘定的前提下,董仲舒进而全面论述了他的人性观:

> 人之受气苟无恶者,心何栣哉?吾以心之名,得人之诚。人之诚,有贪有仁。仁贪之气,两在于身。③
>
> 今善善恶恶,好荣憎辱,非人能自生,此天施之在人者也。

---

① 《庄子·庚桑楚》。
②③ 《春秋繁露·深察名号》。

君子以天施之在人者听之。①

人受命于天,有善善恶恶之性,可养而不可改,可豫而不可去,若形体之肥臞,而不可得革也。②

由此可知,董仲舒在思维方式上虽然与荀子、庄子接近,但其人性思想与他们相比却大异其趣。董仲舒的人性论既不同于"性善说",也不等同于"性恶论",实际上我们可以高度概括为"天赋善恶论"。董仲舒虽然认为人性就是指人的自然本性,但是,他将社会伦理观念及其价值观也看成是人先验的、不学而有的自然属性。显然,董仲舒在这里陷入了一个逻辑上的"二律背反"的悖论之中:

人性是指自然生理本能;

人性不是指自然生理本能,因为蕴涵着善恶等伦理理念。善恶、仁贪等道德观念及其价值观先验地包容于抽象的人性范畴之中,同时又完整地外现于每一个具体认知主体的人性之中。人性既不能单纯地评判为善,也不能片面地归纳为恶,而是善恶仁贪兼备。月亮只有一个,散而为江河湖泊之万月,无论是高山之月、大海之月还是湖泊之月,都全面地、完整地凸现着月亮的本质。世上的人有千千万,但每一个人的人性中都全息地兼容着善恶仁贪等伦理观念的"因子"。在董仲舒看来,善恶等伦理观念不是经验性的存在,而是先验性的实有。缘此,我们自然会联想起世硕。世硕的人性论与董仲舒之间似乎存在着某种因果关联:"周人世硕以为人性有善有恶,举人之善性,养而致之则善长;性恶,养而致之则恶长。如此,则情性各有阴阳,善恶在所养焉。故世子作《养性》一篇,虙子贱、漆雕开、公孙尼子之徒,亦论情性,与世子相出入,皆

---

① 《春秋繁露·竹林》。
② 《春秋繁露·玉杯》。

言性有善有恶。"①世硕认为人性"有善有恶",人性的善恶不是一种社会性范畴,它是先验性的存在,善与恶先验地蕴涵在人性之中。如果后天的社会环境弘扬了他内在的"善端",他就将成为君子、圣人;反之,如果后天的环境诱发、膨胀了他先天的"恶端",他将成为小人、罪犯。一个人的社会形象实际上由三个方面相加而成:一是先天性的伦理"种子",二是后天的社会环境,三是个人伦理价值观念的自觉选择。

世硕是孔子再传弟子,生活年代可能和孟子差不多。董仲舒的人性论明显浸润着世硕的影响,两人之间至少存在着逻辑上的关联。如果我们将董仲舒的"天赋善恶论"放在一个更高、更广阔的人文背景中去考察,我们会发现,他的人性论思想实际上与气本原是紧密相联的。我们在前面已经说过,气是一个活泼泼的、充满生命活力的宇宙本原,同时它也是价值本原。气本原不仅可以解释宇宙起源、自然的生成,而且也可以说明生命的起源、意识的起源、伦理的起源……气是一个大而无当的、周备无遗的宇宙本原,自然、社会和人类生命中所有的属性、功能、特点都可以从气本原中寻找到最高的、最后的答案。换句话说,自然、社会、生命的所有属性、特点、功能只不过是气本原丰富而全息之属性的外化与证明。理解了这一点,我们就很容易理解为什么人性中先验性地包含着善恶、仁贪的伦理观念。关于这一问题,董仲舒在《深察名号》篇中又进行了一番哲学上的论证:"身之名,取诸天。天两有阴阳之施,身亦两有贪仁之性。天有阴阳禁,身有情欲栣,与天道一也。是以阴之行不得干春夏,而月之魄常厌于日光。乍全乍伤,天之禁阴如此,安得不损其欲而辍其情以应天?天所禁而身禁之,故曰身犹天也。"董仲舒认为,天有阴阳,所以人有善恶之性;天扬

---

① 《论衡·本性》。

阳而抑阴，所以人也应该扬善而禁恶。天之性质决定了人性之性质，天的运行规律决定着伦理价值观的取舍方向。

此外，董仲舒又用了四个十分直观的比喻来进一步地论证他的人性学说，目的在于反复阐明一个观点：从普遍性的、形而上的意义上讲，人性是"天赋善恶"；但就每一个具体的人来分析，一个人是善还是恶，完全取决于后天伦理价值观的自觉体认与选择。

第一个比喻：禾与米。董仲舒将人性比喻为禾，善比喻为米，米是禾的自然产物，是禾的自然发展趋向。但是，禾就是禾，米就是米，两者不可简单地等同。禾发展成为米，这仅仅意味着有这种潜在性，潜在性与现实性是两个不同的范畴。并不是所有的禾苗最后都能结出米粒，从禾苗到米粒之间还存在着一个中间过程。人性也是如此，人的自然本质中先天地蕴涵了善与恶的"种子"，至于后来善端占了上风，还是恶端占上风，取决于个人的社会化努力："故性比于禾，善比于米。米出禾中，而禾未可全为米也。善出性中，而性未可全为善也。善与米，人之所继天而成于外，非在天所为之内也。天之所为，有所至而止。止之内谓之天性，止之外谓之人事。事在性外，而性不得不成德。"①天性与人事存在着某种互渗和逻辑联系，但两者之间不是一种必然性的关联，仅仅构成一种或然性的关系。

第二个比喻：民与瞑。"民之号，取之瞑也。使性而已善，则何故以瞑为号？以霣（瞑）者言，弗扶将则颠陷猖狂，安能善？性有似目，目卧幽而瞑，待觉而后见。当其未觉，可谓有见质，而不可谓见。今万民之性，有其质而未能觉，譬如瞑者待觉，教之然后善。当其未觉，可谓有善质，而不可谓善，与目之瞑而觉，一概之比也。"②普遍的、抽象的人性与具体的人性好比眼睛与睡眠的关系。

---

①② 《春秋繁露·深察名号》。

眼睛有看的先天性功能,能够将视野之内的外在客体摄入眼内;但是,如果两眼闭上或者处于睡眠状态,外在客观的信息就不可能进入视野之内。眼睛有看的功能,但并不等同于看见。民者,瞑也。当一个人呱呱坠地的时候,他的人性正处于睡眠状态,在他的自然本能中既存在着善的可能性,也存在着恶的可能性,人要从睡眠状态中醒过来,才能看见外在客体,"见之质"才能转化为"见"。由此推论,"善质"并不等同于善,"恶质"也不等同于恶,人性也只有经过后天社会环境的熏染、浸润,才能打上一个性善或性恶的烙印。

第三个比喻,茧与卵。"性如茧如卵。卵待覆而成雏,茧待缫而为丝,性待教而为善。此之谓真天。"①茧蕴涵着丝的潜质,可以转化为丝,但茧并不混同于丝;卵有转化为雏的自然趋向,但卵与雏是两个不能简单混同的概念。刘安的《淮南子·泰族训》也有类似的看法:"茧之性为丝,然非得工女煮以热汤,而抽其统纪,则不能成丝。卵之化为雏,非慈雌呕煖覆伏,累日积久,则不能为雏。人之性有仁义之资,非圣人为之法度而教导之,则不可使乡方。"董和刘的观点如同一辙。人性中虽然存在着先验性的善质,但善质不可混同于后天的社会伦理性体认。善质与人性善是两个不同的范畴,只有经过后天的伦理教育,才能弘扬内在的善质,将善质驯化为善行。缘此,董仲舒认为后天的伦理性教育非常重要,而且这种伦理教化应着重于顺人之性,积极地引导:"故倡而民和之,动而民随之,是知引其天性所好,而压其情之所憎者也。"②根据人性的特点来进行伦理教化与引导,容易事半功倍。后来刘安也持同样的见解:"故先王之教也,因其所喜以劝善,因其所恶以禁奸……故

---

① 《春秋繁露·深察名号》。
② 《春秋繁露·正贯》。

因其性则天下听从,拂其性则法县而不用。"①

3. 圣人之性・中民之性・斗筲之性

《实性》也是一篇专门阐述人性学说的文章。其中的一段话,古贤今哲争相引述,但又一直聚讼纷纭,莫衷一是。"圣人之性不可以名性,斗筲之性又不可以名性,名性者,中民之性。"很多学者根据这段话,进而将董仲舒人性思想概括为"性三品说"。譬如,有的学者将董仲舒人性论抽绎为"神学唯心主义的性三品说":"董仲舒把人性分为三类:一类是情欲极少,生而有善,不待教而能为善的,叫做'圣人之性';一类是情欲极多,生而几无'善端',虽经教化也难为善的,叫做'斗筲之性';一类是虽有情欲,但通过圣人教化而后能为善的,这叫'中民之性'。"②

在很长一段时间里,这种观点在学术界颇具代表性。但是,如果我们仔细揣摩《春秋繁露》全书,走进董仲舒的内心世界,我们发现这种观点有待商榷。"圣人之性、中人之性、斗筲之性"指的是抽象的、普遍性的人性在社会化过程中的外化和表现样式,指的是天下芸芸众生在社会化过程中,由于所处文化环境不同、个人道德自觉体认和努力不同,从而形成的三种不同的人性面貌。这是对社会人性现象的客观描述与分类,而且仅仅只是现象性的描述,而不是对人性学说的高度哲学概括。"天赋善恶论"是因,"圣人之性、中人之性、斗筲之性"是果,两者之间表现的是普遍与特殊、一般与个体、因与果之间的关系。"性三品说"显然是忽略了彼此之间的因果关联,倒果为因,从而未发现隐藏在现象背后的本质。

此外,董仲舒将人性的社会化过程划分为"圣人之性、中人之性、斗筲之性"三种类型,还有另外一重目的。在阐释这一问题之

---

① 《淮南子・泰族训》。
② 参见《中国哲学通史》,第二卷,中国人民大学出版社,1988年版。

前,我们有必要先界定一下三个概念的内涵。

斗筲之性:斗筲在古代是量器。斗容十升,筲容十二升。《盐铁论·通有》说:"家无斗筲,鸣琴在室。"意思是说家里虽然清贫,连盛满斗筲的粮食都没有,但仍然琴瑟和鸣,自得其乐。斗筲是容量很小的量器,引申到伦理学意义上主要用来形容人品的浅陋、龌龊。孔子当年就说过:"斗筲之人,何足算也!"①孔子思想中的"斗筲之人",实际上就是指"小人"。董仲舒思想中的"斗筲之人"的含义,与孔子同出一炉,同样是指占人数比例很少、品行恶劣、危害社会的小人。

圣人之性:崇拜圣人是中华文化的一大特点,圣人可以说是千百年来中国人所企慕的理想人格,圣人的理想人格境界是中华民族几千年来所追求的人生终极目标。根据《说文解字》的训释,"聖",从耳,呈声,可知它的本义与听觉功能有关系。但是,这仅仅只是圣字的本初涵义,中华文明几千年漫长的历史长河中所呈现出来的圣人观念显然不是这一原初含义所能涵盖得了的。换句话说,能够充分呈现圣人观念及其对中华文化发生影响的,乃是在以后历史过程中对圣的原初含义所作的文化发生学意义的累积。

在中华文化中,圣人作为一种理想人格,有双重特点:其一,圣人是智慧的化身。孔子弟子们曾多次谈论孔子如何成为圣人的问题:"太宰问于子贡曰:'夫子圣者与?何其多能也?'"朱熹注:"太宰盖以多能为圣也。"②孔子被弟子和后人尊为圣人,这与他的"多能"有关系。而中国人所理解的智又不同于古希腊智者的逻辑学意义上的雄辩,而是指对天地人整个宇宙人生的充分觉解。《韩诗外传》卷一提出"仁道"有四,而其中的"圣仁"则是"上知天,能用

---

① 《论语·子路》。
② 朱熹:《论语集注·子罕》,见岳麓书社1987年版《四书集注》。

其时；下知地，能用其财；中知人，能安乐人"。世界上不可能存在比这种圣人之智具有更大涵盖范围的智者。在先秦思想家中，荀子是主张"制天命而用之"的理性主义者，因此特别放大了圣人的智慧和能力。他所设计的圣人能清天君、正天宫、备大养、顺天政、养天情而全天功。要从事这些崇高的工作，自然必须具备超人的智慧，也就是要"知通乎大道"。"知通乎大道"是一个极为重要的命题，而把圣人与道相连结，这对中国传统文化的特质和类型发生了巨大影响。道乃是表现于自然和社会中的普通规律和准则，"道便是无躯壳的圣人，圣人便是有躯壳的道"①。惟圣人能够通道、与道为一，因此圣人无疑就是天下的最高智慧者。

其二，圣人具有神奇与神秘的功能，具有神妙无方、妙不可测的性质。《尚书·大禹谟》说："帝德广运，乃圣乃神。""神"指神妙无方、妙不可测。正如《内经素问·天元纪大论》所言："阴阳不测谓之神，神用无方谓之圣。"在中华文化中，圣人被认为具有能够知往测来、料事必中的神秘能力："圣人者，后天地而生而知天地之始，先天地而亡而知天地之终。"②圣与神相牵扯，圣即神，这就使圣人具备了神秘莫测的灵光。不仅如此，圣人甚至具有与众不同的相貌，如"黄帝龙颜"、"尧眉八彩"、"舜重瞳子"、"禹耳三漏"、"汤臂三肘"、"文王四乳"、"孔子反宇"……作为一种极其重要的历史文化现象，圣人观念从许多方面表征了中国人的深层意识与思维方式。

董仲舒在《春秋繁露》书中所讲的"圣人之性"，显然也是指一种理想的人格境界，这种理想的人格境界已经彻底超越了"本我"，背弃了"本我"，恶的属性已经彻底从人性中剔除。圣人已经

---

① 《朱子语类》卷八。
② 《鹖冠子·能天》。

获得了一个崭新的生命本质,这一生命本质就是善。很显然,这种理想的人格境界实际上是一种可望而不可及的理想追求,或者说仅仅具有形而上的哲学意义。①

中人之性:中人之性介乎圣人之性与斗筲之性之间,这种人格同样包含善与恶两种先天本质,但是这种人格后天的社会可塑性很强。如果社会环境引发了人性"种子"的善端,他就有可能成为君子;如果膨胀了人性"种子"的恶端,他就可能成为小人。这诚如董仲舒所说:"名性者,中民之性。中民之性如茧如卵。卵待覆二十日而后能为雏,茧待缲以涫汤而后能为丝,性待渐于教训而后能为善。善,教训之所然也,非质朴之所能至也,故不谓性。"②

缘此,董仲舒对孟子的"性善说"进行了批评:其一,孟子的性善说降低了善的标准。董仲舒批评孟子将爱父母这一举动称之为善端,等于降低了善的标准,甚至是过于贬低了人格这一范畴。董仲舒重新界定了"善人"的范畴,认为只有忠信博爱、敦厚好礼才是善人:"性有善端,动之爱父母善于禽兽,则谓之善,此孟子之善。循三纲五纪,通八端之理,忠信而博爱,敦厚而好礼,乃可谓善,此圣人之善也。是故孔子曰:'善人吾不得而见之,得见有常者斯可矣。'由是观之,圣人之所谓善,亦未易当也。"③"圣人之善"与"孟子之善"是对立的,"孟子之善"只是把人之性与禽兽之性相比较,就断言了人性是善的,而没有把人之性与圣人之性相比较,这就降低了善的标准,实际上就同于"禽兽之善":"质于禽兽之性,则万民之性善矣;质于人道之善,则民性弗及也。万民之性善于禽兽者许之,圣人之所谓善者勿许。吾质之命性者异孟子。孟子下质于

---

① 参见王文亮著:《中国圣人论》,中国社会科学出版社,1993年版。
② 《春秋繁露·实性》。
③ 《春秋繁露·深察名号》。

禽兽之所为,故曰性已善;吾上质于圣人之所善,故谓性未善。善过性,圣人过善。"①孟子将人与动物相比较,说明人性已善;董仲舒却主张应当将常人与圣人相比较,所以断言人性未善。常人要臻于圣人之性还有一段十分漫长的路途,所以需要圣王的伦理教化。一个人即使经过后天的伦理践履,成为善人,仍然不能同圣人相比,因为"圣人过善"。

其二,董仲舒认为孟子的"性善说"否定了圣王道德教化的作用:"正朝夕者视北辰,正嫌疑者视圣人。圣人以为无王之世、不教之民莫能当善。善之难当如此,而谓万民之性皆能当之,过矣!"②董仲舒虽然主张"天赋善恶论",但又非常重视后天的伦理教化与道德践履。君子与小人是每一个认知主体在社会化过程中自觉选择的结果,君子与小人不是天生的,每一个人都先天地存在着成为君子或者小人的可能性。以君王为首的统治阶层的主要任务就是伦理教化,敦促天下芸芸众生弃恶从善,超越先天恶端,弘扬内在善端:"今案其真质而谓民性已善者,是失天意而去王任也。万民之性苟已善,则王者受命尚何任矣?"③如果天下芸芸众生人性本善,那么以君王为首的统治者还有存在的必要吗?因为统治阶层最主要的职能就是助民为善,假使万民之性已善,那么统治阶层就失去了它统治的意义。其实,董仲舒对孟子人性论的认识是片面的。孟子虽然高倡人性善,但丝毫也不否认后天社会伦理教化的重要性,而且人性善与伦理教化两者之间并不构成逻辑悖论。恰恰相反,孟子实际上极力倡导道德教化、道德践履的,因为按照孟子思想的逻辑,"人性善"并不意味着社会中的每一个人都是善人,只有固守、弘扬了人性中仁义礼智的"善端"才有可能成为君子;如果放失了人性中的善端,将可能沦落为小人。所以,孟子认

---

①②③ 《春秋繁露·深察名号》。

为只有在社会化过程中,时时刻刻固守、培育内在先天"善端"者,才能"异于禽兽"。董仲舒与孟子两人之间相隔的岁月并不算太长,但误解却如此之深,这倒是一个很值得回味的问题。

(二)"天赋善恶论"对中华文明的影响

从世界范围来看,对人性的探索实际上是一个带有普遍性的人文现象。远在古希腊时期,阿波罗神庙前的石碑上就镌刻着"认识你自己"的神谕,表达了人类追问本性的迫切诉求。公元前5世纪的哲学家普罗塔戈拉说"人是万物之尺度",将哲学的核心从天上转移到了人间,对人性进行了较为系统的论述。在这以后,柏拉图、亚里士多德、霍布斯、卢梭、爱尔维修、康德、黑格尔等人都先后论述了自己对于人性的认识。在中国古代人性学说史上,首次提出善恶两种对立伦理理念构成人的先天本质的思想家是世硕。但是,由于世硕本人的著述与事迹湮没无闻,所以影响不大。董仲舒由于系统地阐述了这种颇具特色的人性理论,影响绵延悠长。在中国历史上,受这种人性学说影响的人不绝于世。

西汉末年的扬雄对先秦儒家有所吸收与发展,在人性论方面,他深受董仲舒"天赋善恶论"的影响。《法言·修身》说:"人之性也善恶混,修其善则为善人,修其恶则为恶人。气也者,所以适善恶之马也与?"扬雄的人性论可以概括为"人性善恶混","善恶混"的含义不是善恶不分,而是善恶相杂。任继愈先生认为"混"与"涽"相通,有双层涵义:一是混淆无别,二是异物相杂。"无别"与"相杂"常常分不开,所谓混然无别,是就不同的东西混杂不易分辨而言,若本来就相同,则不必强调无别。可见,"异物相杂"是"混"字的基本含义。从语法上讲,"修其善则为善人,修其恶则为恶人"中的"其"指的是人性。扬雄又认为"气"是走向善恶的凭借,就是说养正气则为善人,养邪气则为恶人,进一步说明"修"的内容,并且暗示出养气还有另一种为恶的潜在力量。① 根据扬雄"人性善恶混"的观点,善与恶在人性之初都只是一种因素,人还不具有完全的成熟的本性,人性的发展有着成为善人或者恶人的两种可能性,人们只有不断地学习和修养,去恶扬善,才能成为善人。《法言·学行》篇说:"学者,所以修性也。视、听、言、貌、思,性所有也。学则正,否则邪。"扬雄认为学习和修身的过程就是善性完美的过程,他善性须磨砺而成的观点,与董仲舒所列举的"禾米"、"茧丝"、"卵雏"几个譬喻的用意一致。扬雄的人性论强调后天的个人伦理自觉体认与践履,要发扬内在善性,修成君子与圣人,这些方面显然继承了《春秋繁露》的人性论思想。

概而论之,扬雄的人性论有两大特点:一是认为人性有善有恶,善恶先天备存,这种论点不同于孟子、荀子;其次,人性可塑性很强,它自身具有向善与向恶两种方向变化的内在根据,但后天的努力是人性最后完成的决定条件。孟子认为人的恶性来自动物性,荀子认为善性来自后天伦理教化,都否认它们在人性中的内在根据,因而难以自圆其说。扬雄的人性论对于孟荀理论上的片面性有所克服,在解释人性后天的差异时比孟、荀更有说服力。

韩愈生活在唐朝中期,当时的统治者提倡儒、道、佛三教并立,儒家学说失去了在意识形态上的独尊地位。以儒家卫道士自居的韩愈主张排佛斥道,力求恢复儒家学说的主流文化地位。韩愈之所以要排斥佛、道,其中一个重要的原因就是这两大宗教的学说与儒家的伦理学说相牴牾,甚至从根基上破坏了儒家的伦理价值观。譬如,禅宗创始人慧能在竺道生思想的基础上,认为佛性是众生的本性,众生的本心都有成佛的根据,这一根据就是人人都有"真如

---

① 参见任继愈主编:《中国哲学发展史·秦汉卷》,人民出版社,1985年版。

佛性":"人即有南北,佛性即无南北。""菩提本无树,明镜亦非台;佛性常清净,何处有尘埃?"①象征觉悟的菩提树、明镜台都是不存在的,真正存在的是恒常清净的佛性。穷人与权贵一样,都存在着"佛性",这是人人都有的先验存在:"譬如其雨水,不从天有,元是龙王于江海中将身引此水,令一切众生、一切草木、一切有情无情,悉皆蒙润。诸水众流,却入大海,海纳众水,合为一体。众生本性般若之智,亦复如是。"②佛性有如天降雨水,大地上一切存在都普遍得到滋润,佛性人人都有,人人也都存在着成佛的潜在性。既然如此,为什么大多数人成不了佛?慧能的回答是"见性成佛"。人的纯净本性常被妄念所遮蔽,只要去除妄念、自见本性,就可以大彻大悟,得道成佛。所以成佛不待外求,不靠念经拜佛,不用坐禅修行,甚至不必出家当和尚,都是可以达到的。《坛经》说:"自性迷,佛即众生;自性悟,众生即佛。"自心觉悟就是佛,自心不觉悟就是芸芸众生。迷悟既然在自心,只要一念觉悟本心自在,就可成佛,即所谓"见性成佛"。所以,成佛在一念之间,"前念迷即凡,后念悟即佛",即成佛不必长期修习,一旦发见本性,就可以顿悟成佛。

这种"真如佛性"说从表面上看似乎与孟子的性善说有相同之处,但两者之间的歧异是巨大的,而且这种差异恰恰又正是韩愈为什么要毕其一生心血,大力驳难与排斥佛教的缘由之所在。其一,"真如佛性"说与儒家传统伦理价值观相矛盾。"佛性"说追求自我解脱,摒弃内在欲念,摆脱世俗烦恼,反对孜孜护守仁义廉耻忠孝礼爱等伦理价值观念。其二,慧能"佛性"说认为,一个人由执迷不悟到大彻大悟在于一念之间,可以"放下屠刀,立地成佛";儒家学说则认为圣人理想人格境界的形成是一个漫长的人生修炼

---

①② 慧能:《坛经》,中华书局,1983年版。

过程,只有经过几十年、甚至一生的磨炼,才有可能臻至理想人格境界。①

正因为如此,韩愈写了《原性》一文反对佛教的人性论。值得注意的是,韩愈将董仲舒的人性学说归纳为"性三品说",这显然是一误解:"性也者,与生俱生也。情也者,接于物而生也。性之品有三,而其所以为性者五;情之品有三,而其所以为情者七。"②韩愈认为,人性是先天性的,情是经验性的;人性有上、中、下三等,性的具体内容是五德:仁、义、礼、智、信;人的情感也有上、中、下三等,情的具体内容是七情:喜、怒、哀、惧、爱、恶、欲。韩愈将人性分为三品,性的三品有什么区别呢?《原性》说:"性之品有上中下三。上焉者,善焉而已矣;中焉者,可导而上下也;下焉者,恶焉而已矣。"上品之性的人生来就善,在仁、义、礼、智、信五德中,以一德为主,同时又通于其他四德,即"主于一而行于四";中品之性的人通过后天社会环境的引导,可以为善,也可以为恶,在五德中,某一德不足,其他四德也杂而不纯;下品之性的人天生就恶,在五德中,对一德违反,与其他四德也相悖。这种对三品之性的训释,基本上是绍承董仲舒的学说。与性的上中下三品相对应,韩愈认为情也有上中下三品:上品之人的情之发动符合伦理要求;情中品的人情之发动有过、有不及,经过训导可以中规中距;情下品的人,情的产生完全不符合伦理规范,任凭情欲而动。情的三品与性的三品一一相当,性善则情善,性恶则情恶。

韩愈进而批评孟子的性善说、荀子的性恶论和扬雄的"人性善恶混"都只看到了中品之性,因而都有片面性。《原性》说:"孟子之言性曰:人之性善;荀子之言性曰:人之性恶;扬子之言性曰:人

---

① 参见王元明:《人性的探索》,南开大学出版社,1993年版。
② 《韩愈集·原性》,上海古籍出版社,1997年版。

之性善恶混。夫始善而进恶,与始恶而进善,与始也混而今也善恶,皆举其中而遗其上下者也,得其一而失其二者也。"韩愈认为上品之性和下品之性的人在社会上毕竟是少数,占人口多数的是中品之性。中品之性可塑性很强,但上品之性与下品之性不可改变,后天的伦理教化的效果很有限。《原性》说:"然则性之上下者,其终不可疑乎?曰:上之性就学而愈明,下之性畏威而寡罪;是故上者可教,而下者可制也。其品则孔子谓不移也。"孔子当年说过"唯上智与下愚不移",韩愈对此深信不疑,认为上品之性的人接受了伦理教化后,会使自己的人生信仰越来越坚定;下品之性的人经过后天伦理教育后,也不可能成为善人,但在强大的法律威慑面前,犯罪之心会有所收敛。

韩愈的性三品说与佛教的人性学说针锋相对,在当时佛教甚嚣尘上的情况下,是有一些积极意义的。佛教让人逃避父子、夫妇、君臣关系,背叛传统的伦理观念,认为这些既存的社会制度、伦理规范都是对人性的束缚,影响见性成佛。韩愈大力抨击佛教宣扬的所谓灭情以见性的出世观点,主张情由性决定,情以见性,情的发动应该符合伦理审美原则,从而与佛教出世的人性论划清界限。①

宋、元、明、清时期占主导地位的学术思潮是理学。理学远接先秦儒学与汉代儒学,但也有所创新。先秦儒学侧重于伦理探讨,对于宇宙理论缺乏系统的思考。汉代董仲舒以"天人合一"为特征的汉代儒学虽然涉及到了宇宙的生成与宇宙结构,然而这种神学目的论在理论上还是比较粗糙。正因为如此,它被后来较为精致的佛学所取代。唐朝中期虽然有韩愈等人崇儒排佛,但影响不大。从魏晋一直到唐朝,在儒、道、佛三教的论争中,儒家原先的中

---

① 参见王元明:《人性的探索》。

心地位逐渐被道、佛两教"蚕食"。到了宋明之际,理学家们广泛吸取了佛教理论,建构了一种以伦理为中心,具有思辨性的、较为严密的儒家哲学体系。董仲舒当年矻矻以求的"独尊儒术"的理想,到此时才真正实现。

在宋明理学中,理学关于人性的观点可以归纳为两大派别:

一派是以程颢、程颐和朱熹为代表的人性二元论。他们将人性分为天命之性和气质之性。天命之性是至纯至善,是天之理的体现,所以尽善尽美。气质之性有善有恶。二程认为人禀受的气不同,使人也有善有恶。

另外一派是以陆九渊、王守仁为代表的人性一元论。他们认为人心就是人性,吾心良知既是天理,又是人与生俱来的天赋本性。人的本性是至善的,"至善者性也,性之本体无一毫之恶"①。仁、义、礼、智、信就是天理,就是心,也就是性,因此这些伦理价值观念是人心所固有的。

程朱理学与陆王心学表面上歧义迭现,相互诘难,但在本质上又都存在着一些相同与相通之处:

第一,两派都把伦理价值理念说成是人性,所不同的仅在于,程朱理学认为这些理念是先在性的,陆王心学则认为这些理念是人心中固有的。程朱理学把伦理价值理念仁、义、礼、智、信等说成是世界的天理,天命之性是天理赋予人的本性,因此是至善的;陆王心学则将伦理价值理念说成是人心先天固有的良知,是人之本性。这样两派都可以把遵守伦理价值规范说成是顺乎天理、顺乎本性的行为。

第二,两派的归宿点都是"存天理,灭人欲"。程朱理学认为天命之性至纯至善,气质之性有善有恶,要想使天命之性显现,就

---

① 王阳明:《传习录》上,《王阳明全集》,上海古籍出版社,1992年版。

必须存天理、灭人欲,以改变气质之性中的恶端。陆王心学则认为人的本性良知至善至美,但容易被人欲所蒙蔽,所以必须存天理、灭人欲,克尽人欲之私,才能使人的本性良知发扬光大。由此可见,两派都主张祛除不合天理之人欲,注重个人道德践履。

在中国几千年的人性理论发展史上,虽然学派林立、观点众多,但在这些学说的背后,其实有一根红线一以贯之——注重后天的道德修养。无论是孔子、孟子、董仲舒,还是韩非、庄子、黄老学派,无论他们的观点是如何的相异相别,但最终的目的却是一致的。众所周知,与西方文化相比,中华文化是一种伦理型文化。这种伦理型文化的实质是人本主义,以人为本位来思考宇宙、自然、社会、生命诸现象。那么,这种伦理型文化形态得以建立的哲学根据是什么呢?毫无疑问,就是人性论。因此,我们可以说人性论是了解中国古代文化奥秘的一把金钥匙。

五 "仁者爱人类也":董仲舒的"仁"论

仁是儒家的基本精神,从孔夫子到现代新儒家,都将仁奉为自家学说的内在根基。孔子主张"仁者爱人",告子主张仁内义外,孟子高倡天地之爱,董仲舒倡行兼爱无私,反对"亲亲为大"。前后之间,构成了中国传统仁价值观的道统。

(一)"以仁安人"

1. 孔子:仁者爱人

"仁"是孔子哲学体系中的核心范畴,但"仁"观念并非源于孔子。甲骨文中是否已出现"仁"字,学界意见不一,但是,晚出的金文中已发现"仁"字,却是事实。20世纪70年代于河北平山出土的战国"中山王鼎"(下葬时间约在公元前310年左右),其中一段铭文为:"天降休命于朕邦,有阙忠臣,克顺克卑,亡不率仁,敬顺天德,以左右寡人,使知社稷之任。"①如果再加上近年郭店楚墓发现的"仁"字,郭沫若当年的断言已并非完全真确②。因为从《左传》的多处记载来看,在孔子之前,"仁"已经演变为一道德范畴③,晋国韩穆子还将"仁"定义为:"恤民为德,正直为正,正曲为直,参合为仁。"④兼备德、正、直三种品格方可称为"仁"。

但是,把"仁"提升为哲学最高概念,却是孔子的发明。《论语》全书512段话,缺乏"形式上的系统"(冯友兰语)。但是,在不同的时间、面对不同的提问者,孔子本人一再申明,他的知识与思想存在着一个"一以贯之"的根本原则:"吾道一以贯之。"⑤"予一以贯之。"⑥我们不难发现,孔子思想中"一以贯之"的所在就是"仁"。孔子的所有思想,都是围绕着这一核心而阐发。孔子当年虽然没有自觉地对"仁"范畴作出统一的逻辑定义,但是我们从孔子答复学生的众多答案中,完全有把握归纳出仁论的根本精神——"爱人"。孔子弟子三千,才质各异。面对学生提出的同一个问题:"仁是什么?"孔子的回答尽管不同,但实际上都是对"爱人"

---

① 河北省文物管理处:《河北省平山县战国时期中山国墓葬发掘简报》,载《文物》1979年第1期。

② 郭沫若在《十批判书》中认为:"'仁'字是春秋时代的新名词,我们在春秋以前的真正古书里面找不出这个字,在金文和甲骨文里也找不出这个字。"见《郭沫若全集》历史编第二卷,第87页,人民出版社,1982年版。

③ 《左传》僖公三十三年,晋大夫臼季向晋文公说:"敬,德之聚也,能敬必有德……臣闻之:出门如宾,承事如祭,仁之则也。"臼季早于孔子70余年,而且称"臣闻之",可见"仁之则"由来已久。又,《左传》定公四年,郧辛云:"《诗》曰:柔亦不茹,刚亦不吐,不侮矜寡,不畏强御,唯仁者能之。违强凌弱,非勇也;乘人之约,非仁也;灭宗废祀,非孝也;动无令名,非知也。"

④ 《左传》襄公七年。

⑤ 《论语·里仁》。

⑥ 《论语·卫灵公》。

这一根本精神作不同层次、不同语境意义上的阐述："己所不欲,勿施于人。"①"夫仁者,己欲立而立人,己欲达而达人。"②"居处恭,执事敬,与人忠。"③"志士仁人,无求生以害人,有杀身以成仁。"④"君子无终食之间违仁,造次必于是,颠沛必于是。"⑤

在哲学性质上,孔子"仁爱"是一种超越宗法关系与社会等级的人类普泛之爱。用中国古代固有之学术范畴来表述,可称之为"爱无差等"。关于这一问题,历代有不少哲人作过诠释,如孟子说"仁者爱人"⑥,称"仁"为先在性的人类"恻隐之心",即是一种悲天悯人的宗教情怀。荀子说"仁,爱也"⑦、"凡生乎天地之间者,有血气之属必有知,有知之属莫不爱其类"⑧,可谓直指要害,言简意赅。《吕氏春秋·开春论·爱类》云:"仁于他物,不仁于人,不得为仁。不仁于他物,独仁于人,犹若为仁。仁也者,仁乎其类者也。"仁者所爱的范围是普天下之"人类"。《淮南子·主术训》云:"遍爱群生而不爱人类,不可谓仁。仁者爱其类也,智者不可惑也。"韩愈在《原道》一文中也说:"博爱之谓仁。"程颐云:"仁之道,要之只消道一公字。公只是仁之理,不可将公便唤做仁。公而以人体之,故为仁。只为公,则物我兼照,故仁,所以能恕,所以能爱,恕则仁之施,爱则仁之用也。"⑨朱熹将"仁"界定为"心之德,爱之理"。他将伦理道德情感论证为绝对理性,并且内化为"自然如

---

① 《论语·颜渊》。
② 《论语·雍也》。
③ 《论语·子路》。
④ 《论语·卫灵公》。
⑤ 《论语·里仁》。
⑥ 《孟子·离娄下》。
⑦ 《荀子·子道》。
⑧ 《荀子·礼论》。
⑨ 《河南程氏遗书》卷一五,《二程集》第153页,中华书局,1981年版。

此"的自觉性的意识活动:"以仁为爱体,爱为仁用,则于其血脉之所系,未尝不使之相为流通也。"①他在《训蒙绝句》中又进一步阐发:"心无私淬与天同,物我乾坤一本中。随分而施无不爱,方知仁体盖言公。"②朱熹之"公"是对程颐之"公"的阐发,"公"之义为"公平",泛爱人物,无所偏心。王夫之在诠释张载"仁通极其性,故能致养而静以安"时言:"仁者,生理之函于心者也。感于物而发,而不待感而始有,性之藏也。人能心依于仁,则不为物欲所迁以致养于性,静存不失。"③仁乃人性中先验之存在;不仅如此,仁也是天地万物普遍存在之"生理":"仁者,己与万物所同得之生理。"④张岱年对孔子之"仁"评论说:"我认为,'夫仁者,己欲立而立人,己欲达而达人',乃是孔子所讲关于仁的界说。"⑤又言:"董氏所谓'仁之为言人也,义之为言我也',从文字学来说是错误的,但他所谓'以仁安人,以义正我',却有精湛的含义。'仁之法在爱人,不在爱我;义之法在正我,不在正人',这可谓至理名言。"⑥

儒家的"仁爱"思想、佛教的"慈悲"情怀和西方基督教的"博爱"思想,是不同民族、不同文化在不同地域、不同历史背景下产生的具有共同人文内涵与价值指向的文化资源,而且这也将是"全球伦理"的最终产生何以可能的人类道德基础与历史文化资源。在哲学性质上,孔子的"仁爱"与墨子的"兼爱"同大于异,彰显的都是共地域性文化背景下天下一同、泛爱万物的终极关怀。实际上,孔子"仁爱"与墨子"兼爱"的共通性,《韩非子·五蠹》早就一语点破:"今儒、墨皆称先王,兼爱天下,则视民如父母。"《庄子·天道》

---

① 朱熹:《论语或问》,卷四。
② 《朱熹外集》卷一,《朱熹集》第5733页,四川教育出版社,1996年版。
③④ 《张子正蒙注·至当篇》,古籍出版社,1956年版。
⑤⑥ 张岱年:《中国古典哲学概念范畴要论》,第157~158页,第164页,中国社会科学出版社,1989年版。

又云:"老聃曰:'请问何谓仁义?'孔子曰:'中心物恺,兼爱无私,此仁义之情也。'"现代有些海外学者也指出:"兼爱主张是儒、墨共性的主张。"①当然,"仁爱"与"兼爱"还是有些区分的。后期墨家的著作《大取》说:"圣人有爱而无利,儒者之言也;天下无爱不利,子墨子之言也。"孔子"仁爱"建立在人性论基础上②,后来孟子进而将"不忍人之心"论证为"仁爱"思想的哲学根基;墨子"兼爱"以"利"为爱之基础,"兼相爱"就是"交相利"。利与义是一致的,利天下就是最大的义。

孔子儒家"仁爱"思想的出现,与当时世界风起云涌的人文主义思潮存在着密不可分的关系。在西方,人文主义思潮的诞生是作为对以基督教神学为中心的中世纪封建文化的否定而出现的。文艺复兴时代的人文主义肯定人与人性,强调个性解放与自由平等,反对蒙昧主义,推崇人的经验与理性。古代中国没有产生过西方意义上的中世纪神学时代,但是在西周中期以前,存在着一个以信仰祖先神、至上神为中心的原始宗教时代。西周中晚期人们开始对传统的"天命"观进行反思、批判与否定,人文主义思潮应运而生。民本思想是在人文主义思潮中诞生的哲学成果,孔子思想在哲学性质上就是一种民本思想。梁启超认为,历史上的重民思想就是民本思想③。韦政通认为,古代中国的民本思想包括六个方面的内涵:民为邦本、民意即天意、安民爱民、重视民意、民贵君轻、革命思想④。关于民本思想对于中国社会与历史文化产生了

---

① 冈本光生:《论战国末期和汉代初期的墨家思想及其他学派对墨家的看法》,载《墨子研究论丛》(五),齐鲁书社,2001年版。
② 《庄子·天道》云:"老聃曰:'请问仁义,人之性邪?'孔子曰:'然。君子不仁则不成,不义则不生。仁义,真人之性也,又将奚为矣。'"
③ 梁启超:《先秦政治思想史》,第2页,东方出版社,1996年版。
④ 韦政通:《中国的智慧》第31~32页,中国和平出版社,1988年版。

何种作用与影响,有的学者认为:"民本学说可以看做中国传统文化与民主主义的结合点。"①因此,我们只有把孔子定位为民本主义思想家,才能够真正理解其"仁爱"思想的底蕴,才能够把《论语》文本看似散乱的512段话融会贯通。

2. 董仲舒:仁者憯怛爱人

通过对孔子仁思想的剖析,我们可以发现董仲舒的仁论实际上是对孔子学说的绍承与发展。董仲舒对"仁"范畴作了一个界定:"何谓仁?仁者憯怛爱人,谨翕不争,好恶敦伦,无伤恶之心,无隐忌之志,无嫉妒之气,无感愁之欲,无险诐之事,无辟违之行。故其心舒,其志平,其气和,其欲节,其事易,其行道,故能平易和理而无争也。如此者谓之仁。"②"故仁者爱人类也,智者所以除其害也。"③这里所说的"人类",与"物类"相对而言。仁者应超越宗法血缘关系,泛爱天下所有的人。这一界说可以说彰显了董仲舒仁爱思想的精髓,《淮南子·主术训》说:"遍爱群生而不爱人类,不可谓仁。"这句话与董仲舒不谋而合,董仲舒"泛爱人类"的思想既是对孔子儒家思想的传承,同时又有所发明创新。

概而言之,《春秋繁露》的仁爱思想有四重涵义。

其一,泛爱人类。董仲舒运用反证法来论证自己的观点。与泛爱人类相反的观点是"只爱自身",只要证明"只爱自身"这一论点虚假,不能成立,就能反证"泛爱人类"这一论点正确:"仁之法在爱人,不在爱我;义之法在正我,不在正人。我不自正,虽能正人,弗予为义;人不被其爱,虽厚自爱,不予为仁。"④董仲舒将仁与义加以区别,仁的基本内涵是"爱人",爱人不仅要爱自己、爱亲

---

① 冯天瑜:《中华元典精神》,第499页,上海人民出版社,1994年版。
②③《春秋繁露·必仁且智》。
④《春秋繁露·仁义法》。

人,更重要的是将爱心远播到所有有人类居住的每一个角落。一个人只爱自己,算不上是仁者。董仲舒在《仁义法》中列举史例来加以说明:《春秋》僖公十九年记载:"梁亡。"梁国是如何亡国的?《春秋》没有详加说明。《公羊传》说:"此未有伐者,其言梁亡何?自亡也。其自亡奈何?鱼烂而亡也。"《公羊传》认为梁亡的原因是自己造成的,就像鱼烂是从鱼腹内部先烂一样。但是,《公羊传》仍然没有详细说明梁亡的原因。《左传》说:"梁亡,不书其主,自取之也。初,梁伯好土功,亟城而弗处,民罢而弗堪,则曰:某寇将至。乃沟公宫,曰:秦将袭我。民惧而溃,秦遂取梁。"梁国国君不恤民力,大兴徭役,并且不惜使用欺骗手段,结果"民惧而溃",秦国趁火打劫,灭了梁国。《春秋》之所以不书写梁国国君之名,不详细介绍梁亡的原因,目的在于警戒后人,牢记梁亡是自取其咎。梁国国君不爱民众,"湎于酒,淫于色,心昏,耳目塞,上无正长之治,大臣背叛,民为寇盗。梁亡,自亡也"①。只考虑自身得失的人最终必将自取灭亡,这是一条历史规律。因此,董仲舒说:"《春秋》不言伐梁者,而言'梁亡',盖爱独及其身者也。"②

其二,反对"亲亲为大"、"爱有差等"。在儒家仁爱思想中,有的人强调"亲亲为大"、"爱有差等"。但是,需点明的是,这一传统并不是来源于孔子。在《论语》中,我们找不到有关这方面的材料。强调宗法之爱、等级之爱,可能是孔子去世之后儒家传人的观点。譬如,《礼记·檀弓》说:"仁亲以为宝。"《表记》又说:"厚于仁者薄于义,亲而不尊;厚于义者薄于仁,尊而不亲。"《哀公问》又说:"仁人之事亲也,如事天。"《礼记》一书中包含的仁思想,与孔子思想显然已有一定的差距。仁在孔子思想体系中代表着一种理

---

① 《谷梁传》僖公十九年。
② 《春秋繁露·仁义法》。

想人格境界,这种理想人格境界最大的特点是"爱人","爱人"超越了宗法关系与社会等级的间隔。但在《礼记》一书中,仁的最高原则已经嬗变为"亲亲为大"、"爱有差等"。同是儒家阵营的董仲舒,却不同意这种观点,而是猛烈地抨击"亲亲为大"、"爱有差等"的思想。"故仁者爱人类也",只爱自己、只爱自己的亲人,不爱天下芸芸众生,这不是真正的仁爱,因为原始儒家之爱是超越宗法关系、社会等级的天地之爱。为此,董仲舒特意在《五行相胜》篇中讲了一则小故事:姜太公向齐国司寇营荡请教"治国之要"。营荡回答说:"任仁义而已。"如果仅仅从这一句话来推断,我们会认为营荡的观点和原始儒家并没有什么不同。姜太公进一步问他如何施行仁义,营荡回答说:"爱人者,有子不食其力;尊老者,妻长而夫拜之。"营荡讲的"爱人",爱的只是自己的亲人;他所讲的"尊老",也仅仅局限于宗法家族之内,是指丈夫应像尊敬父母一样尊敬比自己年长的妻子。仁只是"亲亲为大"的仁,仁始终没有跳出宗法关系的小圈子。正因为如此,姜太公才会勃然大怒,"寡人欲以仁义治齐,今子以仁义乱齐,寡人立而诛之,以定齐国"。姜太公诛杀营荡,历史上并不一定真有其事。董仲舒通过此例目的在于阐明他的仁爱观:营荡代表的是以"亲亲为大"、"爱有差等"为原则的仁爱,姜太公代表的是超越宗法血缘关系的人类普泛之爱。缘此,董仲舒间接地表达了自己反对"亲亲为大"、"爱有差等"的思想。

其三,非攻。春秋战国时期,诸侯争霸,以力相胜。对于这一严峻的现实,儒、墨两家代表人物都表述过自己的态度。墨子倡导"非攻",但不是不加区别地一概反对任何战争。他将战争分为两类:一类是正义战争,他称之为"诛",像禹征有苗、商汤伐桀、武王伐纣,这些都是受到人民欢迎的正义战争;另一类是非正义战争,他称之为"攻",春秋242年当中的战争,大多都是这种抢占土地、掳掠财物、杀戮生命的侵略战争。诛与攻的区别在于:攻是"攻伐无罪之国,入其国家边境,芟刈其禾稼,斩其树木,堕其城郭,以湮其沟池,攘杀其牲牷,燔溃其祖庙,劲杀其万民,覆其老弱,迁其重器"①。而诛则是讨伐有罪之国。墨子并不笼统地反对一切战争,正因为如此,在今本《墨子》一书中,我们可以看到《备城门》等多篇文章来讨论防御战的战略战术。

在先秦儒家中,孟子对战争的态度比较有代表性。孟子严厉谴责战争行为,认为"春秋无义战",连绵不断的战争给平民大众造成了深重的灾难:"争地以战,杀人盈野;争城以战,杀人盈城。"②从"得民心者得天下"的思想出发,孟子倡导贵王贱霸,反对以武力统一天下的"霸道",倡导以德服人的"王道":"以力服人者,非心服也,力不赡也;以德服人者,中心悦而诚服人也。"③"王霸之别"体现了儒法两家在战争观方面的分歧:法家主张用武力征服天下,儒家则主张通过伦理教化方式取得天下。但是,必须说明的是,孟子与墨子一样,并不是笼统地反对一切战争行为,他所否定的,只是"为君辟土地,充府库"的掠夺性、侵略性战争,对于商汤、周武王那样的"征"、"伐"则是赞颂备至的。正义战争与非正义战争,其区别何在?孟子认为在于是否出自民心。这一观点颇有新意,墨子当年并没有明确地揭示出这一层内涵。在孟子看来,商汤和周武王对残害天下百姓的夏桀与纣王的征讨,是行仁除暴,"诛其君而吊其民","救民于水火之中",因而必然得到人民的衷心拥护,东征则西怨,南征则北怨,"民之望之若大旱之望雨也"。一旦为民除害,则"如时雨降,民大悦",这正是"得民心"、"中心悦而诚服"的生动写照。因此,战争的合理性、正义性取决于民心的

---

① 《墨子·非攻下》。
② 《孟子·离娄上》。
③ 《孟子·公孙丑上》。

归向,"取之而燕民悦,则取之。取之而燕民不悦,则勿取"。只要为民诛恶伐罪,就会无敌于天下。征伐敌国,"民以为将拯己于水火之中也,箪食壶浆,以迎王师"。明白了这一道理,不战则已,战无不胜。

董仲舒也反对侵略性战争。与墨子、孟子两人的思想相比较,董仲舒的"非攻"思想的特点可以概括为"预防战争"。在《仁义法》一篇中,董仲舒提到了"酅之战"。《春秋》僖公二十六年记载:"齐人侵我西鄙,公追齐师至酅,不及。"背景是齐桓公去世后,齐孝公继位。齐孝公是一个有称霸野心的人,当他听说鲁、卫、莒三国结盟而不向齐国禀报时,便出师讨伐鲁国。对于酅之战,《春秋》三传的评论不尽相同。《左传》说:"齐师侵我西鄙,讨是二盟也。"《公羊传》说:"其言至酅弗及何?侈也。"《谷梁传》说:"人,微者也;侵,浅事也。公之追之,非正也。至酅,急辞也。弗及者,弗与也,可以及而不敢及也。其侵也曰人,其追也曰师,以公之弗及,大之也。弗及,内辞也。"董仲舒评论说:"酅,《传》无大之之辞。"就是说从《公羊传》来看,没有赞扬"酅之战"的言论,但事实上却有夸大、渲染鲁僖公武功的意思。《公羊传》"至酅弗及"四个字的含义是说齐孝公害怕鲁僖公,一听说鲁僖公率师前来应战,仓皇溃逃,鲁僖公大军追都追不上。董仲舒认为鲁僖公能够亲自率领大军去追杀入侵者,是值得称道的,因为他"所恤,远也",保护了边陲一带平民百姓的生命与财产安全;但是,鲁僖公也有不足之处,"兵已加焉,乃往救之则弗美;未至,豫备之则美之"。意思是说,齐国军队入侵了,已经给人民造成了损失,才匆匆忙忙去应战,这当然不是上上之策;如果侵略者还没有越过边境,我方就已经事先做好准备,预防战争的扩大,那才是值得大加推崇的,因为"善其救害之先也","夫救,早而先之,则害无由起,而天下无害矣"。如果能在战争爆发前夕就积极采取预防措施,将战争火苗掐灭于萌芽状态,那就不会发生祸害。

"天下无害",这是董仲舒追求的社会目标,但是要实现这一目标,却并不那么容易:"观物之动,而先觉其萌,绝乱塞害于将然而未形之时,《春秋》之志也。"①董仲舒认为,观察事物的变化征兆,预察其变化的苗头,在祸害发生之前就予以制止,这是《春秋》的观点。而要想防微杜渐,防范于未然,就必须具备未卜先知的才能,"非尧舜之智,知礼之本,孰能当此"?若不是尧舜那样的圣人,谁能未卜先知、预防不测呢?缘此,董仲舒提出了他的另外一个重要观点——"必仁且智":"何谓智?先言而后当。凡人欲舍行为,皆以其智先规而后为之。其规是者,其所为得其所事,当其行,遂其名,荣其身,故利而无患,福及子孙,德加万民,汤、武是也。其规非者,其所为不得其所事,不当其行,不遂其名,辱害及其身,绝世无复,残类灭宗亡国是也。故曰:莫急于智。智者见祸福远,其知利害蚤,物动而知其化,事兴而知其归,见始而知其终,言之而无敢哗,立之而不可废,取之而不可舍,前后不相悖,终始有类,思之而有复,及之而不可厌。其言寡而足,约而喻,简而达,省而具,少而不可益,多而不可损。其动中伦,其言当务。如是者,谓之智。"②

仁德与智慧犹如人的两条腿,缺一不可。能够洞察社会发展的潮流,预测事物发展的轨迹,观察事物的萌芽状态,判断事物发展的趋向,总能在惊涛骇浪中掌握好胜利的航向,这才是世间智者。在儒家思想中,孔子是后世公认的智者。当年子贡说过:"学不厌,智也;教不倦,仁也。仁且智,夫子既圣矣。"③董仲舒希望统治者能够同时具备仁德与智慧,因为只有这样才能避免战争,拯救

---

① 《春秋繁露·仁义法》。
② 《春秋繁露·必仁且智》。
③ 《孟子·公孙丑上》。

平民百姓于水火之中。

其四，贵远。《仁义法》篇说："仁大远，义大近。""故王者爱及四夷，霸者爱及诸侯，安者爱及封内，危者爱及旁侧，亡者爱及独身。"泛爱天下之人，也就是泛爱人类，这是仁者崇高的人格境界。王者能够将爱心推广到天下的每一个角落，霸者不能爱四夷而只知道诸侯，安于现状的人只满足于爱自己封地内的人民，目光短浅的人只懂得爱自己的父母兄弟。孔子当年说过："博施于民，而能济众。"董仲舒将孔子的这一思想发挥得淋漓尽致。董仲舒"仁厚远"的思想，可能与汉武帝时代的社会状况有很大的关系。汉武帝经过多年大规模的征战之后，疆域空前辽阔了，不同民族、不同文化的人们都共同生活在汉王朝的土地上。社会的巨大变革，要求在思想上、心理上改变过去狭隘的心理与价值观念，跳出"非我族类，其心必异"的思维框架，面向四海，胸怀天下，"爱及四夷"。

（二）仁爱思想与现代社会

现代新儒家代表人物牟宗三在其所著《中国哲学的特质》一书中认为：中国哲学的"着重点是生命与德性。它的出发点或进路是敬天爱民的道德实践，是践仁成圣的道德实践"。仁是儒家人伦之首，是儒家伦理道德规范体系的指导原则和最高准则，是一种"从心所欲，不逾矩"的人生追求和精神境界，是人、我、群、己之间的普通联系与相互感应，是一个居于核心地位、起着主导作用的范畴和概念。当今世界危机丛生，生态环境恶化、极端民族主义以及战争等等问题不断威胁着世界各族人民。世界呼唤和平，世界需要发扬爱人爱己的儒家精神来解决摆在人类面前的这些问题。

中国文化是一种伦理型文化，这种文化形态的最大的优良传统就是仁爱理想。除孔子提出"仁者爱人"、"泛爱众"、"四海之内皆兄弟"的仁爱理想外，墨子提出"兼相爱，交相利"、"爱人犹己"，康有为也提出以爱为基础的政治理想。康有为讲的"仁"就是博爱之德,认为人人有"爱质",这是社会进步的动力,"人道之爱,人道之文明,人道之进化,至于太平大同,皆以此出"。谭嗣同在《仁学》一书中认为,人类一旦出现了"中外通"、"上下通"、"男女内外通"、"人我通",就实现了全人类的平等博爱梦想。

近代德国哲学家孔德的理想箴言是"爱、秩序、进步"。他认为,如果能把爱贯彻到社会生活的各个方面,使整个社会都像家庭一样和谐美满,那么人类就可以进入理想社会。孔德认为"普通的爱"是社会秩序的基础,也是社会进步的动力,他力图建立一个以"人类之爱"代替"上帝之爱"的新宗教。柏拉图在哲学对话中曾经指出:"爱是永恒的。"古希腊的恩培多克勒把爱和憎看成是宇宙运动的两种力量,认为爱是一种建设性力量,而憎是一种破坏性力量。近代西方思想解放运动提出的自由、平等、博爱思想,对现代世界文明起到了伟大的促进作用。圣经《新约·马太福音》指出,人类应"爱人若己"。基督教教义指出:爱就是上帝。爱成为上帝的精神,这是对人道爱的最高的肯定和崇拜。人们面对苦难和无助,寄望于上帝的爱的精神在人们的灵魂中再现。佛教教义所宣扬的"大慈大悲",是一种无选择的、无条件的、普渡众生的爱的精神。兼通东西方宗教和哲学的美籍印度哲学家哈里德斯·乔德赫里在《爱的哲学》一书中指出:"真正的爱是无条件的","爱是人类最大的需要"。他认为无条件的爱会使我们领略到一种创造性行为,能在所爱的人心灵上播下爱的精神火种,让它发光。这是上帝赐给人类的"炼金术",是上帝赐给人类的礼物。哈里德斯·乔德赫里还指出,我们与世界存在的同一性的体验就是"爱就是上帝、神灵",如同人人有佛性一样,人人自身都有上帝,自我与爱的结合就是自我与上帝的结合。

从全人类的文明史可以看出,把对人类之爱作为哲学与宗教的最高精神、最高价值,是对人类之爱的最终崇拜。中国儒家提出的"仁者爱人"、"泛爱众"、"己所不欲,勿施于人"所体现的仁爱精神,是一种伟大的人类之爱的精神,与不同国度、不同宗教的圣神、圣人、哲人在爱的崇拜上不约而同地走在了一起,这是人类共同价值追求的表述。这一仁爱思想既具有人类性,又是中华传统文化的精华所在。由仁爱出发提出的大同世界的理想,也是全人类数千年共同的理想。通览中国历史,我们可以发现一个规律性的现象:儒家伦理价值体系大行其道的时代,恰恰是稳定繁荣、富庶祥和的历史阶段;在儒家传统伦理价值观被抛弃、被蔑视的时代,恰恰是社会出现大战乱、大动荡的时期。譬如,王莽新政后的 20 年各方混战,西北地区的人口减少了 55% 至 95%,总人口由 5960 万下降到 3500 万。从公元 184 年黄巾起义爆发到公元 220 年三国鼎立实现,人口损失估计达 60%,仅存约 2300 万。西晋末年八王之乱到五胡十六国的战乱,当时的百姓总数死亡 2/3。隋末的战乱,造成人口数量降幅超过 50%,到唐初仅有 2500 万。至安史之乱前夕的公元 755 年,又增至约 9000 万。从唐末安史之乱到唐灭亡期间,将近 2/3 的人口死于战乱。到公元 960 年宋朝初建估计中原只有 4000 万人口。除此之外,还有宋亡元侵、满清入主的战乱时期,以及水旱天灾造成的大饥荒时期,还有官逼民反引起的近千起农民战争等,中国的历史动乱时期远远多于稳定繁荣的时期,就是在没有大动乱、大战乱的时期,也存在着大量的如殷纣、暴秦等暴政。多灾多难的中华民族,深刻体会到社会的安定和平是多么的重要,各民族之间的仁爱互惠是多么的宝贵。

当今世界,人类正处于新旧世纪交替的转折关头,众多的社会危机和自然危机迫使全人类携起手来,共同解决我们面临的问题。人类需要仁爱,仁爱永远是人类心中的一面大旗,是人类心中的上帝。我们应当在全人类提倡和弘扬儒家仁爱精神,在不同民族、不同国家的宗教、哲学意识形态中把人类之爱放在神圣地位,建立人类之爱的道德崇拜,把人道主义的仁爱放在理性的根本地位和最高地位。我们有理由充分相信,在21世纪将会有越来越多的国家、越来越多的民族认识到儒家仁爱思想的价值。

在秦汉之前,孔子儒家只不过是一种齐鲁地区的地域文明。从汉代开始,儒家升格为中国主流文化。早在公元前3世纪,孔子思想就传到朝鲜。此后经王氏高丽王朝和李氏朝鲜王朝,儒学在朝鲜蓬勃发展,达到鼎盛时期。孔子思想在日本传播的历史,可以追溯到西晋太康六年(公元285年)王仁向日本献《论语》和《千字文》。孔子思想传入欧美是在16、17世纪,通过来华的耶稣会教士为媒介进行的,其中最著名的是利马窦(Matteo Ricci 1552—1610)。利马窦和其他传教士写了不少有关中国文化和儒学的书,使西方开始了解中国文化与孔子的学说。西方人惊异孔子思想的博大精深,把他推尊为"天下先师",即道德与政治哲学上最博大的学者和预言家。孔子思想所具有的人文主义精神,对霍尔巴赫、狄德罗、伏尔泰、罗伯斯庇尔、莱布尼茨、歌德、席勒等启蒙思想家、文学家与政治家都产生了巨大影响。

20世纪90年代初以来,全球伦理(the universal ethics)问题随着"全球一体化"(globalization)的问题逐渐表现为一个具有广泛影响力和挑战性的跨世纪课题。1993年在美国芝加哥召开的"世界宗教议会"上,通过并发表了《走向全球伦理宣言》,1997年,在中国北京召开了"全球伦理与中国传统文化"国际讨论会。其后"国际互动会"("inter—action council")发表有关"人类责任宣言"的倡议,联合国教科文组织进而倡导并实施"全球伦理计划"(the universal ethics project)。有的学者指出:"全球伦理必须基于人类多元文化的对话和道德共识,决不能基于任何绝对主义的或一元化意识形态的权威诉求。相对于每一种特殊的道德文化传统,全球伦理只能是一种低限度的道德共识,一种共享的全球性道德价值理想,一种不可取消却又必须得到现代人类共同认可和接受的道德行为规范系统。"而相对于这样一种道德共识或一套普遍性道德规范,每一种特殊的道德文化传统,并不应当以牺牲各自的差异性和独特性为全球性道德价值理想实现的必要条件。如果全球伦理真的有一天得以实现,那么这种实现的唯一可能的途径只能是:主张文化对话而不是文化冲突,在保持多元文化差异的前提下,努力寻求各种特殊的文化传统相互间的对话和交流,也就是中国哲学所说的"和而不同"。这种"和而不同"的文化对话与交流过程,实际上也是每种特殊的"地方性知识"(local knowledges)或"地方性方化"(local cultures)寻求普遍性理解的过程。2007年9月我在美国康涅狄格大学拜访了著名的研究中国与亚洲哲学的哲学家Cooperman教授,我问他如何看待"全球伦理"时,他一再强调"地方性知识"(local knowledges)这一概念。一方面他认为"地方性知识"(local knowledges)切不可丧失自身的独创性;另一方面,他对全球伦理也表达出深刻的忧虑。

伴随着亚洲"四小龙"的兴起,学界曾经用"儒家文化圈"和"东亚价值"来予以概括,并将其看做是儒家思想依然在当代社会彰显其蓬勃生命力的一个例证。但是,在对于"东亚价值"的讨论中,人们往往从经济伦理的角度探讨儒家思想是如何在工业东亚起作用的,而对于作为儒家思想之核心内容的终极关怀在当代社会中的命运及其发展趋势却缺乏深层次的认识。杜维明先生曾经指出,儒学的未来命运取决于它有没有见证者以及有怎样的见证者。真正儒者的见证是生命的契印,是以自我生命的存在形态来展示一种德慧生命的气象。如果没有一批从终极关怀到生活方式全幅贯注了儒家精神的见证者,儒学对于现代人生而言恐怕就最多只能有学理的意义。如何使儒家作为一种"地方性知识"(local knowledges)或"地方性文化"(local cultures)在全球伦理(the universal ethics)背景下寻求普遍性理解?与此同时,如何才能在大众信仰的层面切实发挥以儒学为主导的中国文化传统对于当代中国人与西方人的影响?这是我们今天在全球伦理(the universal ethics)背景下讨论孔子儒家世界意义时应深入思考的问题。众所周知,由于"五四"运动与新文化运动的冲击,加上20世纪70年代"批孔"的全民政治运动,儒家价值观的全民信仰基础遭到了严重破坏。在全球伦理(the universal ethics)背景下探求孔子儒家世界意义的普遍性理解,当务之急应当是重建国民精神信仰基础。基于此,泰州学派可能是一种值得注意的、可资借鉴的模式。清末康有为单纯走上层路线谋求儒家"儒教"化的失败,可以当做是今人应引以为戒的范例。

六 "以义正我":董仲舒的"义"论

每一种文化形态关注的对象都有所不同。"义利之辨"自古以来是中国古代哲学一直关注的认知对象,并且形成了林林总总的观点:儒家倡导"见利思义"、"重义轻利",墨家主张"贵义尚利",道家主张"消弭义利",法家力倡"贵利贱义"。"义利之辨"的实质是社会伦理规范与人类内在欲望的紧张与消解。对于这一问题的认识及其论点,反映了一个民族的伦理价值趋向。

(一) 孔子:"见利思义"

从道德史发展规律看,一般先有价值判断,然后以此为基础才会形成规范判断。人们在长期社会生活和生产实践的基础上,认识到"做某件事是有益的"、"做某件事是有害的",并根据"可欲之谓善"的原则,认为"做某件事是有益的"、"做某件事是有害的"、

"做某件事是恶的"。为了达到有益的社会目的，人们进而认识到必须遵循一定的规范，其中当然包括社会道德规范，从而形成了"应该做某事"、"不应该做某事"之类的规范判断。规范判断是人们目的、理想与社会经验的结合与积淀。规范判断一旦形成，又可作为价值判断的根据。

考察"义"的生成与发展轨迹，可以说是完全符合从价值判断发展到规范判断这一趋势的。至少在春秋时代，"义"字不仅获得了伦理学意义，而且有了确定的社会内容，即宜于礼。《国语·周语上》指出："行礼不疚，义也。"《国语·周语下》也说："义所以制断事宜也。"义以礼为标准，是人类行为对礼之"适宜"，后世儒家的发挥也是遵循这一思路展开。譬如，《中庸》说："义者，宜也。"《说文》段注："义之本训为礼容各得其宜，礼容得宜则善矣。"总之，不论是从思想内容、理论性质，还是从语言形式的角度看，严格意义上的义的伦理价值范畴在春秋时期已经形成。

在《论语》一书中，"义"字总共出现 24 次，"利"字出现 10 次。利是指源于人类内在本能的利益欲求，这种利益欲求包括两方面的内容：一是物质利益，譬如土地、金钱、官爵；二是精神财富。那么，义的义旨是什么呢？"义者，宜也。"这是传统儒家最具权威性的解读。缘此，何为"宜"？《孟子·离娄上》说："仁，人之安宅也；义，人之正路也。"孟子的这一界定非常清楚地指明义的本质就是仁，仁是人类孜孜以求的终极人生理想境界，义是争取达到这一终极理想目标的道路、途径。

孔子是如何看待义利关系的呢？我们先看看以下几条材料："子罕言利，与命与仁。"[①]"君子喻于义，小人喻于利。"[②]"放于利

[①] 《论语·子罕》。
[②] 《论语·里仁》。

而行,多怨。"①由此我们似乎可以得出这样一个结论:孔子很少谈利,对利的追求采取了否定、轻蔑的态度;君子追求的是义,只有小人才对利梦寐以求。事实上,这种结论是很片面的,我们不妨再看看以下几条材料:"富与贵是人之所欲也,不以其道得之,不处也。贫与贱,是人之所恶也,不以其道得之,不去也。君子去仁,恶乎成名?君子无终食之间违仁,造次必于是,颠沛必于是。"②"富而可求也,虽执鞭之士,吾亦为之。如不可求,从吾所好。"③对金钱、土地、官爵、名望等利益的追求,是人类与生俱来的内在欲求,这种欲求既是人类本能,同时也是人类的一种社会属性。孔子并没有全盘地将人类这种求利的欲求之心加以否定,恰恰相反,孔子认为,如果能够实现"富与贵"的目标,就是干着替人赶牛车的下等差役,也心甘如饴。问题的关键不在于人类这种"富贵之心"正不正确,而在于获取"富与贵"的手段、途径是什么?如果通过合乎义的途径追求富贵,这是无可厚非的;如果"不以其道"获取,那么这种行为应当否定。所以,在孔子的思想体系中,义与利的关系并不矛盾、并不紧张,两者之间是和谐、互证的。缘此,孔子的义利观可以归纳为:见利思义。

明白了这一点,我们才能理解子张向孔子请教求官爵、得俸禄的方法时,孔子不但没有斥责他,反而老练地开导他说:多用心地听,有怀疑的地方加以保留,其余有充分证据的地方,谨慎地说出,就能减少失误;多用心地看,有怀疑的地方加以保留,其余足以自信的部分,谨慎地实行,就能减少懊悔;言语的失误很少,决策的失误很少,官爵俸禄的获取自然不成问题。孔子之所以向子张传授为官之道,是因为子张追求利益的途径符合义的要求。

---

①② 《论语·里仁》。
③ 《论语·述而》。

鲁哀公十一年（公元前484年）冬，孔子归鲁不久，季康子派冉求前去征询孔子对"用田赋"的意见。季康子因冉求为鲁国而战立有战功，故而十分信任与敬重这位宰臣。季康子为加强鲁国防务，要在"丘赋"基础上，实行新的赋税政策："丘赋之法，因其田财通出马一匹、牛三头。今欲别其田及家财各为一赋，故言田赋。"若实行"田赋"新法，政府可提高一倍的收入，但劳动人民被迫要增加一倍的经济负担。为取得孔子的支持，消除反对意见，所以季康子特意派遣冉求拜访孔子，征求他对新政策的看法。孔子说："丘不识也。"冉求连问三次，孔子都不作答。在冉求的一再恳求下，孔子回答说："君子之行也，度于礼：施取其厚，事举其中，敛从其薄。如是，则以丘亦足矣。若不度于礼，而贪冒无厌，则虽以田赋，将又不足。且子季孙若欲行而法，则周公之典在；若欲苟而行，又何访焉？"孔子认为，君子办理政事，要根据礼来衡量：施舍要尽量丰厚，办事要适中公正，赋敛要力求轻薄。如果根据这三条原则，那么按照正在实行的丘甲法征收赋税，"亦足矣"。如果不根据礼来衡量，"贪冒无厌"，那么即使按田亩加倍征收赋税，也不会感到满足。季孙若想办事合于法度，应遵循周公制订的典章法规；如果想一意孤行，又何必来征求我的意见？冉求终于知道孔子不赞成季康子实行加倍征收赋税的新法，因为新法"贪冒无厌"，加重平民百姓的负担。无论新法旧法，只要符合"敛从其薄"原则，就是好法，孔子就会支持；否则，便是坏法、恶法，增加百姓负担，孔子坚决反对。但是，季康子并未听从孔子的意见，于鲁哀公十二年春正式颁布"用田赋"，按新法增收赋税。冉求也没有听从孔子的教导，跟随季康子积极推行新法。孔子对冉求的帮凶行为十分气愤，对身边的弟子说："非吾徒也，小子鸣鼓而攻之，可也。"

在"义利之辨"这个问题上，孔子确立了两大原则：一是"义然后取"，即符合义的利益才去追求；二是"先事后得"，首先付出劳动,然后才考虑自己的利益。孔子认为这样才是"崇德","崇德"也就是唯义是从。他在回答子张问"崇德"时说:"主忠信,徙义,崇德也。"

(二) 董仲舒:重义轻利

董仲舒在《仁义法》一文中,将仁与义作了大量的比较、辨析,并且从这些辨析中,揭示出义的独特内涵:

以仁安人,以义正我。

仁之法在爱人,不在爱我;义之法在正我,不在正人。

仁谓往,义谓来。

仁大远,义大近。

仁主人,义主我。

仁者,人也;义者,我也。

不攻人之恶,非仁之宽与? 自攻其恶,非义之全与?

在董仲舒思想中,仁与义是两个平行的、不分属种关系的伦理范畴。仁是指对待他人的一种社会伦理规范,其核心是"爱人";义是自己对待自己的伦理自律,实质是伦理的自觉体认和自我审视,其核心是自省。

义与不义的标准何在? 界限如何划定? 董仲舒列举了一些历史故事来予以阐释。公元前544年,楚康王病死,他的儿子麇继位,公子围以叔父身份担任令尹辅政。公子围是一贪残暴戾之人,培植私人党羽,发展私人武装,阴谋篡夺王位。公元前541年冬天,公子围和伍举被派遣到晋国出使聘问。还没有走出楚国国境,公子围就听说国君麇身患重病,于是马上往回赶,让伍举独自一人赴晋。回到郢都后,公子围立即部署他的心腹党羽,控制了宫廷警卫。公子围见国君处于半昏迷状态,便按照预谋解下自己冠上的缨带,亲手勒死了自己的亲侄儿——当国君还不到四年的麇。通过这种血腥手段,公子围登上了国君宝座,掌握了楚国的最高统治权力,后来他被称楚灵王。楚灵王即位后,骄纵淫逸、狂妄乖张的本性变本加厉。公元前534年,陈国发生内乱。楚灵王不但没有以霸主身份去安定陈国政局,反而打着"安定尔国"的旗号灭亡了陈国,将陈国领土并入了楚国版图。

董仲舒评论说:楚灵王"灭人之国,执人之罪人,杀人之贼,葬人之君",做了一些合乎义的事情;但由于楚灵王自身不正,"贪而无信","托讨贼行义"①灭人之国,毁人社稷,所以楚灵王是一个不义之人。公元前531年,楚灵王又用厚重的礼物将蔡灵侯骗到申地,预先设下伏兵,在酒宴上擒获蔡灵侯及其随从人员七十多人,然后又以"杀父夺权"的罪名杀害了蔡灵侯及其随从,并出兵趁乱灭了蔡国,将蔡国疆土改置为楚国的蔡县。董仲舒认为楚灵王"诱蔡侯般,杀之于申",表面上看是"讨贼"行为,合乎"义"之原则;但是,由于楚灵王"怀恶而讨不义,君子不予也"。正因为楚灵王动机不纯,狂妄乖张,所以董仲舒认为他是一不义之徒。

由此可见,义贵在"正我",仁贵"爱人"。只有自己严格按照义的规范不断地修养,他的一举一动才能合乎义的要求:"义治我,躬自厚而薄责于外,此之谓也。"②如果自己是一个操行低劣的小人,即使做的事表面上看似合乎义,但由于动机不纯、恶念潜伏,其行为在性质上仍然是不义之举。所以,董仲舒一再强调:"义者,谓宜在我者;宜在我者,而后可以称义。故言义者,合我与宜以为一言,以此操之,义之为言我也。"③一个人只有走上正路,才能做出有益于社会的事。走义规定的人生之路,做义规范认可的事情,这是董仲舒在义方面的反复叮咛。

---

① 《公羊传》昭公五年及何休注。
②③ 《春秋繁露·仁义法》。

那么，如何才能使自己的一言一行合乎义的规范呢？董仲舒认为关键的一点在于不断地反省自己、审视自己，主动地揭露自身的不义之举，"自称其恶"；对于别人身上的一些小缺点应该宽容，如果这些小缺点发生在自己身上就要严肃对待，这就叫做"躬自厚而薄责于外"。董仲舒主张对他人要宽容，对自己要严格自律："夫我无之求诸人，我有之而诽诸人，人之所不能受也。其理逆矣，何可谓义！"①自己身上有这种缺点却熟视无睹，别人身上有这种过失则锱铢必计；自己做不到的事，却强求别人一定要做到，董仲舒认为这不符合义的原则。"君子攻其恶，不攻人之恶。"君子首先要做到严格约束自己，不可随意攻击别人的过错。一个人如果能够几十年如一日，不断地反省自己，就能够"返理以正身"。

董仲舒认为，每个人都有成为君子的潜在可能性，至于最终能否成为君子，完全取决于个人后天的主观努力。《仁义法》说："有为而得义者，谓之自得；有为而失义者，谓之自失；人好义者，谓之自好；人不好义者，谓之不自好。"

在义与利的关系上，董仲舒是持什么观点呢？在《春秋繁露·对胶西王越大夫不得为仁》一篇中，有这样一段话："仁人者，正其道不谋其利，修其理不急其功，致无为而习俗大化，可谓仁圣矣。"班固进而将这段话提炼为："正其谊不谋其利，明其道不计其功。"②根据这些材料，似乎可以将董仲舒的义利观概括为"惟义是求"，反对图利。实际上这种概括有所偏颇，班固仅仅注意到了问题的表面，忽略了表象背后隐藏的本质。董仲舒当时说这番话的语境，值得我们注意。当时胶西王将自己比作齐桓公，将董仲舒比作管仲，野心勃勃，企图篡夺君位。董仲舒对胶西王的这种僭逆之

---

① 《春秋繁露·仁义法》。
② 《汉书·董仲舒传》。

心既反感又恐惧,害怕连累自身,所以只好用黄老无为、羞谈利、重仁义一套冠冕堂皇的话来委婉地规劝胶西王。在那种特殊语境中的表白,恐怕不能正确地、全面地反映董仲舒本人的内心想法。

  关于这一问题,我们不妨将思路拓宽一些,我们可以结合汉武帝时代的一些史实来加以剖析。汉武帝时期,西汉虽然在政治、经济、军事和文化方面都有很大的发展,但其内部的一些矛盾也开始趋向激化,其中一个很尖锐的社会问题就是日益严重的土地兼并。本来经过秦末农民大起义的扫荡和汉初政策的调节,西汉前期的编户齐民大多得到了一小块土地,再加上当时人口较少,剥削较轻,军功地主和宗族地主的贪欲多少受到一些抑制,所以土地问题并不严重。但是到了汉武帝时期,情况有所变化。由于土地是古代社会最重要的生产资料,是财富的象征与标志,因此不断增加土地就成为了各类地主和富商大贾刻意追求的目标。兼并,就是凭借政治经济势力的强买和变相霸占,成为他们获取土地的主要手段;而势单力薄、在沉重的赋税徭役与天灾人祸冲击下不断破产的小农,则成为土地兼并的牺牲品。

  此时,董仲舒为广大平民百姓生存境遇的恶化而深深地忧虑,继而大声疾呼:"富者田连阡陌,贫者无立锥之地";"邑有人君之尊,里有公侯之富"①。他向汉武帝上奏说:"限民名田以赡不足,塞并兼之路。"他主张规定私人占有土地的最高限额,以堵塞土地兼并之风,从而使广大农民得以保存少量养家糊口的耕地。但是,董仲舒的奏议并没有引起汉武帝的高度重视,汉武帝也没有采取一些有效的措施来遏制住土地兼并的势头;结果昭、宣之后土地兼并之风愈演愈烈,甚至发展到皇室也带头兼并土地。董仲舒的建设虽然没有被采纳,但是,如果他果真是一位"不谋其利"、"不计

---

  ① 《汉书·食货志》。

其功"的人,那么他是不会为广大农民的利益而摩顶放踵、奔走呼号的。所以,结合这段历史史实来分析,可以看出班固的结论失之偏颇。概而论之,董仲舒的义利观可以归纳为:重义轻利、义利双行。

七 《春秋繁露》的阅读

　　董仲舒是中国古代著名的思想家,《春秋繁露》是中国文化史上具有特别重要意义的煌煌巨著。宋代司马光在《独乐园咏·读书堂》一诗中,对董仲舒的历史性贡献大加赞颂:"吾爱董仲舒,穷经守幽独。所居虽有园,三年不游目。邪说远去耳,圣言饱充复。发策登汉庭,百家始消伏。"[1]董仲舒在中国文化史上的贡献可谓继往开来。何谓"继往"?东汉王充曾有一段精辟的评价:"文王之文在孔子,孔子之文在仲舒。"[2]孔子原始儒家的思想因董仲舒而得以薪火相传,并且因为董仲舒的不竭努力,儒家的思想才得以从一种地域文化升华为中国古代主流文明。何谓"开来"?宋代理学是对先秦秦汉儒家思想的继承与发展,而董仲舒的思想对宋代理学的影响力尤其深远,无论是以朱熹为代表的理学学派,还是以陆九渊为代表的心学学派,抑或以陈亮、叶适为代表的功利学派,都在不同层面深受董仲舒思想的熏染。清代狂飙突起的公羊学思潮,在某种程度上可以说是董学的复兴,孔广森、庄存与、刘逢禄、龚自珍、魏源、康有为等等一大批思想家在晚清思想界的革命中叱咤风云、指点江山,他们的知识结构都与董仲舒哲学密不可分,这正如经学家皮锡瑞所言:

---

[1] 司马光:《司马温公文集》,卷一二,中华书局,1985年版。
[2] 《论衡·超奇》。

"孟子之后,董子之学最醇。"①

通览《春秋繁露》全书,有以下几点特别值得注意。

(一)董仲舒是"春秋公羊学"大家,他往往通过对《春秋》和《公羊传》的诠释表述自己的哲学思想,因此,阅读《春秋繁露》首先应当对"春秋公羊学"有所了解

"春秋公羊学"是董仲舒通过对《春秋》和《公羊传》的诠释而创立的一种哲学、历史与社会政治学说。蒋庆先生认为,中国儒学按其所关注的对象不同,可分为心性儒学和政治儒学两大类。心性儒学是以思孟学派以及宋明儒学为代表的儒学,政治儒学则是以公羊学为代表的儒学。这两种儒学虽然都归宗孔子,但在性质上却有很大不同。以思孟学派和宋明儒学为代表的心性儒学,其关注的重点是个体生命的成德成圣,心性儒学所要解决的最大问题就是生命的价值问题、存在的意义问题、道德的完善问题。而公羊学则不同,公羊学关注的重点是政治社会的形上根基问题、政治秩序的合法性问题、政治制度的变革存废问题。概而言之,公羊学所要解决的最大问题就是社会政治的价值问题、制度的意义问题和政治体制的改进问题。所以,公羊学是一种区别于心性儒学的政治儒学,关注政治是公羊学的一个根本特征。②"春秋公羊学"的基本观点可以表述为以下三点。

1. 在历史观上,崇尚夷夏之辨,这种夷与夏的概念并不是地域学上的或种族的,而是文化上的概念。

2. 在社会政治思想上,强调"大一统"理念。"大一统"理念包含两方面内容:首先是指国家的统一、权力的高度中央统

---

① 皮锡瑞:《经学通论·春秋》,中华书局,1954年版。
② 参见蒋庆:《公羊学引论》,辽宁教育出版社,1995年版。

一;其次是指思想的统一,也就是以儒家思想作为全社会意识形态主流,以儒家价值观作为全社会主导地位的价值观。此外,像尚德不尚刑、尚礼、均利平均、通三统等等也是"春秋公羊学"的社会政治思想。

3. 在伦理价值观上,倡导以孔子伦理思想为核心作用的价值观,尤其注重对"仁"与"义"观念的阐发。董仲舒"故仁者爱人类"的思想强调仁者应超越宗法血缘关系,泛爱天下所有的人。这既是对孔子儒家思想的传承,同时又对之有所发明创新。董仲舒"重义轻利"、"义利双行"的义利观和孔子的"见利思义"思想相比,其精神实质基本一致。

但是,需要指出的一点是,董仲舒虽然是"春秋公羊学"大家,但他与其他经学家存在着很大的区别。他并不是根据年代顺序对《春秋》和《公羊传》之经传内容逐条进行解释,而是打乱年代顺序,按照某一主题将材料组合在一起,然后予以诠释。更加与众不同的地方在于,《春秋》和《公羊传》之经传内容在某种意义上成为构建他哲学思想的素材和表达某种哲学思想的经典依据。譬如,《春秋繁露·玉杯》中的"屈民而伸君,屈君而伸天"是董仲舒哲学思想的重要内涵之一,充分彰显了其民本主义社会政治立场。在"民"、"君"和"天"三者关系上,最终要显扬天的地位与作用,天的作用之一就是制约君权,因此天的实质就是董仲舒所表述的儒家思想的化身。董仲舒"屈民而伸君,屈君而伸天"的观点与《左传》、《孟子》等文本所表达的"天视自我民视,天听自我民听"并无二致,与《墨子·天志》的"天子未得恣己而为政,有天正之"思想也非常吻合。

但是,在《春秋》和《公羊传》经传中并没有能够直接论证"屈民而伸君,屈君而伸天"观点正确性的权威证据,那么董仲舒是如何巧妙地利用《春秋》和《公羊传》来为他哲学思想服务的呢?他援引了《公羊传》文公九年的一段话:"毛伯者何?天子之大夫也。何以不称使？当丧未君也。逾年矣，何以谓之未君？即位矣而未称王也。未称王何以知其即位？以诸侯之逾年即位，亦知天子之逾年即位也。以天子三年然后称王，亦知诸侯于其封内三年称子也，逾年称公矣。则曷为于其封内三年称子？缘民臣之心不可一日无君，缘终始之义，一年不二君，不可旷年无君。缘孝子之心，则三年不忍当也。毛伯来求金，何以书？讥。何讥尔？王者无求，求金，非礼也。然则是王者与？曰：非也。非王者则曷为谓之王者？王者无求。曰：是子也，继文王之体，守文王之法度，文王之法无求而求，故讥之也。"

在这段文字中，出现了"天子"、"民"、"年"，并没有出现"天"。董仲舒解释说：年是天的内涵之一，天子"逾年即位"，遵循年之规律，也就是崇尚天，即"屈君而伸天"；民不可一日无君，但君王不可违背孝伦理，三年丧期未过不可即君王位，所以称为"屈民而伸君"。董仲舒的这一解释多少有些牵强附会，从《公羊传》文公九年的这段话推导出"屈民而伸君，屈君而伸天"的观点明显具有"过度诠释"的成分。关于这一点，董仲舒自己有一番辩解："辞不能及，皆在于指，非精心达思者，其孰能知之！《诗》云：'棠棣之华，偏其反而。岂不尔思，室是远而。'孔子曰：'未之思也！夫何远之有？'由是观之，见其指者，不任其辞。不任其辞，然后可与适道矣。"①"辞"是语词，"指"是旨意。语词往往难以表达深奥的旨意，必须经过深入思考，才能发掘出其间的奥义。因此，要领会《春秋》大义，就不必拘泥于它的文字。概而言之，董仲舒是通过"我注六经"的方式，来达到其"六经注我"之目的。

---

① 《春秋繁露·竹林》。

(二)天人关系学说是董仲舒思想体系的基石,如果不了解《春秋繁露》中大量的天人合一、天人感应的思想,就无法走进董仲舒的内心世界,无法把握董仲舒思想的内在精髓

先秦诸子发展到汉代,出现了一个有趣的文化现象,那就是纷纷开始"谈天"。当然这里所说的"谈天",不是我们世俗生活中的聊天,而是指哲学意义上的理论化、体系化和正当性努力。譬如,"仁"这一范畴在《论语》中出现了109次,是出现频率最高的核心范畴。但是,孔子自始至终未对"仁"范畴作出内涵明确、外延稳定的逻辑界定。面对众多学生提出的同一个问题,孔子因材施教,作出了不同的回答:

> 刚、毅、木、讷,近仁。①
> 夫仁者,己欲立而立人,己欲达而达人。②
> 孝弟也者,其为人之本与!③
> 仁者先难而后获。④
> 居处恭,执事敬,与人忠。⑤
> 克己复礼为仁。一日克己复礼,天下归仁焉。⑥
> 志士仁人,无求生以害仁,有杀身以成仁。⑦
> 士不可以不弘毅,任重而道远。仁以为己任,不亦重乎?⑧
> 君子以文会友,以友辅仁。⑨

---

① ⑤ 《论语·子路》。
② ④ 《论语·雍也》。
③ 《论语·学而》。
⑥ ⑨ 《论语·颜渊》。
⑦ 《论语·卫灵公》。
⑧ 《论语·泰伯》。

君子无终食之间违仁,造次必于是,颠沛必于是。①

从孔子的这些回答可以看出,学生们想知道"仁是什么"? 孔子的回答无一例外地是"仁应该如何行"。孔子从来没有给"仁是什么"作一个逻辑界定,只不过是描述了仁在不同场合下所表现出来的特征与标志。换言之,孔子的这些反反复复的描述,实际上只不过是道德劝导,而不是逻辑证明。如果儒家哲学演变到汉代,董仲舒仍然不能从哲学与逻辑学高度论证"仁是什么"、"我为何要遵循仁"等等问题,儒家哲学就很可能要走向衰落。正所谓时势造英雄,汉代董仲舒就是在这样一个关键时刻挺身而出,从天人关系高度论证儒家仁论的正当性、神圣性。

　　董仲舒认为,天有意志、有性情,是一活泼泼的生命存在。《阴阳义》说:"天亦有喜怒之气、哀乐之心,与人相副。以类合之,天人一也。"天有意志、有性情,是至高无上的人格神。与此同时,天也是价值本源,天至善至美的品德表现为"仁":"天,仁也。天覆育万物,既化而生之,有养而成之,事功无已,终而复始,凡举归之以奉人。察于天之意,无穷极之仁也。人之受命于天也,取仁于天而仁也。"②天孕育万物,养育万物,但从不居功自傲,只有奉献没有索取,彰显出至善至美的"仁"的品性。天是宇宙本原,也是价值本源,天有"天道",人有"人道",人道源出于天道,人道是天道在人类社会的折射,因此人应"法天而行"。仁源于天道,展现于人道,"取仁于天而仁"。仁存在的正当性问题,终于从哲学高度得到了论证,孔子当年没有完成的哲学任务,在汉代第一大儒董仲舒那里终于完成了。

---

① 《论语·里仁》。
② 《春秋繁露·王道通三》。

（三）《春秋繁露》一书中蕴涵大量儒家哲学的概念与范畴，对其中主要概念与范畴的内涵、外延应有所了解。在此基础上，如果能够进一步梳理每一哲学概念与范畴发生与演变的逻辑性线索，将有助深入了解与评价董仲舒哲学的历史地位。

譬如，"仁"是儒家哲学最重要的概念，在孔子思想中，"仁"是一种超越宗法关系与社会等级的人类普泛之爱，用中国古代固有之学术范畴来表述，可称之为"爱无差等"。孟子进一步把"仁者爱人"扩展为"亲亲"—"仁民"—"爱物"三境界，并从哲学高度论证"仁"为先在性的人类"恻隐之心"，是一种悲天悯人的宗教情怀。由此可以看出，孟子开始从人性论角度论证儒家仁论的正当性。

董仲舒《春秋繁露·必仁且智》云："故仁者爱人类也，智者所以除其害也。""人类"相对于"物类"而言，仁者应当超越宗法血缘关系，泛爱天下所有的人："仁之法在爱人，不在爱我；义之法在正我，不在正人……人不被其爱，虽厚自爱，不予为仁。"①董仲舒侧重于论证仁的伦理实践特点，张岱年评论说："董氏所谓'仁之为言人也，义之为言我也'，从文字学来说是错误的，但他所谓'以仁安人，以义正我'，却有精湛的含义。'仁之法在爱人，不在爱我；义之法在正我，不在正人'，这可谓至理名言。"②

在董仲舒之后，宋代朱熹将"仁"界定为"心之德，爱之理"。他将伦理道德情感论证为绝对理性，并且内化为"自然如此"的自

---

① 《春秋繁露·仁义法》。
② 张岱年：《中国古典哲学概念范畴要论》，第 157～158 页，中国社会科学出版社，1989 年版。

觉性的意识活动:"以仁为爱体,爱为仁用,则于其血脉之所系,未尝不使之相为流通也。"①在《训蒙绝句》中他又进一步阐发:"心无私滓与天同,物我乾坤一本中。随分而施无不爱,方知仁体盖言公。"朱熹之"公"是对程颐之"公"的阐发,"公"之义为"公平",指泛爱人物,无所偏心。王夫之在诠释张载的"仁通极其性,故能致养而静以安"时言:"仁者,生理之函于心者也。感于物而发,而不待感而始有,性之藏也。人能心依于仁,则不为物欲所迁以致养于性,静存不失。"②

王夫之接续了孟子的论证思路,也从人性论出发,认为仁乃人性中先验之存在;不仅如此,仁也是天地万物普遍存在之"生理"。"仁者,己与万物所同得之生理。"③儒家的"仁爱"思想、佛教文明中的"慈悲"情怀和西方文明中的"博爱"思想,是不同民族、不同文化在不同地域、不同历史背景下产生的具有共同人文内涵与价值指向的文化资源,而且这也将是"全球伦理"的最终产生何以可能的人类道德基础与历史文化资源。了解儒家"仁"论的发生与发展的逻辑性线索,有助于读者全面而辩证地评价《春秋繁露》一书中"仁"论的历史地位。

八 校注说明

(一)本书校勘底本

本书以苏舆撰、钟哲点校的《春秋繁露义证》(中华书局,1992年版)为底本,对《春秋繁露》进行校勘和注释。

(二)本书校勘所用主要版本

---

① 朱熹:《论语或问》,卷四。
②③ 《张子正蒙注·至当》,中华书局,1975年版。

1. 四库全书本《春秋繁露》。

2. 清光绪二年(1876年)浙江书局据卢氏抱经堂本重校刻《春秋繁露》(聚珍本)。

3. 凌曙注：《春秋繁露》，中华书局，1975年版。

4. 钟肇鹏主编：《春秋繁露校释》(校补本)，河北人民出版社，2005年版。

(三)本书校注的主要参考著作

1. 钟肇鹏主编：《春秋繁露校释》(校补本)，河北人民出版社，2005年版。

2. 周桂钿、朋星等译注：《春秋繁露》，山东友谊出版社，2001年版。

3. 袁长江主编：《董仲舒集》，学苑出版社，2003年版。

(四)《春秋繁露》文字脱漏现象较多，对原文的校勘曾反复比照，择善而从。凡对苏舆撰、钟哲点校的《春秋繁露义证》本有所改易者，均在注释中一一说明。

(五)苏舆《春秋繁露义证》兼取卢文弨校本和凌曙注本之所长，校勘、训诂较为精审。钟肇鹏主编《春秋繁露校释》广取博引，是迄今为止最为完善之版本。为兼顾社会各阶层人士阅读之需要，本书的注释侧重于难解字词、历史人物与事件、典章制度、历史地名等等内容。对个别难读之句子加以串讲，并通释全句。

(六)注释力求深入浅出、通俗易懂，凡训诂等方面涉及各家意见分歧之处，或择善而从或出于己识。

(七)对生僻字词，加注汉语拼音。

(八)本书"通说"部分的《春秋繁露》引文，直接采用笔者校勘后的文字。

楚庄王第一

[**题解**]本篇首先从概念、称号入手,阐述有褒有贬的《春秋》笔法。《春秋》把鲁国十二代国君的历史分为"见"、"闻"、"传闻"三个时期,对不同历史阶段事件的笔法有所不同,总的原则是"远者以义讳,近者以智畏"。其次,董仲舒认为《春秋》历史观是提倡复古,所谓"王者必改制",意思是说"易姓更王",像"大纲、人伦、道理、政治、教化、习俗、文义"等等大原则是不可更改的。

楚庄王①杀陈夏征舒②,春秋贬其文③,不予④专讨⑤也;灵王杀齐庆封⑥,而直称楚子⑦,何也?曰:庄王之行贤而征舒之罪重,以贤君讨重罪,其于人心善。若不贬,孰知其非正经⑧?春秋常于其嫌得⑨者,见其不得也。是故齐桓不予专地而封⑩,晋文不予致王而朝⑪,楚庄弗予专杀而讨,三者不得,则诸侯之得⑫殆此矣。此楚灵之所以称子而讨也。春秋之辞多所况⑬,是文约⑭而法明也。

[**注释**]①楚庄王:春秋时代"五霸"之一,公元前613年至前591年在位。 ②夏征舒:陈国大夫,陈灵公与夏征舒母亲私通,夏征舒射杀陈灵公。宣公十一年(前598年)楚庄王杀夏征舒,《春秋》书曰:"冬十月,楚人杀夏征

舒。"　③贬其文:楚庄王是子爵,但《春秋》直称"楚人",包含有贬的意思。夏征舒身为臣下,犯弑君之罪。楚庄王杀乱臣贼子夏征舒,本是正义之举。但是按照周礼,诸侯没有专讨的权力,楚庄王无权擅自去惩处陈国大夫,因此《春秋》从名义上还要对楚庄王的行为加以贬抑,称他为"楚人"。　④予:赞同。　⑤专讨:专,擅自;讨,讨伐。　⑥灵王杀齐庆封:齐庄公轻佻而淫荡,与崔杼(shú)妻私通,崔杼以计杀之,庆封是其同党。庆封先逃到鲁国,继而逃至吴国。鲁昭公四年(前538年),楚灵王联合蔡、陈等国伐吴,"执齐庆封而尽灭其族"。　⑦称楚子:对于楚灵王诛杀庆封这种乱臣贼子之举,《春秋》作者表示赞同,因此称楚灵王为"楚子"。　⑧正经:经,规范、原则;正经,正确的原则。　⑨嫌得:嫌,近似、近乎。得,正确、适宜。　⑩齐桓不予专地而封:齐桓公,春秋时代"五霸"之一,公元前685年至前643年在位。《诗·小雅·北山》云:"普天之下,莫非王土,率土之滨,莫非王臣。"土地和人口皆属于周天子,只有天子才有权把土地和人口分封给臣子,诸侯无权把土地与人口分封给他人。　⑪晋文不予致王而朝:晋文公,春秋时代"五霸"之一,公元前636年至前628年在位。鲁僖公二十八年(前632年),晋文公于践土盟会诸侯,并召周襄王与会。周襄王是天子,晋文公是诸侯,臣召君不符合周礼。对于晋文公这一违礼之举,《春秋》写作"公朝于王所",含蓄对其提出批评。　⑫得:与"德"通假,道德。　⑬况:比拟。　⑭约:简约。

　　问者曰:不予诸侯之专封,复见于陈、蔡之灭①;不予诸侯之专讨,独不复见于庆封之杀,何也?曰:《春秋》之用辞,已明者去之,未明者著之②。今诸侯之不得专讨,固已明矣,而庆封之罪,未有所见也,故称楚子。以伯③讨之,著其罪之宜死,以为天下大禁④。曰:人臣之行,贬主之位,乱国之臣,虽不篡杀,其罪皆宜死。比于此⑤其云尔也⑥。

　　[注释]①陈、蔡之灭:楚灵王于公元前534年灭陈,继而又于公元前531年灭蔡。公元前529年,楚平王又恢复陈、蔡二国。　②著:阐明。

③伯:与"霸"通。 ④禁:禁忌。 ⑤比于此:以此为例。 ⑥云尔:指《春秋》所言庆封之罪行。

《春秋》曰:"晋伐鲜虞。"①奚恶②乎晋而同夷狄也?曰:春秋尊礼而重信,信重于地,礼尊于身。何以知其然也?宋伯姬疑礼而死于火③,齐桓公疑信而亏其地④,春秋贤而举之,以为天下法。曰礼而信,礼无不答,施无不报,天之数也⑤。今我君臣同姓适女⑥,女无良心,礼以不答⑦,有恐畏我⑧,何其不夷狄也!公子庆父之乱⑨,鲁危殆⑩亡,而齐桓安之。于彼无亲,尚来忧我,如何与同姓而残贼遇我。《诗》云:"宛彼鸣鸠,翰飞戾天。我心忧伤,念彼先人。明发不昧,有怀二人。"⑪人皆有此心也。今晋不以同姓忧我,而强大厌我⑫,我心望焉⑬,故言之不好,谓之晋而已,婉辞也⑭。

[注释]①晋伐鲜虞:《春秋》昭公十二年载:"楚子伐徐,晋伐鲜虞。"晋与鲜虞同是姬姓国,晋却去讨伐鲜虞。《春秋》对晋不称爵位,是对晋委婉提出批评。 ②恶:厌恶。 ③宋伯姬疑礼而死于火:宋伯姬,宋共公夫人。公元前543年,宋国发生火灾,有保傅进宫劝伯姬尽快离开宫殿。宋伯姬说:按礼,女子只有在傅和姆陪伴下才能出门,现在只有傅来,不见姆来。结果宋伯姬在宫殿被大火烧死。《春秋》肯定宋伯姬的行为,称许她为尊礼的典范。疑,通"凝",止,坚守。 ④齐桓公疑信而亏其地:公元前681年,齐桓公与鲁庄公在柯会面,鲁庄公用武力胁迫齐桓公签订归还汶阳之田的盟约。齐桓公回到齐国后,并没有撕毁与鲁国的这一盟约,按期交还汶阳之田。《春秋》称颂齐桓公为遵守信用而损失土地的行为。 ⑤天之数:客观规律。 ⑥适女:适,归从;女,通"汝"。 ⑦以:与"已"通,即"既"。 ⑧有:又。 ⑨公子庆父之乱:庆父,鲁桓公之子,鲁庄公之弟。公元前662年,鲁庄公卒,子般立。庆父指使他人弑子般,立闵公;第二年,庆父又弑闵公。三年之间,庆父

接连谋杀三位国君。成语"庆父不死,鲁难未已"出于此。 ⑩殆:几乎。
⑪上文所引见《诗经·小雅·小宛》。宛,小貌。翰飞,高飞。戾(lì):到达。
先人,父母;一说指周文王、周武王。明发,天亮。 ⑫厌:压制。 ⑬望:怨
恨。 ⑭婉辞:委婉批评的言辞。

问者曰:晋恶而不可亲,公往而不敢至①,乃人情耳,君子何耻②而称公有疾也③?曰:恶无故自来④,君子不耻,内省不疚⑤,何忧于志是已矣⑥。今《春秋》耻之者,昭公有以取之也。臣陵其君,始于文而甚于昭⑦,公受乱陵夷⑧,而无惧惕之心,嚣嚣然轻计妄讨⑨,犯大礼而取同姓⑩,接不义而重自轻也⑪。人之言曰:国家治,则四邻贺;国家乱,则四邻散。是故季孙专其位,而大国莫之正⑫。出走八年,死乃得归⑬。身亡子危⑭,困之至也。君子不耻其困,而耻其所以穷。昭公虽逢此时,苟不取同姓,讵至于是⑮?虽取同姓,能用孔子自辅,亦不至如是。时难而治简,行柱而无救⑯,是其所以穷也。

[注释]①公往而不敢至:公,指鲁昭公。鲁昭公二十三年(公元前519年),鲁昭公去晋国,到黄河岸边后不敢渡河西进。 ②君子:《春秋》作者。 ③称公有疾:《春秋》鲁昭公二十三年载:"冬,公如晋,至河,有疾,乃复。"鲁昭公去晋国,到黄河岸边后不敢渡河西进,只好以疾病为托词。 ④恶:坏事。 ⑤内省不疚:语出《论语·颜渊》:"内省不疚,夫何忧何惧。"如果问心无愧,又有什么可以忧虑和恐惧的呢? ⑥何忧于志是已矣:是,如此,这样。已,而已。 ⑦始于文而甚于昭:鲁国"陪臣执国命"的混乱局面,从鲁文公开始,历经文、宣、成、襄、昭五代。 ⑧陵夷:地位日渐低落。 ⑨嚣嚣然轻计妄讨:嚣嚣然,神态狂妄。轻计,轻率的谋划。妄讨:公元前518年,鲁昭公讨伐季孙氏,结果反被季孙氏打败。 ⑩犯大礼而取同姓:周礼有"同姓不婚"的规定,鲁和吴皆是姬姓,鲁昭公娶吴王长女,所以说他"犯大礼"。 ⑪接不

义而重自轻:接,接近。重自轻,加倍自我贬损。妄自讨伐季氏是自轻;犯大礼,又一次自轻。 ⑫正:拨乱反正。 ⑬出走八年,死乃得归:公元前518年,鲁昭公讨伐季孙氏失败后,逃奔齐国避难。公元前510年,客死于晋国。
⑭身亡子危:鲁昭公死亡后,太子衍又被季氏废黜。 ⑮讵:岂能。 ⑯行枉而无救:行枉:行为不正;无救,无贤德之人匡辅。

《春秋》分十二世以为三等①:有见、有闻、有传闻。有见三世,有闻四世,有传闻五世。故哀、定、昭,君子之所见也,襄、成、文、宣,君子之所闻也,僖、闵、庄、桓、隐,君子之所传闻也。所见六十一年②,所闻八十五年③,所传闻九十六年④。于所见,微其辞⑤;于所闻,痛其祸⑥;于传闻,杀其恩⑦,与情俱也。是故逐季氏,而言又雩⑧,微其辞也;子赤杀⑨,弗忍书日,痛其祸也;子般杀⑩,而书乙未,杀其恩也。屈伸之志⑪,详略之文,皆应之,吾以其近近而远远、亲亲而疏疏也⑫,亦知其贵贵而贱贱、重重而轻轻也,有知其厚厚而薄薄、善善而恶恶也,有知其阳阳而阴阴⑬、白白而黑黑也⑭。百物皆有合偶,偶之合之,仇之匹之⑮,善矣。诗云⑯:"威仪抑抑,德音秩秩,无怨无恶,率由仇匹。"此之谓也。然则《春秋》义之大者也,得一端而博达之⑰,观其是非,可以得其正法⑱;视其温辞⑲,可以知其塞怨⑳。是故于外,道而不显㉑,于内,讳而不隐㉒,于尊亦然,于贤亦然,此其别内外、差贤不肖而等尊卑也。义不讪上㉓,智不危身,故远者以义讳,近者以智畏㉔,畏与义兼㉕,则世逾近而言逾谨矣,此定、哀之所以微其辞。以故用则天下平,不用则安其身,《春秋》之道也㉖。

[注释]①《春秋》分十二世以为三等:十二世,指《春秋》所记"隐、桓、庄、闵、僖、文、宣、成、襄、昭、定、哀"十二代国君;三等,《春秋》把十二世分为三阶段:"见"(亲身经历)、"闻"(听长辈讲述)、"传闻"(两代以上的记述)。 ②所见六十一年:《春秋》作者亲身经历的有三代:鲁昭公32年,鲁定公15年,鲁哀公14年,共61年。 ③所闻八十五年:《春秋》作者所闻有四代:鲁文公18年,鲁宣公18年,鲁成公18年,鲁襄公31年,共85年。 ④所传闻九十六年:《春秋》作者得之传闻有五代:鲁隐公11年,鲁桓公18年,鲁庄公32年,鲁闵公2年,鲁僖公33年,共96年。 ⑤微其辞:辞句隐晦。 ⑥痛其祸:对灾祸特别痛心。 ⑦杀:渐降。 ⑧言又雩:《春秋》昭公二十五年:"秋七月上辛,大雩。季辛,又雩。"农历每月有三个带"辛"的日子,第一个叫"上辛",最后一个叫"季辛"。雩(yú)是古代为求雨而举行的祭祀活动,多半在"辛"日举行。秋七月上辛日举行了雩祭,季辛日又举行雩祭,这是为何呢?实际上鲁昭公想通过雩祭活动把国人召集起来,然后诛杀季氏。但是,季氏在鲁国有广泛的民众基础,昭公不得民心。昭公想杀季氏,结果反而被季氏打败,"孙于齐"(逃奔到齐国去了)。《春秋》作者认为鲁昭公不对,但又不便直接批评国君,为尊者讳,所以说"又雩"。 ⑨子赤:鲁文公之子,被庆父杀死。《公羊传》解释说:"弑则何以不日?不忍言也。" ⑩子般:鲁庄公之子,被庆父杀死。《春秋》为何在此标明日期"乙未",而子赤之死不注明日期?是因为年代久远,感情已逐渐淡薄。 ⑪屈伸之志:抑制与彰显,指《春秋》作者情感的变化。 ⑫近近而远远、亲亲而疏疏:前一"近"为动词,后一"近"为名词。远远,指离自己生活时代的远与近;"亲亲而疏疏",文法与"近近而远远"相同,指血缘关系的亲疏厚薄。 ⑬阳阳而阴阴:阳阴指尊卑。 ⑭白白而黑黑:白黑指贤愚。 ⑮偶之合之,仇之匹之:偶、合、仇(qiú)、匹,四者涵义相同,即对应、对偶、成对的意思。 ⑯诗云:下引诗出自《诗经·大雅·假乐》。威仪,仪表气度。抑抑,抑通"懿",美丽。德音,政令深得人心。秩秩,聪明多智。率,都。仇匹,《毛诗》作"群匹",符合民众意愿。 ⑰得一端而博达之:要了解《春秋》大义,可以从一个方面推广到其他方面与所有领域。 ⑱正法:正确的法则。 ⑲温辞:委婉之辞。 ⑳塞怨:幽怨。 ㉑道而不显:用委婉之辞表述,不显扬。 ㉒讳而不隐:对内为亲者讳、为尊者讳、为贤

者讳,但不能完全隐瞒。　㉓讪(shàn):毁谤,讥笑。　㉔远者以义讳,近者以智畏:对久远的国君出于道义而为他讳过,对当世的国君出于明哲保身考虑而敬畏他。　㉕兼:综合。　㉖《春秋》之道:《春秋》笔法若被采纳,有益于天下;如果不被采纳,也可明哲保身。这是《春秋》作者写《春秋》的原则。

《春秋》之道,奉天而法古①。是故虽有巧手,弗修规矩②不能正方圆;虽有察耳③,不吹六律④不能定五音⑤;虽有知心⑥,不览先王不能平天下。然则先王之遗道,亦天下之规矩六律已!故圣者法天,贤者法圣,此其大数也⑦。得大数而治,失大数而乱,此治乱之分也。所闻天下无二道⑧,故圣人异治同理也。古今通达,故先贤传其法于后世也。

[注释]①奉天而法古:奉天,遵奉天命;法古,效法古代圣王。　②修:因循。　③察:聪灵。　④六律:黄钟、太簇(cù)、姑洗、蕤(ruí)宾、夷则、无射(yì)。　⑤五音:宫、商、角(jué)、徵(zhǐ)、羽。　⑥知心:知通"智",指智慧之心。　⑦大数:基本方针。　⑧天下无二道:普天下治国之道只有一个。

《春秋》之于世事也,善复古①,讥易常②,欲其法先王也。然而介以一言曰③:王者必改制④。自僻者得此以为辞⑤,曰:古苟可循先王之道,何莫相因?世迷是闻⑥,以疑正道而信邪言,甚可患也。答之曰:人有闻诸侯之君射《狸首》之乐者⑦,于是自断狸首,县而射之⑧,曰:安在于乐也!⑨此闻其名而不知其实者也。

[注释]①善复古:"善"是意动用法,以复古为善。　②讥易常:讥,批评。易常;改变常规。　③介:间,插入。　④王者必改制:君王一定要进行

制度改革。 ⑤自僻者:思想偏激之人。 ⑥世迷是闻:世,世俗之人;迷,迷惑;是闻,这一说法。 ⑦《狸首》之乐:《狸首》是逸诗,根据《仪礼·大射仪》记载,诸侯举行大射礼时,往往要演奏这一乐曲。 ⑧县:县通"悬"。 ⑨安在于乐也:这有什么乐趣呢!

今所谓新王必改制者,非改其道,非变其理。受命于天,易姓更王①,非继前王而王也;若一因前制②,修故业③而无有所改,是与继前王而王者无以别。受命之君,天之所大显也;事父者承意④,事君者仪志⑤,事天亦然。今天大显己⑥,物袭所代而率与同⑦,则不显不明,非天志。故必徙居处⑧、更称号⑨、改正朔⑩、易服色者⑪,无他焉,不敢不顺天志而明自显也。若夫大纲、人伦、道理、政治、教化、习俗、文义尽如故,亦何改哉!故王者有改制之名,无易道之实。孔子曰:"无为而治者,其舜乎!"⑫言其主尧之道而已,此非不易之效与!⑬

〔注释〕①易姓更王:易、更,改变;指改朝换代是由不同姓的人禀受天命,当上了新王。 ②一因前制:一,一切;因,因循。 ③修故业:沿袭以往的事业。 ④承意:指子女顺承父母尊长的意志。 ⑤事君者仪志:仪,法度,准则。侍奉君王要以君王的意志为行事准则。 ⑥天大显己:指上天向人间昭示了新的天命。 ⑦物袭所代而率与同:袭,继承;所代,所取代的王朝;率,都。 ⑧徙居处:迁都。 ⑨更称号:更改朝代名称。 ⑩改正朔:正,正月。夏以寅月为岁首,即农历一月。殷以丑月为岁首,即农历十二月。周以子月为岁首,即以农历十一月为岁首。秦以亥月即农历十月为岁首。汉初因袭秦制,汉武帝改为夏历,以正月为岁首,沿用至今。朔,指历法年开始的时分。夏以平旦为朔,殷以鸡鸣为朔,周以夜半为朔,汉以周代夜半为朔,历代沿用。 ⑪易服色:更改服饰与旗帜的颜色。 ⑫引文出自《论语·卫灵公》。 ⑬效:证据。

问者曰:物改而天授①,显矣,其必更作乐,何也?曰:乐异乎是,制为应天改之,乐为应人作之,彼之所受命者,必民之所同乐也。是故大改制于初,所以明天命也;更作乐于终,所以见天功也②;缘天下之所新乐③,而为之文曲,且以和政,且以兴德④,天下未遍合和,王者不虚作乐⑤。乐者,盈于内而动发于外者也,应其治时⑥,制礼作乐以成之。成者,本末质文皆以具矣⑦。是故作乐者,必反天下之所始⑧,乐于己以为本。舜时,民乐其昭尧之业也⑨,故《韶》。"韶"者,昭也。禹之时,民乐其三圣相继⑩,故《夏》。"夏"者,大也。汤之时,民乐其救之于患害也,故《頀》。"頀"者,救也⑪。文王之时,民乐其兴师征伐也,故《武》。"武"者,伐也。四者天下同乐之⑫,一也。其所同乐之端⑬,不可一也。作乐之法,必反本之所乐。所乐不同事,乐安得不世异!是故舜作《韶》而禹作《夏》,汤作《頀》而文王作《武》。四乐殊名,则各顺其民始乐于己也,吾见其效矣。《诗》云⑭:"文王受命,有此武功;既伐于崇,作邑于丰。"乐之风也。又曰⑮:"王赫斯怒,爰整其旅。"当是时,纣为无道,诸侯大乱,民乐文王之怒,而咏歌之也。周人德已洽天下⑯,反本以为乐,谓之《大武》,言民所始乐者武也云尔。故凡乐者,作之于终,而名之以始,重本之义也。由此观之,正朔、服色之改,受命应天制礼作乐之异,人心之动也。二者离而复合⑰,所为一也。

[注释]①物改而天授:物改,指更称号改正朔易服色等行为;天授,上

天授天命。　②天功:上天的功效。　③缘:根据。　④且:一方面。　⑤虚:虚假。　⑥应其治时:应,响应;治时,政通人和时代。　⑦本末质文:仁政德治是本是质,礼乐教化是末是文。　⑧反:同"返"。　⑨昭:继承。　⑩三圣:指尧、舜、禹三位圣人。　⑪救:拯救平民百姓于水火之中。　⑫四者:指舜、禹、汤、文王。　⑬端:原由。　⑭《诗》云:下引诗出自《诗经·大雅·文王有声》。崇,古国名;丰,在沣水以西,原为崇国所在。文王灭崇后,将都城由岐迁于丰。　⑮又曰:下引诗出自《诗经·大雅·皇矣》。赫,大怒;斯,而;爰,于是;旅,军队。　⑯洽:广博,周遍。　⑰二者离而复合:正朔、服色之改在前,制礼作乐在后。二者虽不同时,但同归于应天命顺人心。

玉杯第二

[题解]本篇通过《春秋》所记载的鲁文公、许止、赵盾等人的行事,认为《春秋》特别重视人类行为的动机,"《春秋》之论事,莫重于志"。志有敬意而又有周到的礼节,君子就承认他知礼。心志是本质,行为是形式,"质文两备,然后其礼成"。正因为如此,《春秋》排序的原则是先本质而后文饰,重心志而轻形式。《春秋》重心志的目的在于"矫枉世而直之",即矫正世俗错误的言行,使之返回正确的轨道。明白了这一道理,也就全面了解了《春秋》的大义。

《春秋》讥文公以丧取①。难者曰:"丧之法,不过三年;三年之丧,二十五月。今按经:文公乃四十一月方取②,取时无丧,出其法也久矣③,何以谓之丧取?"曰:春秋之论事,莫重于志④。今取必纳币,纳币之月在丧分⑤,故谓之丧取也。且文公以秋袷祭⑥,以冬纳币,皆失于太蚤⑦。《春秋》不讥其前,而顾讥其后,必以三年之丧,肌肤之情也⑧。虽从俗而不能终⑨,犹宜未平于心。今全无悼远之志⑩,反思念取事,是《春秋》之所甚疾也⑪。故讥不出三年于首而已⑫,讥以丧取也。不别先后,贱其无人心也⑬。

[注释]①《春秋》讥文公以丧取:古代规定守丧三年,实际上是二十五个月,在此期间不可婚娶。取,通"娶"。 ②文公乃四十一月方取:鲁文公是鲁僖公之子。鲁僖公于三十三年十二月卒,鲁文公四年夏才去齐国迎亲,此时离鲁僖公去世已经四十一个月,超出了规定的二十五个月。 ③出其法:超出法定的丧期。 ④志:动机,情志。 ⑤纳币:古代婚礼"六礼"之一。男女两方缔婚之后,男家把聘礼送给女家。 ⑥袷(xiá)祭:古代天子诸侯所举行的集合远近祖先神主于太祖庙的大合祭。袷祭必须在丧期之后举办,文公于二年八月进行袷祭,离僖公去世才二十一个月。 ⑦蚤:与"早"通。 ⑧肌肤之情:指父母生养之情。 ⑨终:指遵守三年之丧的规定。 ⑩悼远:慎终追远。 ⑪疾:憎恶。 ⑫首:首恶。 ⑬贱:鄙视。

缘此以论礼①,礼之所重者在其志。志敬而节具②,则君子予之知礼③;志和而音雅④,则君子予之知乐;志哀而居约⑤,则君子予之知丧。故曰:非虚加之⑥,重志之谓也。志为质,物为文⑦,文著于质⑧,质不居文⑨,文安施质⑩?质文两备,然后其礼成;文质偏行⑪,不得有我尔之名。俱不能备而偏行之,宁有质而无文。虽弗予能礼,尚少善之,"介葛卢来"是也⑫。有文无质,非直不予,乃少恶之,谓州公寔来是也⑬。然则《春秋》之序道也⑭,先质而后文,右志而左物⑮。故曰⑯:"礼云礼云,玉帛云乎哉!"推而前之⑰,亦宜曰:朝云朝云,辞令云乎哉!乐云乐云,钟鼓云乎哉!引而后之,亦宜曰:丧云丧云,衣服云乎哉!是故孔子立新王之道⑱,明其贵志以反和⑲,见其好诚以灭伪,其有继周之弊⑳,故若此也。

[注释]①缘此:根据"重志"这一原则。 ②志敬而节具:有礼敬之心志并且礼节周备。具通"俱"。 ③予:赞许。 ④志和而音雅:心志中和,音乐优美。 ⑤志哀而居约:内心哀伤,生活节俭。 ⑥非虚加之:加,指责。指《春秋》批评"文公以丧取"之事。 ⑦物为文:文,文饰,形式。 ⑧文著于质:形式依附于本质。著,显明、显出。 ⑨质不居文:本质如果不容纳形式。居,容纳。 ⑩文安施质:形式怎么能够彰显本质。施,显现、彰显。 ⑪文质偏行:指偏重于文或质一个方面。 ⑫介葛卢来:介,国名。葛卢,介国国君名。据《春秋》僖公二十九年记载,介是东夷一小国,不懂华夏礼仪,但一心向往中原华夏文明。介国国君动机良好,因此《春秋》称呼他的名字。 ⑬州公寔(shí)来:《春秋》桓公六年载:"六年春正月,寔来。"州是国名,公是爵号。州公路过鲁国而不拜见鲁桓公,是无礼的表现。所以《春秋》不称呼州公的姓名,只记载"寔来"。寔,通"是",这,此。"寔来",即这个人来。 ⑭序道:序,排列顺序;道,法则。 ⑮右志而左物:推崇志向而轻视形式。右,尊重,周人"尚右"。 ⑯故曰:下引文出自《论语·阳货》。意思是:礼呀礼呀,难道仅仅是指玉帛之类的礼器而已吗? ⑰推而前之:往前类比推论。 ⑱孔子立新王之道:公羊学派尊奉孔子为"素王",认为孔子为天下创立了新王的法则。 ⑲反和:回到中和之道。反通"返"。 ⑳继周之弊:周代重文饰,是周人一大缺欠,因此孔子提倡"贵志"。

《春秋》之法:以人随君,以君随天①。曰:缘民臣之心,不可一日无君,一日不可无君,而犹三年称子者②,为君心之未当立也,此非以人随君耶!孝子之心,三年不当,三年不当而逾年即位者,与天数俱终始也③,此非以君随天邪!故屈民而伸君,屈君而伸天④,《春秋》之大义也。

[注释]①随:服从,听从。 ②三年称子:国君去世,嗣君即位,三年之丧期间不称爵号,只称"子"。 ③天数:自然法则、自然规律。董仲舒把"三"看成是自然规律与社会法则的高度概括,宇宙间的众多现象无不呈现为

三或三的倍数。　④屈,抑制;伸,张扬。

　　《春秋》论十二世之事①,人道浃而王道备②。法布二百四十二年之中③,相为左右④,以成文采,其居参错⑤,非袭古也⑥。是故论《春秋》者,合而通之⑦,缘而求之⑧,五其比⑨,偶其类⑩,览其绪⑪,屠其赘⑫,是以人道浃而王法立⑬。以为不然? 今夫天子逾年即位,诸侯于封内三年称子,皆不在经也⑭,而操之与在经无以异⑮。非无其辨也,有所见而经安受其赘也⑯,故能以比贯类⑰,以辨付赘者⑱,大得之矣。

　　[注释]①十二世:指《春秋》所记"隐、桓、庄、闵、僖、文、宣、成、襄、昭、定、哀"十二代国君。　②浃(jiā):完备。　③法布二百四十二年之中:法,指《春秋》笔法。二百四十二年,《春秋》所记,从鲁隐公元年(公元前722年)到鲁哀公十四年(公元前481年),共计242年。　④相为左右:相互印证,互为说明。　⑤参(cēn)错:参差交错。　⑥袭:因循。　⑦合而通之:董仲舒研究《春秋》的方法不是按经文顺序逐条解释经文,而是以某一主题为中心,然后组织经传文材料加以论证。　⑧缘而求之:缘,根据。求,探究。根据一个得出的结论,进而去探求更进一层的内涵。　⑨五其比:五,通"伍";伍,耦,排列;比,类似。把类似的材料排列在一起。　⑩偶其类:偶,合并;类,同类。　⑪览其绪:览,领会;绪,已发而未尽的言论。　⑫屠其赘:屠,通"杜",杜绝,删除;赘,芜杂多余部分。　⑬王法:儒家的王道政治法则。　⑭经:指《春秋》。　⑮操之:领会《春秋》精神。　⑯有所见:有所创见。　⑰以比贯类:贯,贯通。通过对类似材料的分析研究,进而得出一以贯之的真理。　⑱以辨付赘:辨,考辨。通过考辨,确定哪些内容是经书上所没有的,是后人附加上去的多余部分。

　　人受命于天,有善善恶恶之性①,可养而不可改②,可豫而不可去③,若形体之可肥臞④而不可得革也⑤。是故虽有至贤,能为君亲含容其恶⑥,不能为君亲令无恶。《书》曰⑦:"厥辟去厥祇。"事亲亦然,皆忠孝之极也。非至贤安能如是?父不父则子不子,君不君则臣不臣耳⑧。

[注释]①善善恶恶之性:前"善"为动词,喜爱;后"善"为名词。前"恶"为动词,厌恶;后"恶"为名词。 ②养:后天培育。 ③豫,预防。去,根除。 ④臞(qú):瘦。 ⑤革:革除。 ⑥含容:容隐。 ⑦《书》曰:下文所引,出自《古文尚书·太甲上》:"祗尔厥辟,辟不辟,忝厥祖。"祗(zhī),敬。厥,其,他的。辟,国君。辟不辟,国君没有恪守国君的职责。忝(tiǎn),羞辱。厥祖,他的祖先。"厥辟去厥祗"的意思是那位国君不像国君的样子,要改正他的毛病。 ⑧父不父则子不子,君不君则臣不臣耳:孔子讲过"君君,臣臣,父父,子子"类似的话,是说做君臣的,君要像君,臣要像臣;做父子的,父亲要像父亲,儿子要像儿子。

文公不能服丧①,不时奉祭②,不以三年,又以丧取,取于大夫③,以卑宗庙④,乱其群祖,以逆先公⑤,小善无一,而大恶四五;故诸侯弗予盟⑥,命大夫弗为使⑦,是恶恶之征⑧、不臣之效也⑨。出侮于外⑩,入夺于内⑪,无位之君也。孔子曰⑫:"政逮于大夫,四世矣。"盖自文公以来之谓也。

[注释]①文公不能服丧:指"文公以丧取"之事。 ②不时奉祭:祫祭违时。鲁僖公丧期未满,鲁文公就把僖公牌位放入祖庙与祖先合祭。 ③取于大夫:鲁文公四年,文公娶齐国大夫之女。按礼,国君应娶齐侯之女才是门当户对之婚姻。 ④以卑宗庙:文公娶齐国大夫之女,有辱祖先名分。⑤乱其群祖,以逆先公:逆,颠倒。闵公在先,僖公在后。文公在祖庙中把僖公牌位升到闵公之上,打乱了群祖的顺序,违犯了宗庙之法。 ⑥诸侯弗予

盟:予,与(之)。诸侯不愿与他结盟。 ⑦命大夫弗为使:大夫不愿为他出使他国。 ⑧是恶恶之征:是,这些记载。这是《春秋》作者厌恶丑恶的表现。 ⑨不臣之效:效,征验。有君不君的现象存在,必然会产生臣不臣的结局。 ⑩出侮于外:在国外受到侮辱,指"诸侯弗予盟"之事。 ⑪入夺于内:在国内权力被削弱。 ⑫孔子曰:下文所引出自《论语·季氏》。鲁国自宣公死后,季文子掌控鲁国大权,经历了文子、武子、平子、桓子四代,故称四世。

君子知在位者不能以恶服人也,是故简六艺以赡养之①。《诗》《书》序其志②,《礼》《乐》纯其美③,《易》《春秋》明其知④,六学皆大⑤,而各有所长。《诗》道志,故长于质⑥;《礼》制节,故长于文⑦;《乐》咏德,故长于风⑧;《书》著功,故长于事;《易》本天地,故长于数⑨;《春秋》正是非,故长于治人;能兼得其所长,而不能遍举其详也。故人主大节则知暗⑩,大博则业厌⑪,二者异失同贬⑫,其伤必至,不可不察也。是故善为师者,既美其道⑬,有慎其行⑭,齐时蚤晚⑮,任多少⑯,适疾徐⑰,造而勿趋⑱,稽而勿苦⑲,省其所为⑳而成其所湛㉑,故力不劳而身大成,此之谓圣化㉒,吾取之。

[注释]①简:通"柬",选择。六艺:《诗》、《书》、《礼》、《乐》、《易》、《春秋》。赡养,指涵养当政者的德性。 ②序:陶冶。志,情志。 ③纯:净化。美,审美情趣。 ④知,通"智",智慧。 ⑤六学:六艺。大,重要。 ⑥质:朴,自然本性。 ⑦文:文饰。 ⑧风:社会教化。 ⑨数:自然规律。 ⑩大,通"太"。节,节制、约束。知暗,指知识面太窄,易孤陋寡闻。 ⑪厌,抑制,堵塞。 ⑫异失,不同的失误。同贬,同样受到批评。 ⑬美,赞美。道,六艺之学。 ⑭有,又。 ⑮齐,通"剂",调剂,安排。蚤,通"早"。 ⑯任,承担。 ⑰适,恰好。疾徐,快慢。 ⑱造,到达。趋,急促。 ⑲稽,留止,至。苦,急,急躁。 ⑳省,节省。为,行为,功力。 ㉑湛,深厚。

㉒圣化,指董仲舒所表述的理想化的"六艺"教学过程。

　　《春秋》之好微与①?其贵志也。《春秋》修本末之义②,达变故之应③,通生死之志,遂人道之极者也④。是故君弑贼讨⑤,则善而书其诛⑥;若莫之讨,则君不书葬,而贼不复见矣⑦。不书葬,以为无臣子也;贼不复见,以其宜灭绝也⑧。今赵盾弑君⑨,四年之后,别牍复见⑩,非《春秋》之常辞也⑪。古今之学者异而问之曰:是弑君,何以复见?犹曰贼未讨,何以书葬⑫?何以书葬者,不宜书葬也而书葬;何以复见者,亦不宜复见也而复见⑬;二者同贯⑭,不得不相若也。盾之复见,直以赴问而辨不亲弑⑮,非不当诛也⑯;则亦不得不谓悼公之书葬,直以赴问而辨不成弑,非不当罪也。若是则《春秋》之说乱矣,岂可法哉!故贯比而论⑰,是非虽难悉得,其义一也。今诛盾无传,弗诛无传,以比言之,法论也⑱,无比而处之,诬辞也⑲。今视其比,皆不当死,何以诛之?《春秋》赴问数百,应问数千,同留经中,繙援比类⑳,以发其端㉑,卒无妄言㉒而得应于传者。今使外贼不可诛㉓,故皆复见,而问曰:此复见,何也?言莫妄于是,何以得应乎?故吾以其得应,知其问之不妄。以其问之不妄,知盾之狱不可不察也㉔。夫名为弑父而实免罪者,已有之矣;亦有名为弑君,而罪不诛者,逆而距之㉕,不若徐而味之㉖,且吾语盾有本㉗。《诗》云㉘:"他人有心,予忖度之。"此言物莫无邻㉙,察视其外,可以见其内也。今案盾事而观其心,愿而不刑㉚,合而信之,非篡弑之邻也。按盾辞号乎天㉛,苟内不诚㉜,安能如是?是故训其终始㉝,无弑之志,挂恶谋者㉞过在不遂去㉟,罪在不讨贼而已㊱。臣之宜为君讨贼也,犹子之宜为父尝药也。子不尝药,故加之弑父㊲;臣不讨贼,故加之弑君,其义一也。所以示天下废臣子之节,其恶之大若此也。故盾之不讨贼,为弑君也,与止之不尝药为弑父无以异。盾不宜诛,以此参之㊳。

[注释]①微:微言大义。 ②修:著述。 ③应:对策。 ④遂,成就。人道之极,指人生最高精神境界。 ⑤君弑贼讨:国君被弑,臣下必须义不容辞地去讨伐凶手。 ⑥善而书其诛:《春秋》隐公四年二月,"卫州吁弑其君完"。七个月之后,"卫人杀州吁于濮"。 州吁杀了卫国国君,卫国人又诛杀了州吁。为何《春秋》写"人"?表示人人都可杀州吁这种人,这是一种值得赞许的善行。 ⑦君王被杀,臣下未去讨伐,《春秋》就不写安葬之事,也不写弑君者姓名。 ⑧之所以不再出现凶手的姓名,是因为《春秋》认为这种乱臣贼子应该灭绝于世。 ⑨《春秋》宣公二年载:赵穿杀害晋灵公。赵穿是晋国正卿赵盾的族弟,赵盾并未参与其事,但史官认为赵盾负有不可推卸的责任,因此直书"赵盾弑其君"。 ⑩"赵盾弑君"发生在鲁宣公二年,鲁宣公六年又另出现记载。别牍,其他的书简。 ⑪常辞:一贯的立场与观点。 ⑫《春秋》昭公十九年载:"冬,葬许悼公。"许悼公患疟疾,世子止不听医生嘱咐,擅自向许悼公进药,许悼公饮其药后死亡。按《春秋》大义,君弑,贼未讨伐,不得书葬。但《春秋》于此仍然书葬,表明世子止并无故意谋杀许悼公之心。 ⑬赵穿是直接杀害晋灵公的凶手,赵盾并无谋害晋灵公之心,所以《春秋》在对赵穿与赵盾两人的处理上有所区别。《春秋》从文字上谴责赵盾,所以赵盾还可以出现。而赵穿是杀害晋灵公的凶手,就不能再在《春秋》上出现。 ⑭二者同贯:指赵盾弑君与许世子止弑君道理相贯通。 ⑮直以:只是由于。赴问,发问。 ⑯诛:谴责。 ⑰贯比而论:排比归纳同类事件,从中推导出相同结论。贯,贯穿;比,类比。 ⑱法论:正论,合乎法则的论点。 ⑲诬辞:没有根据的诬罔之言词。 ⑳繙(fán)援:反复引述。 ㉑发其端:提出论题。端,头绪。 ㉒卒:终于。妄言:虚妄之论。 ㉓外贼:弑君者

逃到国外,称为外贼。 ㉔狱:案件。 ㉕逆而距之:以叛逆给他定罪。距,"官本"作"罪"。 ㉖徐而味之:慢慢体味其中的大义。 ㉗本,根据。 ㉘《诗》云:下引诗出自《诗经·小雅·巧言》。忖度,揣度。 ㉙邻:接近。 ㉚愿而不刑:探究其动机,不施加刑罚。愿,通"原",考究,探索。 ㉛据《公羊传》宣公六年记载,赵盾听说史官写他弑君,他大呼冤枉:"天乎无辜!无不弑君,准谓吾弑君者乎!" ㉜苟,假如。 ㉝训:通"顺",理顺。 ㉞挂:牵累,牵连。恶谋,指弑君。 ㉟过在不遂去:《左传》宣公二年载,史官责问赵盾:"子为正卿,亡不越竟,反不讨贼,非子而谁?"赵盾如果逃亡到国外,就可免除罪责。 ㊱不讨贼:赵盾逃亡归来,没有讨伐弑君者,因此有罪。 ㊲加:加责,谴责。 ㊳参:参照。

问者曰:夫谓之弑而有不诛,其论难知,非蒙之所能见也①。故赦止之罪②,以传明之③;盾不诛,无传,何也?曰:世乱义废④,背上不臣⑤,篡弑覆君者多,而有明大恶之诛,谁言其诛?故晋赵盾、楚公子比皆不诛之文,而弗为传,弗欲明之心也。

[注释]①蒙:蒙昧无知,此处是问者自谦词。 ②赦止之罪:指赦免许世子止的罪责。 ③《公羊传》有明确记载。 ④世乱义废:天下大乱,礼崩乐坏。 ⑤背上不臣:背叛君上,不守臣节。

问者曰:人弑其君,重卿在而弗能讨者,非一国也。灵公弑,赵盾不在,不在之与在,恶有厚薄①。《春秋》责在而不讨贼者,弗系臣子尔也②;责不在而不讨贼者,乃加弑焉,何其责厚恶之薄、薄恶之厚也③?曰:《春秋》之道,视人所惑,为立说以大明之。今赵盾贤而不遂于理,皆见其善,莫见其罪,故因其所贤而加之大恶,系之重责,使人湛思而自省悟以反道④。曰:吁!君臣之大义,父子之道,乃至乎此,此所由恶薄而责之厚也。他国不讨贼者,诸斗筲之民⑤,何足数哉!弗系人数而已,此所由恶厚而责薄也。《传》曰:轻为重,重为轻⑥,非是之谓乎!故公子比嫌可以立⑦,赵盾嫌无臣责,许止嫌无子罪,《春秋》为人不知恶而恬行不备也⑧,是故重累责之⑨,以矫枉世而直之⑩。矫者不过其正弗能直,知此而义毕矣。

[注释]①恶有厚薄:罪过有大有小。 ②弗系臣子:不守臣节的臣下。 ③对罪过大的问责轻,对罪过小的问责重。 ④反,通"返"。 ⑤斗筲(shāo)之民:品行低劣之人。 ⑥轻为重,重为轻:罪过轻而重谴责,罪过重而轻谴责。 ⑦嫌:嫌疑,疑惑。 ⑧恬,心神安适。备,戒备。 ⑨重,加重。累,反复多次。 ⑩矫,矫正。枉世,错误的世俗观念。

竹林第三

[**题解**]本篇重点在于论述《春秋》反战的社会立场。"苦民尚恶之,况伤民乎?伤民尚痛之,况杀民乎!"不能用仁德礼乐亲近他国,而是单纯通过战争来达到自己卑劣之目的,这正是《春秋》所深恶痛绝的。此外,董仲舒又进而论述《春秋》没有固定不变的措辞,往往随着事情的变化而变化,"《春秋》无通辞,从变而移"。关键在于领会《春秋》的精神实质,"见其指者,不任其辞"。而《春秋》的精神实质就是"贵仁","贵仁"就是泛爱大众。

《春秋》之常辞也①,不予夷狄而予中国为礼②,至邲之战③,偏然反之④,何也?曰:《春秋》无通辞⑤,从变而移,今晋变而为夷狄,楚变而为君子,故移其辞以从其事⑥。夫庄王之舍郑,有可贵之美⑦,晋人不知其善,而欲击之。所救已解,如挑与之战,此无善善之心⑧,而轻救民之意也,是以贱之⑨,而不使得与贤者为礼。秦穆侮蹇叔而大败⑩,郑文轻众而丧师⑪,《春秋》之敬贤重民如是。是故战攻侵伐,虽数百起,必一二书⑫,伤其害所重也⑬。问者曰:其书战伐甚谨,其恶战伐无辞⑭,何也?曰:会同之事⑮，大者主小；战伐之事，后者主先⑯。苟不恶，何为使起之者居下⑰，是其恶战伐之辞已！且《春秋》之法，凶年不修旧⑱，意在无苦民尔；苦民尚恶之，况伤民乎！伤民尚痛之，况杀民乎！故曰：凶年修旧则讥，造邑则讳⑲，是害民之小者，恶之小也；害民之大者，恶之大也。今战伐之于民，其为害几何？考意而观指⑳，则《春秋》之所恶者，不任德而任力㉑，驱民而残贼之。其所好者，设而勿用，仁义以服之也。《诗》云㉒："弛其文德，洽此四国。"此《春秋》之所善也。夫德不足以亲近，而文不足以来远㉓，而断断以战伐为之者㉔，此固《春秋》之所甚疾已㉕，皆非义也。

[注释]①常辞：永久不变的观念。　②夷狄：我国古代对华夏族以外的其他民族的泛称。中国：指居住在中原地区的华夏族。　③邲（bì）之战：公元前597年，楚、晋大战于邲。晋国军队大败，楚庄王因此战而成为春秋霸主。　④偏然反之：截然不同。《春秋》宣公十二年："晋荀林父帅师及楚子战于邲，晋师败绩。"对晋人直呼其名，对楚人称爵号，表明《春秋》于此赞许楚人为君子，贬斥晋人为夷狄。　⑤通辞：固定不变之措辞。　⑥移其辞以从其事：华夏与夷狄之别，不仅仅表现于地理上，也不以种族相区分，更多地体现在文化礼仪上。　⑦庄王之舍郑，有可贵之美：公元前597年，楚庄王围攻郑国。郑国卑词求和，楚庄王后退三十里而应允。　⑧善善：前"善"为动词，后一"善"为名词。　⑨贱：贬低。指《春秋》因邲之战而批评晋国不知礼。　⑩公元前627年，秦穆公想派兵偷袭郑国，蹇（jiǎn）叔劝阻，秦穆公大骂蹇叔："尔何知？中寿，尔墓之木拱矣！"　⑪郑文公厌恶将领高克，让他率师在外，久而不召，结果全军溃散。　⑫一二书：详详细细加以记述。　⑬伤：哀伤。　⑭其恶战伐无辞：《春秋》没有反战的言辞。　⑮会同：诸侯之间的盟会。　⑯《春秋》记载战争，总是把被侵略者排在前面，把侵略者排在后面。　⑰起之者：挑起战争者。　⑱凶年不修旧：灾荒之年不翻修旧建筑物。　⑲造邑则讳：《春秋·庄公二十八年》："冬，筑郿，大无麦禾。"《春秋》

先记"筑郿",后记"大无麦禾",是在委婉地批评灾年造邑之事。　⑳指:通"旨",宗旨,义旨。　㉑任:用。　㉒《诗》云:下引文出自《诗经·大雅·江汉》。弛,施行。洽,协和。四国,四方诸侯之国。　㉓来:招徕。远,远方国家。　㉔断断:片面强调。　㉕疾:疾恨。

难者曰:《春秋》之书战伐也,有恶有善也。恶诈击而善偏战①,耻伐丧而荣复仇②,奈何以《春秋》为无义战而尽恶之也③?曰:凡《春秋》之记灾异也,虽亩有数茎,犹谓之无麦苗也。今天下之大,三百年之久④,战攻侵伐不可胜数,而复雠者有二焉⑤,是何以异于无麦苗之有数茎哉!不足以难之⑥,故谓之无义战也。以无义战为不可,则无麦苗亦不可也;以无麦苗为可,则无义战亦可矣。若《春秋》之于偏战也,善其偏,不善其战,有以效其然也⑦。《春秋》爱人,而战者杀人,君子奚说善杀其所爱哉!故《春秋》之于偏战也,犹其于诸夏也⑧,引之鲁,则谓之外;引之夷狄,则谓之内⑨。比之诈战,则谓之义;比之不战,则谓之不义。故盟不如不盟⑩,然而有所谓善盟;战不如不战,然而有所谓善战。不义之中有义,义之中有不义。辞不能及,皆在于指⑪,非精心达思者,其孰能知之!《诗》云⑫:"棠棣之华,偏其反而。岂不尔思,室是远而。"孔子曰:"未之思也!夫何远之有?"由是观之,见其指者,不任其辞。不任其辞,然后可与适道矣⑬。

[注释]①偏战:与诈击相对,指战争双方约定时日与地点相战。②耻伐丧:以攻打服丧者为耻。　③无义战:认为"春秋无义战"是孟子的观点,语出《孟子·尽心下》。　④三百年:《春秋》共计242年,三百年是概数。

⑤复雠(chóu)者有二：一是公元前690年，齐襄公灭纪国。因为九世祖齐哀公被纪国国君谗害，所以齐襄公报仇雪恨；二是公元前685年，鲁国为复仇而与齐国战于乾时(今山东桓台)，鲁国大败。　⑥难：驳难。　⑦效：验证。　⑧诸夏：指周代分封的中原各诸侯国。　⑨《春秋》记事以鲁为中心，称诸夏为"外"；但是，相对于诸夏而言，夷狄又是"外"。　⑩盟：指诸侯会盟和订盟约。　⑪指：旨，义旨。　⑫《诗》云：下引诗是逸诗，不见于今本《诗经》，见《论语·子罕》。华，花。偏，翩。室，居住地。　⑬适：往。道：大道，指儒家所说的精神境界。

　　司马子反为君使①，废君命，与敌情②，从其所请，与宋平③，是内专政而外擅名也④。专政则轻君，擅名则不臣，而《春秋》大之⑤，奚由哉？曰：为其有惨怛之恩⑥，不忍饿一国之民，使之相食⑦。推恩者远之而大，为仁者自然为美。今子反出己之心，矜宋之民⑧，无计其间⑨，故大之也。难者曰：《春秋》之法，卿不忧诸侯，政不在大夫。子反为楚臣而恤宋民，是忧诸侯也；不复其君而与敌平⑩，是政在大夫也。溴梁之盟⑪，信在大夫，而诸侯刺之⑫，为其夺君尊也；平在大夫，亦夺君尊，而《春秋》大之，此所闻也⑬。且《春秋》之义，臣有恶，擅名美⑭。故忠臣不显谏⑮，欲其由君出也。《书》曰⑯："尔有嘉谋嘉猷，入告尔君于内，尔乃顺之于外，曰：此谋此猷，惟我君之德。"此为人臣之法也。古之良大夫，其事君皆若是。今子反去君近而不复，庄王可见而不告，皆以其解二国之难为不得已也，奈其夺君名美何！此所惑也。曰：《春秋》之道，固有常有变⑰，变用于变，常用于常，各止其科⑱，非相妨也。今诸子所称，皆天下之常，雷同之义也。子反之行，一曲之变⑲,独修之意也⑳。夫目惊而体失其容㉑,心惊而事有所忘,人之情也。通于惊之情者,取其一美,不尽其失。《诗》云㉒:"采葑采菲,无以下体。"此之谓也。今子反往视宋,闻人相食,大惊而哀之,不意之至于此也,是以心骇目动而违常礼。礼者,庶于仁㉓,文质而成体者也㉔。今使人相食,大失其仁,安著其礼㉕?方救其质,奚恤其文?故曰"当仁不让"㉖,此之谓也。《春秋》之辞,有所谓贱者㉗,有贱乎贱者。夫有贱乎贱者,则亦有贵乎贵者矣㉘。今让者《春秋》之所贵㉙,虽然见人相食,惊人相爨㉚,救之忘其让,君子之道有贵于让者也。故说《春秋》者,无以平定之常义,疑变故之大则,义几可谕矣㉛。

[注释]①《春秋·宣公十五年》载:楚庄王派兵围攻宋国,宋国粮食耗尽,易子而食,析骸而炊。宋国大将华元夜见楚将司马子反,告以实情。司马子反顿生恻隐之心,与华元订盟退军。 ②与敌情:把军情告知敌军。 ③平:媾和,和平。 ④擅名:擅取名声。 ⑤大:赞许。 ⑥惨怛(dá):怜悯,爱惜。 ⑦使之相食:指宋国粮食耗尽,易子而食,析骸而炊。 ⑧矜:同情。 ⑨间:嫌疑。 ⑩复:禀报,请示。 ⑪溴(jú)梁之盟:溴水之梁,在今河南济源。公元前557年,晋、鲁、宋等国在此会盟。 ⑫刺:讥讽,批评。 ⑬间:非难,指责。 ⑭臣有恶擅名美:此句费解,恐有脱漏。卢文弨认为"疑当作'恶臣擅君之美'"。 ⑮显谏:明确而公开的上谏。 ⑯下引文出自古文《尚书·君陈》。嘉,善。猷,计谋。 ⑰常,恒定性。变,变通性。 ⑱科:范围,类别。 ⑲一曲:局部的,部分的。 ⑳独修之意:独创性的想法。 ㉑容:仪态。 ㉒《诗》云:下引诗出自《诗经·邶风·谷风》。葑(fēng),萝卜。菲,地瓜。无以,不用。下体,茎根。 ㉓庶,通"摭",拾取,摘取。 ㉔成体:构成体系。 ㉕著:体现。 ㉖当仁不让:语出《论语·卫灵公》。 ㉗贱:贬低,否定。 ㉘贵:推崇,赞扬。 ㉙让:谦让。 ㉚爨(cuàn):炊,烧火煮饭。 ㉛谕:明白。

《春秋》记天下之得失,而见所以然之故,甚幽而明,无传而著①,不可不察也。夫泰山之为大,弗察弗见,而况微眇者乎！故按《春秋》而适往事②,穷其端而视其故③,得志之君子、有喜之人,不可不慎也。齐顷公亲齐桓公之孙,国固广大而地势便利矣,又得霸主之余尊而志加于诸侯。以此之故,难使会同而易使骄奢。即位九年,末尝肯一与会同之事。有怒鲁、卫之志,而不从诸侯于清丘、断道④。春往伐鲁,入其北郊,顾返伐卫,败之新筑⑤。当是时也,方乘胜而志广,大国往聘,慢而弗敬其使者⑥。晋、鲁俱怒,内悉其众⑦,外得党与曹、卫,四国相辅,大困之鞍⑧,获齐顷公,斮逢丑父⑨。深本顷公之所以大辱身⑩,几亡国,为天下笑,其端乃从慑鲁胜卫起。伐鲁,鲁不敢出；击卫,大败之,因得气而无敌国以兴患也。故曰：得志有喜,不可不戒。此其效也。自是之后,顷公恐惧,不听声乐,不饮酒食肉,内爱百姓,问疾吊丧,外敬诸侯,从会与盟,卒终其身,国家安宁。是福之本生于忧,而祸起于喜也。呜呼！物之所由然,其于人切近,可不省邪⑪?

　　[注释]①传,诠释,解说。著,昭著。　②適(zhé):数,评论,点评。③故:疑为"效"之误。效,结果。　④清丘:在今河南濮阳。公元前597年,晋、宋、卫、曹在此会盟,齐国拒绝与会。断道,在今河南原阳。公元前592年,晋、鲁、卫、曹、邾等国在此会盟,齐国再次不与会。　⑤新筑:在今河北魏县。公元前589年,齐、卫交战,卫国大败。　⑥晋、鲁、卫、曹四国使者访问齐国,齐顷公与其母故意羞辱四国使者。　⑦悉其众:全部征发军队。⑧鞍:在今山东济南。公元前589年,晋、鲁、卫、曹四国联军在鞍大败齐军,

几乎活捉齐顷公。 ⑨斮(zhuó)逢(páng)丑父：斮，斩杀。逢丑父，齐顷公的卫士。据《公羊传》记载，鞌之战，齐军溃败，危急之中逢丑父假扮齐顷公，使齐顷公逃遁，但他自己被俘杀。 ⑩本：愿，考究。 ⑪省：反省。

逢丑父杀其身以生其君，何以不得谓知权①？丑父欺晋，祭仲诈宋②，俱枉正以存其君③。然而丑父之所为，难于祭仲，祭仲见贤④而丑父犹见非，何也？曰：是非难别者在此，此其嫌疑相似而不同理者，不可不察。夫去位而避兄弟者⑤，君子之所甚贵；获虏逃遁者，君子之所甚贱。祭仲措其君于人所甚贵以生其君⑥，故《春秋》以为知权而贤之。丑父措其君于人所甚贱以生其君，《春秋》以为不知权而简之⑦。其俱枉正以存君，相似也；其使君荣之与使君辱，不同理。故凡人之有为也，前枉而后义者⑧，谓之中权，虽不能成，《春秋》善之，鲁隐公、郑祭仲是也⑨；前正而后有枉者，谓之邪道，虽能成之，《春秋》不爱，齐顷公、逢丑父是也。夫冒大辱以生，其情无乐，故贤人不为也，而众人疑焉。《春秋》以为人之不知义而疑也，故示之以义，曰："国灭，君死之，正也。"⑩正也者，正于天之为人性命也。天之为人性命，使行仁义而羞可耻，非若鸟兽然，苟为生、苟为利而已。是故《春秋》推天施而顺人理⑪，以至尊为不可以加于至辱大羞，故获者绝之；以至辱为亦不可以加于至尊大位，故虽失位，弗君也；已反国⑫，复在位矣，而《春秋》犹有不君之辞⑬，况其溷然方获而虏邪⑭！其于义也，非君定矣。若非君，则丑父何权矣！故欺三军，为大罪于晋，其免顷公为辱宗庙于齐，是以虽难而《春秋》

不爱。丑父大义,宜言于顷公曰:"君慢侮而怒诸侯,是失礼大矣;今被大辱而弗能死,是无耻也而复重罪。请俱死,无辱宗庙,无羞社稷。"如此,虽陷其身,尚有廉名。当此之时,死贤于生。故君子生以辱,不如死以荣,正是之谓也。由法论之,则丑父欺而不中权,忠而不中义,以为不然,复察《春秋》。《春秋》之序辞也⑮,置王于春正之间,非曰上奉天施而下正人,然后可以为王也云尔!今善善恶恶,好荣憎辱,非人能自生,此天施之在人者也。君子以天施之在人者听之⑯,则丑父弗忠也。天施之在人者,使人有廉耻。有廉耻者,不生于大辱。大辱莫甚于去南面之位而束获为虏也。曾子曰⑰:"辱若可避,避之而已;及其不可避,君子视死如归。"谓如顷公者也。

[注释]①权:权变,变通。 ②祭(zhài)仲诈宋:祭仲是郑相,先立太子姬忽为君(郑昭公)。不久宋庄公诱捕祭仲,强迫他立宋雍氏之女所生子姬突为君(郑厉公)。祭仲佯装答应,悄悄让郑昭公逃奔卫国。其后不久,祭仲驱逐厉公,又迎回了昭公。故有"祭仲诈宋"之说。 ③枉正:违背正道。 ④见贤:被赞美。 ⑤去位而避兄弟:指郑昭公出奔卫国,让其弟姬突回国即位。 ⑥措:放置,安置。 ⑦简:轻贱。 ⑧前枉而后义:开始时走邪道,最后回归正道。 ⑨鲁隐公:鲁惠公庶子。鲁惠公去世,鲁隐公即位。鲁隐公欲待其弟姬允(鲁桓公)年长后让位。公元前712年,公子羽父怂恿隐公杀姬允,遭到隐公反对。公子羽父害怕阴谋泄露,转而在姬允面前进谗言,姬允令其杀了隐公。 ⑩语出《公羊传·襄公七年》:"曷为不言莱君出奔?国灭君死之,正也。"齐国灭莱国,莱共公死于国难,《公羊传》高度评价了莱共公为国殉难的义举。 ⑪天施:天所生成,即人之生命与自然本性。 ⑫反:通"返"。 ⑬不君之辞:《春秋》庄公六年载:"卫侯朔入于卫。"僖公二十八年、三十一年"卫侯郑归于卫",哀公八年"归邾娄子益于邾娄",都是直书诸侯之名,表示他们虽然恢复君位,但已不是真正意义上的国君。 ⑭溷(hùn):肮

脏。　⑮《春秋》之序辞:指《春秋》开篇隐公元年之开头语:"春王正月。"
⑯听:评判。　⑰曾子曰:下引文出自《大戴礼记·曾子制言上》。

　　《春秋》曰:"郑伐许。"①奚恶于郑而夷狄之也②?曰:卫侯遫卒③,郑师侵之,是伐丧也④;郑与诸侯盟于蜀⑤,以盟而归,诸侯已,于是伐许,是叛盟也。伐丧无义,叛盟无信,无信无义,故大恶之。问者曰:是君死⑥,其子未逾年⑦,有称伯不子⑧,法辞其罪何⑨?曰:先王之制,有大丧者,三年不呼其门,顺其志之不在事也。《书》云⑩:"高宗谅闇,三年不言。"居丧之义也。今纵不能如是,奈何其父卒未逾年,即以丧举兵也?《春秋》以薄恩⑪,且施失其子心⑫,故不复得称子,谓之郑伯以辱之也。且其先君襄公伐丧叛盟,得罪诸侯,诸侯怒之未解,恶之未已。继其业者,宜务善以覆之⑬,今又重之,无故居丧以伐人。父伐人丧,子以丧伐人;父加不义于人,子施失恩于亲以犯中国;是父负故恶于前,己起大恶于后。诸侯果怒而憎之,率而俱至,谋共击之。郑乃恐惧,去楚而成虫牢之盟是也⑭。楚与中国侠而击之⑮,郑罢弊危亡,终身愁辜⑯。吾本其端,无义而败,由轻心然⑰。孔子曰⑱:"道千乘之国,敬事而信。"知其为得失之大也,故敬而慎之。今郑伯既无子恩,又不熟计,一举兵不当,被患不穷,自取之也。是以生不得称子,去其义也;死不得书葬,见其穷也⑲。曰:有国者视此,行身不放义⑳,兴事不审时,其何如此尔。

[注释]①郑伐许:事见《春秋·成公三年》。　②夷狄之:视郑国如同夷狄。　③卫侯遫(sù):卫穆侯姬遫,公元前589年去世。　④伐丧:攻打服

丧之国。　⑤蜀:在今山东泰安。　⑥是君死:郑襄公死于公元前587年。　⑦其子未逾年:郑襄公死,其子姬费即位(郑悼公)。郑悼公于其父死之当年冬季即兴兵攻打许国。　⑧有称伯不子:有,通"又"。称伯不子:按《春秋》义例,旧君死,新君立,不论已葬未葬,当年称子,逾年称爵。但《春秋》称"郑伯",是讥讽郑悼公。　⑨法辞:谴责性言词。　⑩《书》云:下引文出自今文《尚书·无逸》。高宗,指商王武丁。谅闇,古时天子守孝之称。　⑪薄恩:指郑悼公寡情少恩。　⑫施失:施读为弛,废失。　⑬覆:掩饰,弥补。　⑭去楚而成虫牢之盟:去楚,背叛楚国。虫牢:在今河南封丘北。虫牢之盟:公元前586年,郑悼公与晋、齐等国会盟于虫牢。　⑮侠:夹。　⑯辜:苦。　⑰轻心:随心所欲。　⑱下引文出自《论语·学而》。道,治理。乘(shèng),古代用四匹马拉的兵车。　⑲穷:罪。　⑳放:通"仿",仿效。

玉英第四

[**题解**]元、一,或称"元气",是天地万物的本原。《春秋》之所以重视"元",重视元年、春、正月、王、公"五始",是想用天地的起始来端正君王政治。君王政令公平,教化也就易施行。此外,本篇还论述了《春秋》的"经礼"与"变礼"、直笔与曲笔之间的关系。其中一个根本性原则就在于:重志。根据好人的心志来表彰他的善行;根据坏人的欲念来揭露他的罪恶。

谓一元者①,大始也②。知元年志者③,大人之所重,小人之所轻④。是故治国之端在正名。名之正,兴五世,五传之外,美恶乃形⑤,可谓得其真矣,非子路之所能见⑥。

[**注释**]①一元:始,本原,本根。 ②大(tài)始:大通"太",即"太始",指生成天地万物的元气。 ③志:涵义。也有人认为"志"是衍文。 ④小人之所轻:平民百姓只是遵循阴阳四时的更迭变化而已。 ⑤形:显现。 ⑥苏舆认为从"是故"以下,恐是错简。

惟圣人能属万物于一①,而系之元也②,终不及本所从来而承之③,不能遂其功④。是以《春秋》变一谓之元,元,犹原也⑤,其义以随天地终始也。故人唯有终始也,而生不必应四时之变⑥。故元者为万物之本,而人之元在焉。安在乎? 乃在乎天地之前。故人虽生天气及奉天气者⑦,不得与天元、本天元命而共违其所为也。故春正月者,承天地之所为也,继天之所为而终之也。其道相与共功持业,安容言乃天地之元? 天地之元奚为于此? 恶施于人⑧? 大其贯承意之理矣⑨。

[注释]①属,归属。一,宇宙本原。 ②元,与"一"含义同,指宇宙本原。 ③承:顺承。 ④遂:完成,实现。 ⑤原:源,本原。 ⑥生不必应四时之变:"生"字恐是衍文。 ⑦天气:天之气,与"元"、"一"含义同,指宇宙本原。 ⑧恶施于人:指如何从天地之气角度解释人类的起源。 ⑨贯承:秉承,领会。

是故《春秋》之道,以元之深①,正天之端②;以天之端,正王之政;以王之政,正诸侯之即位;以诸侯之即位,正竟内之治③。五者俱正,而化大行④。

[注释]①元之深:元气。 ②端:端倪。 ③竟:通"境"。 ④化:教化。

非其位而即之①,虽受之先君,《春秋》危之②,宋缪公是也③。非其位,不受之先君,而自即之,《春秋》危之,吴王僚是也④。虽然,苟能行善得众,《春秋》弗危,卫侯晋以立书葬是也⑤。俱不宜立,而宋缪受之先君而危,卫宣弗受先君而不危,以此见得众心之为大安也。故齐桓非直弗受之先君也⑥,乃率弗宜为君者而立⑦,罪亦重矣。然而知恐惧,敬举贤人而以自覆盖⑧,知不背要盟⑨以自湔浣也⑩,遂为贤君,而霸诸侯。使齐桓被恶而无此美,得免杀戮乃幸已,何霸之有!鲁桓忘其忧而祸逮其身;齐桓忧其忧而立功名。推而散之,凡人有忧而不知忧者凶,有忧而深忧之者吉。《易》曰⑪:"复自道,何其咎。"此之谓也。匹夫之反道以除咎尚难,人主之反道以除咎甚易。《诗》云⑫:"德輶如毛。"言其易也。

[注释]①即:即位。 ②危:忧虑。 ③宋缪公:宋宣公之弟,名子和。宋宣公临终前遗命立子和而不立太子与夷。 ④吴王僚:吴王寿梦有四子:诸樊、余祭、余眜、季札。寿梦临终欲传位给季札,季札让位不受,诸樊立为吴王。诸樊临终,遗命兄终弟及。余眜临终,又一次让位季札,季札坚辞不受,余眜之子僚于是立为王。诸樊之子阖闾认为僚即王位不当,于是派遣刺客杀害吴王僚,阖闾自立为王。 ⑤卫侯晋:卫宣公姬晋,卫庄公之子,卫桓公之弟。桓公死,卫人迎立姬晋为卫君。书葬卫宣公,事在《春秋·桓公十三年》。 ⑥齐桓非直弗受之先君:指齐桓公没有得到先君的遗命而即位,有篡位之嫌。 ⑦率:完全。 ⑧覆盖:弥补过错。 ⑨要盟:受胁迫而签订的盟约。 ⑩湔(jiān)浣:洗刷,革除罪过。 ⑪《易》曰:下引文出自《易·小畜》,复,回返。咎,灾祸。 ⑫《诗》云:下引文出自《诗经·大雅·烝民》。輶(yóu),轻。美德轻若羽毛,只要肯遵循美德而行,就能轻易获得美德。

公观鱼于棠①,何?恶也。凡人之性,莫不善义,然而不能义者,利败之也。故君子终日言不及利,欲以勿言愧之而已,愧之以塞其源也。夫处位动风化者②,徒言利之名尔,犹恶之,况求利乎!故天王使人求赙求金③,皆为大恶而书④。今非直使人也,亲自求之,是为甚恶。讥何故言观鱼?犹言观社也⑤,皆讳大恶之辞也。

[注释]①事载《春秋·隐公五年》。隐公张网捕鱼,与民争利,故遭《春秋》批评。观鱼:张网捕鱼。棠,在今山东鱼台。 ②处位动风化者:指身处高位、主管道德风化之人。 ③天王:周天子,此处是指周桓王与周顷王。赗(fù):助人办丧事的财物。 ④求赗之事载《春秋·隐公三年》,求金之事载《春秋·文公九年》。 ⑤观社:《周礼·媒氏》规定:"仲春之月,令会男女,于是时也,奔者不禁。"在这一时节,容许男女私奔自由交配,宋之桑林、齐之观社、楚之云梦都是古代有名的"令会男女"之地。

《春秋》有经礼①,有变礼②。为如安性平心者③,经礼也。至有于性,虽不安于心,虽不平于道,无以易之,此变礼也。是故昏礼不称主人④,经礼也;辞穷无称⑤,称主人,变礼也。天子三年然后称王⑥,经礼也;有故,则未三年而称王,变礼也。妇人无出境之事,经礼也;母为子娶妇,奔丧父母,变礼也。明乎经变之事,然后知轻重之分,可与适权矣⑦。难者曰:《春秋》事同者辞同。此四者俱为变礼,而或达于经⑧,或不达于经,何也?曰:《春秋》理百物,辨品类,别嫌微,修本末者也。是故星坠谓之陨⑨,螽坠谓之雨⑩,其所发之处不同,或降于天,或发于地,其辞不可同也。今四者俱为变礼也同⑪,而其所发亦不同,或发于男,或发于女,其辞不可同也。是或达于常,或达于变也。

[注释]①经礼:恒久不变的礼仪规范。 ②变礼:灵活机动的礼仪规范。 ③为:疑作"谓"。 ④昏礼不称主人:《公羊传》认为婚礼不可以结婚人自己的名义,"称诸父兄师友",以父母尊长名义迎宾亲。 ⑤辞穷无称:如果父母尊长亡故,可以点明结婚人自己姓名。 ⑥天子三年然后称王:指天子服丧期满后即王位。 ⑦适权:随机应变。 ⑧达:符合。 ⑨星坠:流星

坠落。　⑩螽(zhōng):蝗虫。　⑪四者:指婚礼、称王、娶妇、奔丧四事。

桓之志无王,故不书王①。其志欲立,故书即位②。书即位者,言其弑君兄也;不书王者,以言其背天子。是故隐不言立、桓不言王者,从其志以见其事也。从贤之志,以达其义;从不肖之志③,以著其恶。由此观之,《春秋》之所善,善也;所不善,亦不善也,不可不两省也。

[注释]①桓之志无王,故不书王:《春秋·桓公三年》载:"春正月,公会齐侯于嬴。"按惯例应书"春王正月",但只写"春正月",表明鲁桓公盟会诸侯之举没有得到天子允许。　②书即位:《春秋·桓公元年》载:"公即位。"鲁隐公被害,对新君本不应书既位,但此处仍书即位,意在说明隐公遭弑正合桓公欲念,《春秋》借此以彰显桓公之恶。　③不肖之志:坏人的动机与心愿。

《经》曰①:"宋督弑其君与夷。"《传》言②:"庄公冯杀之。"不可及于经,何也?曰:非不可及于经,其及之端眇③,不足以类钩之④,故难知也。《传》曰:"臧孙许与晋卻克同时而聘乎齐。"⑤按经无有,岂不微哉!不书其往而有避也⑥。今此《传》而言庄公冯,而于经不书,亦以有避也。是以不书聘乎齐,避所羞也;不书庄公冯杀,避所善也。是故让者,《春秋》之所善。宣公不与其子而与其弟,其弟亦不与子而反之兄子,虽不中法,皆有让高⑦,不可弃也。故君子为之讳不居正之谓,避其后也乱,移之宋督以存善志,此亦《春秋》之义,善无遗也。若直书其篡,则宣、缪之高灭,而善之无所见矣。难者曰:为贤者讳,皆言之;为宣、缪讳,独弗言,何也?曰:不成于贤也,其为善不法,不可取,亦不可弃。弃之则弃善志也,取之则害王法。故不弃亦不载,以意见之而已⑧。"苟志于仁,无恶"⑨,此之谓也。

[注释]①《经》曰:下引文出自《春秋·桓公二年》。公元前710年,宋国太宰华父督发动政变,弑殇公。 ②《传》言:指《公羊传·隐公四年》。庄公冯,宋庄公子冯,缪公之子。缪公遗命立侄子与夷,后华父督杀与夷,迎立子冯。 ③眇:隐微。 ④以类钩之:通过具体事例以探求普遍义理。 ⑤臧孙许,鲁国大夫。郤克,晋国大夫。公元前593年,郤克邀请臧孙许和卫国大夫孙良夫、曹国公子首出使齐国。四人皆有生理缺陷:郤克盲一目,臧孙许秃顶,孙良夫是跛子,公子首驼背。齐顷公从齐国特意挑出相同的四位残疾者去迎接郤克四人,故意让四国使臣蒙羞。 ⑥避:避讳。 ⑦高:美,美德。 ⑧以意见之:在语意上显露出来。 ⑨苟志于仁,无恶:语出《论语·里仁》:"苟志于仁矣,无恶也。"

器从名①、地从主人之谓制,权之端焉②,不可不察也。夫权虽反经,亦必在可以然之域。不在可以然之域,故虽死亡,终弗为也,公子目夷是也③。故诸侯父子兄弟,不宜立而立者,《春秋》视其国,与宜立之君无以异也,此皆在可以然之域也。至于鄫取乎莒④,以之为同居⑤,经曰"莒人灭鄫"⑥,此在不可以然之域也。故诸侯在不可以然之域者,谓之大德,大德无逾闲者⑦,谓正经。诸侯在可以然之域者,谓之小德,小德出入可也。权谲也⑧,尚归之以奉钜经耳⑨。故《春秋》之道,博而要,详而反⑩,一也。公子目夷复其君,终不与国;祭仲已与,后改之;晋荀息死而不听⑪;卫曼姑拒而弗内⑫。此四臣事异而同心,其义一也。目夷之弗与,重宗庙;祭仲与之,亦重宗庙;荀息死之,贵先君之命;曼姑拒之,亦贵先君之命也。事虽相反,所为同,俱为重宗庙,贵先帝之命耳。难者曰:公子目夷、祭仲之所为者,皆存之事君,善之可矣。荀息、曼姑非有此事也,而所欲恃者,皆不宜立者,何以得载乎义?曰:《春秋》之法,君立不宜立,不书;大夫立,则书。书之者,弗予大夫之得立不宜立者也;不书,予君之得立之也。君之立不宜立者,非也;既立之,大夫奉之,是也;荀息、曼姑之所得为义也。

[注释]①器从名:器物依从名称。 ②端:正。 ③公子目夷:宋襄公兄。公元前639年,楚在会盟诸侯之时,俘获宋襄公以攻宋。公子目夷率众坚守,楚久攻不下,于是释放宋襄公。宋襄公想让位于公子目夷,公子目夷不从。 ④鄫(zēng)取乎莒:鄫,国名,姒姓,在今山东苍山。取,娶。 ⑤同居:俞樾认为是"司君"之误。司君,嗣君。 ⑥莒人灭鄫:事在《春秋·襄公六年》。 ⑦大德无逾闲:语出《论语·子张》:"大德不逾闲,小德出入可也。"大德:节操,大是大非。逾,越过。闲,栅栏,界线。 ⑧权谲(jué):权术,权谋。 ⑨奉钜经:遵循法度大义。钜,大。 ⑩详而反:详尽而简明。 ⑪晋荀息死而不听:荀息,晋大夫。公元前561年,晋国发生宫廷内乱。晋献公听信宠妃骊姬的谗言,逼死太子申生,逼走了重耳和夷吾,立骊姬所生的儿子奚齐为太子,并任命荀息为太傅,辅佐年幼的奚齐。晋献公病逝后,荀息即立年仅11岁的奚齐为国君。朝中大臣里克借给晋献公举行治丧仪式之机,刺杀了奚齐。不料,荀息又扶立奚齐的异母弟卓子(骊姬之妹所生)为国君。里克、邳郑在晋大夫雅遫和屠岸夷等人的帮助下,联合发动家兵、攻入宫廷,杀死卓子和骊姬,荀息自杀。 ⑫卫曼姑拒而弗内:曼姑,卫灵公的少子。卫灵公不想传位给世子蒯聩(kuǎi kuì),并将其驱逐出境。卫灵公希望曼姑继位,但遭曼姑拒绝。在曼姑建议下,卫灵公的孙子辄继位。

难纪季曰①:《春秋》之法,大夫不得用地②。又曰:公子无去国之义。又曰：君子不避外难。纪季犯此三者，何以为贤！贤臣故盗地以下敌③、弃君以避难乎？曰：贤者不为是。是故托贤于纪季，以见季之弗为也；纪季弗为而纪侯使之可知矣。《春秋》之书事，时诡其实④，以有避也；其书人，时易其名，以有讳也。故诡晋文得志之实，以代讳避致王也⑤；诡莒子号，谓之人，避隐公也⑥；易庆父之名，谓之仲孙⑦；变盛谓之成⑧，讳大恶也。然则说《春秋》者，入则诡辞⑨，随其委曲而后得之。今纪季受命乎君而经书专，无善一名而文见贤⑩，此皆诡辞，不可不察。《春秋》之于所贤也，固顺其志而一其辞，章其义而褒其美⑪。今纪侯《春秋》之所贵也，是以听其入齐之志，而诡其服罪之辞也，移之纪季。故告籴于齐者⑫，实庄公为之，而《春秋》诡其辞，以予臧孙辰；以酅入于齐者⑬，实纪侯为之，而《春秋》诡其辞，以与纪季。所以诡之不同，其实一也。难者曰：有国家者，人欲立之，固尽不听⑭，国灭君死之，正也；何贤乎纪侯？曰：齐将复仇，纪侯自知力不加而志距之⑮，故谓其弟曰："我宗庙之主，不可以不死也。汝以酅往，服罪于齐，请以立五庙⑯，使我先君岁时有所依归。"率一国之众，以卫九世之主⑰。襄公逐之不去，求之弗予，上下同心而俱死之，故谓之大去⑱。《春秋》贤死义且得众心也⑲，故为讳灭。以为之讳，见其贤之也；以其贤之也，见其中仁义也。

[注释]①难纪季：难，责难；纪季，纪侯之弟，《春秋·庄公三年》记载他以纪邑献降齐国。　②大夫不得用地：大夫无权擅自处理土地。　③下敌：献媚于敌国。　④诡：用假言掩饰事实。　⑤代：疑是"狩"之误。晋文公在

践土盟会诸侯,并召周天子与会。《春秋·僖公二十八年》载:"天王狩于河阳。"《春秋》书"狩",是为周天子避讳。 ⑥《春秋·隐公八年》载:"公及莒人盟于包来。"称莒子为莒人,是为鲁隐公降尊与小国结盟而避讳。 ⑦仲孙:仲孙是对庆父的另外一种称呼,事在《春秋·闵公元年》。 ⑧变盛谓之成:《春秋·庄公八年》载:"师及齐师围成,成降于齐师。"成,即盛,及郕,是姬姓小国。《春秋》把盛改称成,是为鲁国灭亡同姓之国而避讳。 ⑨诡辞:与"正辞"相对,不直接表述,而是隐晦其词,委婉道出。 ⑩无善一名而文见贤:一名,疑是"之名"之误。文见贤,《春秋》称纪季的排行而不直称其名,是对其所予以肯定。 ⑪章:彰显。 ⑫告籴(dí)于齐:《春秋·僖公二十八年》载:"臧孙辰告籴于齐。"指鲁缺粮,臧孙辰赴齐国请求购粮。 ⑬酅(xié):纪国的邑名。 ⑭固尽不听:坚决推辞而不接受。尽,疑是"辞"之误。 ⑮距:同"拒",抵抗。 ⑯五庙:古代诸侯有五庙,即二昭二穆和太祖庙。 ⑰九世之主:齐襄公攻打纪国的借口是为其九世主复仇。换言之,纪侯抵抗齐国也是为了维护其九世主的尊严。 ⑱大去:是《春秋》"灭亡"的委婉说法。 ⑲贤:赞赏。

精华第五

[题解]本篇主要讨论了两大问题。其一,《春秋》记事在措辞上非常慎重,所谓"《春秋》慎辞,谨于名伦等物者也",但这些原则又各有其适用范围。具体问题具体分析,"《春秋》固有常义,又有应变"。其二,在《春秋》决狱问题上,特别强调"原心定罪":"志邪者,不待成;首恶者,罪特重;本直者,其论轻。"动机邪恶者不予原谅,带头为恶者严惩不怠,动机正直者论罪特轻。

《春秋》慎辞,谨于名伦等物者也①。是故小夷言伐而不得言战,大夷言战而不得言获,中国言获而不得言执,各有辞也。有小夷避大夷而不得言战,大夷避中国而不得言获,中国避天子而不得言执,名伦弗予,嫌于相臣之辞也②。是故大小不逾等,贵贱如其伦,义之正也。

[注释]①谨于名伦等物:根据人伦的贵贱而分别称呼,按照事物的大小而区别对待。伦,类,等级。 ②臣:臣服。

大雩者何①?旱祭也。难者曰:大旱雩祭而请雨,大水鸣鼓而攻社②,天地之所为,阴阳之所起也。或请焉,或怒焉者何？曰：大旱者，阳灭阴也；阳灭阴者，尊厌卑也③。固其义也，虽大甚，拜请之而已，敢有加也④。大水者，阴灭阳也；阴灭阳者，卑胜尊也。日食亦然。皆下犯上，以贱伤贵者，逆节也⑤，故鸣鼓而攻之，朱丝而胁之⑥，为其不义也。此亦《春秋》之不畏强御⑦也。故变天地之位，正阴阳之序，直行其道而不忘其难，义之至也。是故胁严社而不为不敬灵⑧，出天王而不为不尊上，辞父之命而不为不承亲，绝母之属而不为不孝慈⑨，义矣夫！

[注释]①雩(yú)：古代求雨的祭祀活动。　②鸣鼓而攻社：击鼓以谴责土地神。　③厌(yà)：压，胜。　④敢有加也：其他版本为"无敢有加也"，今从。　⑤逆节：违背规律。　⑥朱丝而胁之：用朱丝缠绕土地神社，以助阳抑阴。　⑦强御：强暴。御，禁。　⑧胁：责求。　⑨属：通"嘱"，嘱托。

难者曰：《春秋》之法，大夫无遂事①。又曰：出境有可以安社稷、利国家者，则专之可也。又曰：大夫以君命出②，进退在大夫也。又曰：闻丧徐行而不反也③。夫既曰无遂事矣，又曰专之可也；既曰进退在大夫矣，又曰徐行而不反也。若相悖然④，是何谓也？曰：四者各有所处⑤，得其处则皆是也，失其处则皆非也。《春秋》固有常义，又有应变。无遂事者，谓平生安宁也；专之可也者，谓救危除患也；进退在大夫者，谓将率用兵也；徐行不反者，谓不以亲害尊⑥，不以私妨公也。此之谓将得其私知其指。故公子结受命⑦，往媵陈人之妇于鄄，道生事，从齐桓盟，《春秋》弗非⑧，以为救庄公之危。公子遂受命使京师⑨，道生事，之晋⑩，《春秋》非之，以为是时僖公安宁无危。故有危而不专救,谓之不忠;无危而擅生事,是卑君也。故此二臣俱生事,《春秋》有是有非,其义然也。

[注释]①遂事:自作主张,独断专行。 ②以君命出:接受君王的使命出国。 ③闻丧,闻父母之丧。徐行,慢慢行走。反,返。 ④悖然:矛盾。 ⑤处,场合,范围。 ⑥尊:君王。 ⑦公子结:鲁国大夫。媵(yìng),陪嫁之人。公元前675年,陈宣公娶卫国之女,鲁国以女陪嫁,派公子结往送女。按礼,应送至卫国都城。但公子结行至鄄(juàn)(在今山东鄄城),听说齐、宋将联合攻鲁,于是立刻改变计划,自作主张代表鲁庄公参与盟会,最终化解了一场政治危机。 ⑧非:非难。 ⑨公子遂:鲁国大夫。公元前630年,公子遂受命出使京师,途中自作主张访问了晋国。 ⑩之:往。

齐桓挟贤相之能①,用大国之资,即位五年,不能致一诸侯。于柯之盟②,见其大信,一年而近国之君毕至,鄄、幽之会是也③。其后二十年之间亦久矣,尚未能大合诸侯也。至于救邢、卫之事④,见存亡继绝之义,而明年远国之君毕至,贯泽、阳谷之会是也⑤。故曰:亲近者不以言,召远者不以使⑥,此其效也。其后矜功⑦,振而自足⑧而不修德,故楚人灭弦⑨而志弗忧,江、黄伐陈而不往救⑩,损人之国而执其大夫⑪,不救陈之患而责陈不纳,不复安郑而必欲迫之以兵⑫,功未良成而志已满矣。故曰:"管仲之器小哉!"⑬此之谓也。自是日衰,九国叛矣。

[注释]①贤相:指管仲。 ②柯:在今山东阳谷。公元前681年,齐、鲁两国在柯会盟。 ③鄄、幽之会:鄄,在今山东鄄城。公元前679年,齐与宋、陈、卫、郑等国会盟于鄄。幽,在今河南兰考。公元前678年,齐与宋、卫、陈、郑等八国会盟于幽。 ④救邢、卫:公元前659年,齐与宋、曹等国出兵驱逐北狄,救护邢国。公元前658年,齐出兵在楚丘(在今山东曹县)筑城,助卫

国防备北狄。 ⑤贯泽、阳谷之会:公元前658年,齐与宋、江、黄等国会盟于贯泽(在今山东曹县)。公元前657年,齐与宋、江、黄等国会盟于阳谷(在今山东阳谷)。 ⑥使:使节。 ⑦矜:夸耀。 ⑧振:通"震",骄傲自大。 ⑨弦:姬姓小国。 ⑩江、黄伐陈:事在《春秋·僖公四年》。江、黄皆嬴姓小国。 ⑪执其大夫:公元前659年,齐国伐楚,借道于陈国。陈国大夫辕涛涂不允许齐军过境,于是齐国拘捕了辕涛涂。 ⑫迫之以兵:公元前657年,齐国伐郑。 ⑬管仲之器小哉:语出《论语·八佾》。器,器量。

《春秋》之听狱也,必本其事而原其志①。志邪者,不待成②;首恶者,罪特重;本直者,其论轻。是故逢丑父当斩,而辕涛涂不宜执,鲁季子追庆父③,而吴季子释阖庐④;此四者,罪同异论,其本殊也。俱欺三军,或死或不死;俱弑君,或诛或不诛,听讼折狱⑤,可无审耶!故折狱而是也,理益明,教益行;折狱而非也,暗理迷众⑥,与教相妨。教,政之本也;狱,政之末也;其事异域,其用一也,不可不以相顺,故君子重之也。

[注释]①原其志:探究当事人的动机。原,探究。志,动机。 ②待成:宽恕,谅解。 ③鲁季子追庆父:鲁季子,庆父之弟。从鲁僖公元年到僖公十六年,在鲁执政十六年。追,追杀。 ④吴季子释阖庐:吴季子,季札。阖庐谋害吴王僚,季札反对,但也不追究阖庐的罪过。 ⑤折狱:裁决案件。 ⑥暗理:蒙蔽真理。

难晋事者曰:《春秋》之法,未逾年之君称子①,盖人心之正也。至里克杀奚齐②,避此正辞而称君之子,何也?曰:所闻《诗》无达诂③,《易》无达占④,《春秋》无达辞。从变从义,而一以奉人⑤。仁人录其同姓之祸,固宜异操。

晋,《春秋》之同姓也,骊姬一谋而三君死之⑥,天下之所共痛也。本其所为为之者,蔽于所欲得位而不见其难也。《春秋》疾其所蔽,故去其正辞,徒言君之子而已。若谓奚齐曰:嘻嘻!为大国君之子,富贵足矣,何必以兄之位为欲居之,以至此乎云尔!录所痛之辞也。故痛之中有痛,无罪而受其死者,申生、奚齐、卓子是也;恶之中有恶者,己立之,己杀之,不得如他臣之弑君者,齐公子商人是也⑦。故晋祸痛而齐祸重,《春秋》伤痛而敦重⑧,是以夺晋子继位之辞与齐子成君之号,详见之也。

[注释]①未逾年之君称子:即位不到一年的新君称"子"。 ②里克杀奚齐:事在《春秋·僖公十年》。里克,晋大夫。奚齐,晋献公之子。 ③达诂:确切一致的诠释。 ④占:占卜。 ⑤奉人:卢文弨认为是"奉天"之误。 ⑥骊姬:晋献公宠妃,生子奚齐。其妹陪嫁献公,生子卓子。三君:指太子申生、奚齐、卓子。骊姬谋害太子申生,立奚齐、卓子。后来奚齐、卓子又被里克所杀。 ⑦公子商人:齐昭公之弟。齐昭公死,其子舍立为君。公子商人杀舍自立为君,是为齐懿公。 ⑧敦:教诲。

古之人有言曰:不知来,视诸往①。今《春秋》之为学也,道往而明来者也,然而其辞体天之微②,故难知也。弗能察,寂若无;能察之,无物不在。是故为《春秋》者,得一端而多连之,见一空而博贯之③,则天下尽矣。鲁僖公以乱即位,而知亲任季子。季子无恙之时,内无臣下之乱,外无诸侯之患,行之二十年,国家安宁。季子卒之后,鲁不支邻国之患④,直乞师楚耳。僖公之情非辄不肖而国衰益危者,何也?以无季子也。以鲁人之若是也,亦知他国之皆若是也;以他国之皆若是,亦知天下之皆若是也。此之谓连而贯之,故天下虽大,古今虽久,以是定矣。以所任贤,谓之主尊国安。所任非其人,谓之主卑国危,万世必然,无所疑也。其在《易》曰:"鼎折足,覆公𫗧。"⑤夫鼎折足者,任非其人也;覆公𫗧者,国家倾也。是故任非其人而国家不倾者,自古至今未尝闻也。故吾按《春秋》而观成败,乃切悁悁于前世之兴亡也⑥。任贤臣者,国家之兴也。夫知不足以知贤,无可奈何矣。知之不能任,大者以死亡,小者以乱危,其若是何邪?以庄公不知季子贤邪?安知病将死,召而授以国政。以殇公为不知孔父贤邪⑦?安知孔父死,己必死,趋而救之。二主知皆足以知贤,而不决,不能任。故鲁庄以危,宋殇以弑。使庄公早用季子,而宋殇素任孔父,尚将兴邻国,岂直免弑哉!此吾所悁悁而悲者也。

[注释]①不知来,视诸往:不知道未来,可借鉴古代。 ②微:奥秘。 ③空:孔。 ④支:对付,抵挡。 ⑤鼎折足,覆公𫗧:语出《周易·鼎卦》九四爻辞。覆,倾倒。𫗧(sù),食物。 ⑥悁悁:语出《诗经·陈风·泽陂》:"中心悁悁。"悁悁(yuān),忧心忡忡。 ⑦孔父:孔父嘉,孔子六世祖。

王道第六

[**题解**]本篇从天人感应角度论述君王言行与自然灾害之间的关系。"王正,则元气和顺。""王不正,则上变天,贼气并见。"君王行为端正,天降祥瑞;君王行为不轨,地震、山崩和洪水等自然灾害接踵而来。董仲舒大力论证君王行为与自然灾害之内在关联,目的在于约束统治者的行为,因而具有民本主义色彩。

《春秋》何贵乎元而言之①?元者,始也,言本正也;道,王道也;王者,人之始也②。王正则元气和顺、风雨时、景星见③、黄龙下④;王不正则上变天,贼气并见⑤。五帝三王之治天下⑥,不敢有君民之心⑦。什一而税,教以爱,使以忠,敬长老,亲亲而尊尊,不夺民时,使民不过岁三日。民家给人足,无怨望忿怒之患、强弱之难⑧,无谗贼妒疾之人⑨。民修德而美好,被发衔哺而游⑩,不慕富贵,耻恶不犯。父不哭子,兄不哭弟⑪。毒虫不螫,猛兽不搏,抵虫不触⑫,故天为之下甘露,朱草生,醴泉出,风雨时,嘉禾兴,凤凰麒麟游于郊⑬。囹圄空虚⑭,画衣裳而民不犯⑮。四夷传译而朝⑯,民情至朴而不文⑰。郊天祀地⑱,秩山川⑲，以时至，封于泰山⑳，禅于梁父㉑，立明堂㉒，宗祀先帝，以祖配天，天下诸侯各以其职来祭。贡土地所有，先以入宗庙，端冕盛服㉓而后见先㉔。德恩之报，奉先之应也㉕。

[注释]①元：起始。　②人之始：人道之始。　③景星，大星，祥瑞之星。见：通"现"。　④黄龙：古代传说中的祥瑞之物。　⑤贼气：阴阳四时之气错乱。　⑥五帝：黄帝、颛顼、帝喾、尧、舜。三王：夏禹、商汤、周文王。　⑦君民：与"报民"相对，指高高在上统治民众。　⑧强弱之难：强不凌弱。　⑨谗贼：用言语中伤他人。　⑩被发衔哺：被同"披"，衔哺，口含食物。　⑪父不哭子，兄不哭弟：没有父辈为子女先于自己死亡而哭泣的悲剧发生，也没有兄长为弟弟先于自己死亡而悲伤的情况出现。指战争。　⑫抵虫，凶猛的鸟兽，抵同"鸷"。触：侵犯。　⑬甘露、朱草、嘉禾、凤凰、麒麟：古代传说中的祥瑞。　⑭囹圄：监狱。　⑮画衣裳：人触犯法律，并不给予实际的惩罚，而是在衣服上涂抹颜色，打上标记。　⑯四夷：东夷、南蛮、西戎、北狄。传译：翻译。　⑰文：文饰。　⑱郊天祀地：祭天为郊，祭地为祀。　⑲秩山川：排定祭祀山川之神的秩序。　⑳封：古代帝王祭天礼。　㉑禅：古代帝王祭地礼。梁父，泰山下面的一座小山。　㉒明堂：古代帝王宣明政教的场所。　㉓端冕：礼帽。盛服：华贵的服饰。　㉔先：祖先。　㉕应：回应，回报。

桀、纣皆圣王之后，骄溢妄行，侈宫室，广苑囿①，穷五采之变②，极饬材之工③，困野兽之足，竭山泽之利，食类恶之兽④。夺民财食，高雕文刻镂之观，尽金玉骨象之工，盛羽旄之饰⑤，穷白黑之变。深刑妄杀以陵下⑥，听郑卫之音⑦，充倾宫之志⑧，灵虎兕文采之兽⑨，以希见之意⑩，赏佞赐谗，以糟为丘⑪，以酒为池。孤贫不养，杀圣贤而剖其心，生燔人闻其臭⑫，剔孕妇见其化⑬，斮朝涉之足察其拇⑭,杀梅伯以为醢⑮,刑鬼侯之女取其环⑯。诛求无已⑰,天下空虚,群臣畏恐,莫敢尽忠,纣愈自贤。周发兵,不期会于孟津者八百诸侯⑱,共诛纣,大亡天下。《春秋》以为戒,曰:"蒲社灾。"⑲周衰,天子微弱,诸侯力政⑳,大夫专国,士专邑㉑,不能行度制法文之礼㉒,诸侯背叛,莫修贡聘奉献天子㉓。臣弑其君,子弑其父,孽杀其宗㉔,不能统理,更相伐锉以广地㉕,以强相胁,不能制属。强奄弱㉖,众暴寡㉗,富使贫,并兼无已。臣下上僭㉘,不能禁止。日为之食,星霣如雨㉙,雨螽㉚,沙鹿崩㉛;夏大雨水,冬大雨雪;霣石于宋五㉜,六鹢退飞㉝;霣霜不杀草,李梅实㉞;正月不雨,至于秋七月;地震,梁山崩㉟,雍河三日不流;昼晦㊱。彗星见于东方,孛于大辰㊲;鹳鹆来巢㊳。《春秋》异之,以此见悖乱之征。孔子明得失,差贵贱,反王道之本㊴,讥天王以致太平,刺恶讥微㊵,不遗小大,善无细而不举,恶无细而不去,进善诛恶,绝诸本而已矣。

[注释]①苑囿:驯养飞禽走兽的场地。 ②穷:穷尽。五采:青、黄、赤、白、黑五色。 ③饬,通"饰"。工,精美。 ④类:同"戾",凶暴。 ⑤羽旄之饰:用羽毛和牦牛尾制作的旌旗。 ⑥深刑:重刑。妄杀,滥杀无辜。陵下,欺凌民众。 ⑦郑卫之音:格调低下的靡靡之音。 ⑧倾宫:商纣王所建的宫殿。 ⑨灵,喜好。兕,犀牛一类的野兽。 ⑩意:疑为"惠"之误,罕见的稀世之宝。 ⑪糟:酒糟。 ⑫臭(xiù),同"嗅",气味。 ⑬剔:解剖。化:胎儿的变化。 ⑭斮(zhuó):砍掉。朝涉:早晨渡河之人。拇:足大指。 ⑮梅伯:商纣王时代的一位诸侯。醢(hǎi):肉酱。 ⑯鬼侯:商纣王时代的一位诸侯。环:玉环。 ⑰诛求:要求,欲望。 ⑱孟津:周武王伐纣时,在孟津(今河南孟津)大会诸侯,故又称"盟津"。 ⑲蒲社灾:事在《春秋·哀公四年》。蒲社,商朝祭祀土地神的地方。 ⑳政:通"征",征伐。 ㉑邑:

卿大夫的食邑。　㉒文：周文王。　㉓贡聘：贡品与聘礼。　㉔孽：庶出之子。宗，嫡子。　㉕伐锉（cuò）：攻伐，锉通"剉"。　㉖奄：通"掩"，袭取。　㉗暴：欺凌。　㉘僭（jiàn）：超越本分。　㉙霣（yǔn）：通"陨"。　㉚雨螽（zhōng）：蝗虫像雨一样降落。　㉛沙鹿崩：事在《春秋·僖公十四年》。沙鹿：在今河北大名。　㉜霣石于宋五：事在《春秋·僖公十六年》。五：五块陨石。　㉝六鹢（yì）退飞：事在《春秋·僖公十六年》。鹢，一种水鸟。退飞：向后退着飞。　㉞李梅实：李和梅在冬季结果实，事在《春秋·僖公三十三年》。　㉟梁山崩：事在《春秋·成公五年》。梁山：在今陕西韩城。　㊱昼晦：白天昏暗。　㊲孛（bèi）：彗星的一种。大辰：心宿二，又称"大火"。事在《春秋·昭公十七年》。　㊳鹳鹆（guàn yù）：一种鸟名，喜穴居。事在《春秋·昭公二十五年》。　㊴反：通"返"。　㊵刺：批评。

　　天王使宰喧来归惠公、仲子之赗①，刺不及事也②。天王伐郑，讥亲也③。会王世子，讥微也④。祭公来逆王后⑤，讥失礼也。刺家父求车⑥、武氏毛伯求赙金⑦、王人救卫⑧、王师败于贸戎⑨、天王不养⑩出居于郑、杀母弟⑪。王室乱，不能及外，分为东、西周，无以先天下⑫。召卫侯不能致，遣子突征卫不能绝⑬。伐郑⑭不能从；无骇灭极⑮不能诛。诸侯得以大乱，篡弑无已，臣下上逼，僭拟天子；诸侯强者行威，小国破灭。晋至三侵周，与天王战于贸戎而大败之。戎执凡伯于楚丘⑯以归。诸侯本怨随恶⑰，发兵相破，夷人宗庙社稷⑱，不能统理。臣子强，至弑其君父，法度废而不复用，威武绝而不复行。故郑鲁易地⑲，晋文再致天子⑳。齐桓会王世子，擅封邢、卫、杞，横行中国，意欲王天下㉑。鲁舞八佾㉒，北祭泰山，郊天祀地，如天子之为。以此之故，弑君三十二，亡国五十二㉓，细恶不绝之所致也。

[注释]①天王：周平王。宰喧：名喧，"宰"是官职。归：通"馈"，赠与。惠公：鲁惠公。仲子：鲁惠公夫人。赗(fèng)：助丧之物。 ②刺不及事：批评周平王馈赠之举太晚。 ③讥亲：讽刺周桓王亲自带兵出战。天王伐郑，事在《春秋·桓公五年》。 ④王世子：周惠王的儿子。讥微：公元前655年，诸侯在首止（在今河南睢县）拜见王世子，《春秋》于此讥讽天子势力衰微。 ⑤祭公来逆王后：祭公：周桓王的大臣。公元前704年，周桓王娶王后于纪国。按礼，周桓王应亲自去迎亲，但周桓王派祭公前去迎亲。《春秋》于此讥讽周桓王失礼。 ⑥家父：周桓王的大臣。公元前711年，周桓王派遣家父前往鲁国求车。《春秋》于此讥讽周桓王贪财。 ⑦赙(fù)：以财物助人办丧事。公元前720年，周平王大夫武氏为葬周平王，前往鲁国求赙；公元前618年，周襄王大夫毛伯为葬周襄王，前往鲁国求金。 ⑧王人：周天子大臣子突。 ⑨贸戎：地名。公元前590年，周天子军队败于贸戎。 ⑩天王不养：周襄王不孝敬父母。 ⑪杀母弟：公元前543年，周景王杀害其弟弟。 ⑫先天下：为天下树立榜样。 ⑬绝：断绝关系。卫侯朔得罪了周庄王，周庄王另立公子留为卫侯。公元前689年，齐、鲁等五国兴师护送卫侯朔返回卫国。第二年，周庄王派子突率军前去救公子留，大败而归，被天下讥笑。 ⑭伐郑：公元前707年，周桓王讨伐郑国，蔡、卫、陈三国消极应对，只派大夫出击。 ⑮无骇：鲁国司空展无骇。极：姬姓小国。公元前721年，展无骇率军灭极。 ⑯戎执凡伯于楚丘：公元前716年，戎人在楚丘（在今山东曹县）擒获周桓王的大臣凡伯。 ⑰本怨随恶：因矛盾而滋生仇恨。 ⑱夷：毁灭。 ⑲郑鲁易地：公元前711年，郑庄公用玉璧交换鲁国一块土地。 ⑳晋文再致天子：指晋文公两次叫周天子前来参加诸侯会盟。 ㉑王：称王。 ㉒八佾(yì)：八人一行为一佾，八佾为八行。天子用八佾，诸侯用六佾，大夫用四佾。 ㉓根据《春秋》记载，国君被杀者三十六人，国家被灭达五十二个。"弑君三十二"应是"三十六"之误。

《春秋》立义：天子祭天地，诸侯祭社稷，诸山川不在封内不祭①。有天子在,诸侯不得专地②,不得专封③,不得专执天子之大夫④,不得舞天子之乐,不得致天子之赋⑤,不得适天子之贵⑥。君亲无将⑦,将而诛。大夫不得世⑧,大夫不得废置君命。立适以长不以贤⑨,立子以贵不以长,立夫人以适不以妾,天子不臣母后之党⑩,亲近以来远,未有不先近而致远者也。故内其国而外诸夏⑪,内诸夏而外夷狄,言自近者始也。

[注释]①封:所分封的疆土。 ②专地:专有土地。 ③专封:擅自分封疆土。 ④执:拘禁。 ⑤致:收取。 ⑥适:敌,与……相匹配。 ⑦君亲无将:对君王与父母尊长不能有伤害之心。将:伤害。语出《公羊传·庄公三十二年》。 ⑧大夫不得世:卿大夫可世袭其禄,不可世袭其位。 ⑨适(dí):嫡。 ⑩党:亲族。 ⑪内:亲近。外,疏远。

诸侯来朝者得褒,邾娄仪父称字,滕、薛称侯,荆得人①,介葛卢得名。内出言如②,诸侯来曰朝,大夫来曰聘,王道之意也。诛恶而不得遗细大,诸侯不得为匹夫兴师,不得执天子之大夫。执天子之大夫与伐国同罪,执凡伯言伐。献八佾,讳八言六③。郑、鲁易地,讳易言假④。晋文再致天子,讳致言狩。桓公存邢、卫、杞,不见《春秋》,内心予之行,法绝而不予⑤,止乱之道也,非诸侯所当为也。《春秋》之义,臣不讨贼,非臣也;子不复仇,非子也。故诛赵盾,贼不讨者,不书葬,臣子之诛也⑥。许世子止不尝药,而诛为弑父。楚公子比胁而立,而不免于死。齐桓、晋文擅封,致天子,诛乱,继绝、存亡⑦,侵伐会同,常为本主⑧。曰:桓公救中国,攘夷狄⑨,卒服楚⑩,至为王者事。晋文再致天子,皆止不诛,善其牧诸侯⑪,奉献天子而服周室,《春秋》予之为伯⑫。诛意不诛辞之谓也⑬。

[注释]①荆得人:荆国国君被称为"人",事在《春秋·庄公二十三年》。 ②内出言如:从本国出发去他国叫做"如"。 ③讳八言六:避讳言"八佾"而称"六佾"。 ④讳易言假:避讳言"交换"而称"借用"。 ⑤法绝而不予:法律上没有类似条文,因此在言辞上不公开赞同此事。 ⑥诛:责任。 ⑦继绝:让即将断绝的世族继续存在。存亡:让即将灭亡的国家继续保存下来。 ⑧本主:领导者。 ⑨攘(rǎng):排斥。 ⑩卒服楚:最终使楚国臣服。 ⑪牧:率领。 ⑫伯:公、侯、伯、子、男五等爵中第三等。 ⑬诛意不诛辞:在内心批评而不在文辞上批评。

鲁隐之代桓立①,祭仲之出忽立突,仇牧、孔父、荀息之死节,公子目夷不与楚国,此皆执权存国②,行正世之义,守惓惓之心③,《春秋》嘉气义焉④,故皆见之⑤,复正之谓也⑥。夷狄邾娄人、牟人、葛人,为其天王崩而相朝聘也⑦,此其诛也。杀世子母弟,直称君⑧,明失亲亲也。鲁季子之免罪,吴季子之让国,明亲亲之恩也。阍杀吴子余祭⑨,见刑人之不可近⑩。郑伯髡原卒于会⑪,讳弒,痛强臣专君,君不得为善也。卫人杀州吁,齐人杀无知⑫,明君臣之义,守国之正也。卫人立晋⑬,美得众也。君将不言率师⑭,重君之义也。正月,公在楚,臣子思君,无一日无君之意也。诛受令⑮,恩卫葆⑯,以正囹圄之平也。言围成⑰,甲午祠兵⑱,以别迫胁之罪,诛意之法也⑲。作南门⑳,刻桷㉑,丹楹㉒,作雉门及两观㉓,筑三台㉔,新延厩㉕,讥骄溢不恤下也。故臧孙辰请籴于齐,孔子曰㉖:"君子为国,必有三年之积。一年不熟乃请籴,失君之职也。"诛犯始者,省刑绝恶,疾始也㉗。大夫盟于澶渊,刺大夫之专政也。诸侯会同,贤为主,贤贤也。《春秋》记纤芥之失㉘,反之王道,追古贵信,结言而已㉙,不至用牲盟而后成约,故曰:"齐侯卫侯胥命于蒲。"㉚《传》曰:"古者不盟,结言而退。"宋伯姬曰:"妇人夜出,傅母不在,不下堂。"㉛曰:"古者周公东征,则西国怨。"桓公曰:"无贮粟,无鄣谷㉜,无易树子,无以妾为妻。"宋襄公曰:"不鼓不成列,不阨人。"㉝庄王曰:"古者杅不穿,皮不蠹,则不出㉞。君子笃于礼,薄于利;要其人不要其土;告从不赦,不祥;强不陵弱。"齐顷公吊死视疾;孔父正色而立于朝,人莫过而致难乎其君;齐国佐不辱君命而尊齐侯。此《春秋》之救文以质也。救文以质,见天下诸侯所以失其国者亦有焉。潞子欲合中国之礼义㉟,离乎夷狄,未合乎中国,所以亡也。吴王夫差行强于越㊱,臣人之主,妾人之妻,卒以自亡,宗庙夷,社稷灭,其可痛也。长王投死,於戏㊲,岂不哀哉!晋灵行无礼㊳,处台上弹群臣,枝解宰人而弃之㊴,漏阳处父之谋㊵,使阳处父死。及患赵盾之谏,欲杀之,卒为赵盾所弑。晋献公行逆理㊶,杀世子申生,以骊姬立奚齐、卓子,皆杀死,国大乱,四世乃定,几为秦所灭,从骊姬起也。楚平王行无度,杀伍子胥父兄。蔡昭公朝之,因请其裘,昭公不与。吴王非之,举兵加楚,大败之。君舍乎君室㊷,大夫舍乎大夫室,妻楚王之母,贪暴之所致也。晋厉公行暴道,杀无罪人,一朝而杀大臣三人。明年,臣下畏恐,晋国杀之。陈侯佗淫乎蔡㊸,蔡人杀之。古者,诸侯出疆必具左右,备一师,以备不虞。今陈侯恣以身出入民间㊹,至死闾里之庸㊺,甚非人君之行也。宋闵公矜妇人而心妒㊻,与大夫万博㊼,万誉鲁庄公曰:"天下诸侯宜为君者,唯鲁侯尔。"闵公妒其言,曰:"此虏也。尔虏焉故㊽?鲁侯之美恶乎至。"㊾万怒,搏闵公,绝脰㊿,此以与臣博之过也。古者人君立于阴㉛,大夫立于阳,所以别位,明贵贱。今与臣相对而博,置妇人在侧,此君臣无别也。故使万称他国,卑闵公之意,闵公籍万㉒而身与之博,下君自置㉓,有辱之妇人之房㉔,俱而矜妇人,独得杀死之道也。《春秋传》曰:"大夫不适君。"㉕远此逼也㉖。梁内役民无已,其民不能堪㉗,使民比地为伍㉘,一家亡,五家杀刑㉙。其民曰:"先亡者封㉠,后亡者刑。"君者,将使民以孝于父母,顺于长老,守丘墓,承宗庙,世世祀其先。今求财不足,行罚如将不胜,杀戮如屠,仇雠其民㉡,鱼烂而亡,国中尽空。《春秋》曰:"梁亡。"亡者,自亡也,非人亡之也。虞公贪财,不顾其难,快耳悦目,受晋之璧、屈产之乘㉢,假晋师道㉣,还以自灭。宗庙破毁,社稷不祀,身死不葬,贪财之所致也。故《春秋》以此见物不空来,宝不虚出。自内出者,无匹不行;自外至者,无主不止,此其应也。楚灵王行强乎陈、蔡,意广以武,不顾其行;虑所美,内罢其众㉤。乾溪有物女㉥,水尽则女见,水满则不见。灵王举发其国而役,三年不罢,楚国大怨。有行暴意,杀无罪臣成然㉦,楚国大溃㉧。公子弃疾卒令灵王父子自杀而取其国㉨。虞不离津泽㉩,农不去疇土,而民相爱也,此非盈意之过耶㉪?鲁庄公好宫室,一年三起台。夫人内淫两弟,弟兄子父相杀,国绝莫继,为齐所存,夫人淫之过也。妃匹贵妾，可不慎邪！此皆内自强从心之败已。见自强之败，尚有正谏而不用，卒皆取亡，曹羁谏其君曰㉑："戎众以无义，君无自适。"君不听，果死戎寇。伍子胥谏吴王，以为越不可不取。吴王不听，至死伍子胥。还九年，越果大灭吴国。秦穆公将袭郑，百里、蹇叔谏曰："千里而袭人者，未有不亡者也。"穆公不听，师果大败殽中㉒，匹马只轮无反者㉓。晋假道虞，虞公许之，宫之奇谏曰㉔："唇亡齿寒，虞、虢之相救，非相赐也，君请勿许。"虞公不听，后虞果亡于晋。《春秋》明此，存亡道可观也：观乎蒲社，知骄溢之罚；观乎许田㉕，知诸侯不得专封；观乎齐桓、晋文、宋襄、楚庄，知任贤奉上之功；观乎鲁隐、祭仲、叔武、孔父、荀息、仇牧、吴季子、公子目夷，知忠臣之效；观乎楚公子比，知臣子之道、效死之义；观乎潞子，知无辅自诅之败㉖；观乎公在楚，知臣子之恩；观乎漏言，知忠道之绝；观乎献六羽㉗，知上下之差；观乎宋伯姬，知贞妇之信；观乎吴王夫差，知强陵弱；观乎晋献公，知逆理近色之过；观乎楚昭王之伐蔡，知无义之反；观乎晋厉之妄杀无罪，知行暴之报；观乎陈佗、宋闵，知妒淫之祸；观乎虞公、梁亡，知贪财枉法之穷；观乎楚灵，知苦民之壤㉘；观乎鲁庄之起台，知骄奢淫佚之失；观乎卫侯朔，知不即召之罪；观乎执凡伯，知犯上之法；观乎晋郤缺之伐邾娄，知臣下作福之诛；观乎公子翚，知臣窥君之意；观乎世卿，知移权之败。故明王视于冥冥，听于无声，天覆地载，天下万国莫敢不悉靖其职㉙，受命者不示臣下以知之至也㉚。故道同则不能相先，情同则不能相使，此其教也。由此观之，未有去人君之权能制其势者也;未有贵贱无差能全其位者也。故君子慎之。

[注释]①鲁隐之代桓立:事在《春秋·隐公元年》。 ②执权存国:实施权变,保存国家。 ③惓惓(quán):忠诚老实。 ④气:通"其"。 ⑤见:表现。 ⑥正:正道。 ⑦事在《春秋·桓公十五年》。夷狄:视……为夷狄。 ⑧杀世子母弟,直称君:事在《春秋·僖公五年》。 ⑨阍(hūn):看门人。余祭:吴王寿梦之子。 ⑩见刑人之不可近:《公羊传》:"君子不近刑人。" ⑪郑伯:郑僖公,字髡原。郑僖公将外出与诸侯会盟,被臣下杀害。 ⑫无知:春秋时代齐国公子夷仲年之子。 ⑬晋:卫桓公之弟。卫国人杀死州吁之后,立晋为国君,是为卫宣公。 ⑭君将:君王亲自率领军队。 ⑮诛受令:疑当做"诛不受令"。 ⑯恩卫葆:优待卫国的俘虏。葆通"宝",宝与俘同,《左传》作"卫俘"。 ⑰成:国名。 ⑱祠兵:治理军队。《春秋》与《左传》书为"治兵"。 ⑲诛意之法:诛心之法,批判他人动机不良或心怀恶意的办法。 ⑳作南门:修缮南门应在孟冬时节,而非春季。所以《春秋》讥讽"使民不以时"。 ㉑刻桷:雕刻屋檐。 ㉒丹楹:把屋柱染成红色。 ㉓雉门:诸侯的宫门。两观:在宫门外的左右两边所建的楼台。 ㉔筑三台:修建三座楼台。 ㉕延厩:马厩。 ㉖孔子曰:下引孔子之语见《公羊传·庄公二十八年》。 ㉗疾始:痛恨首恶。 ㉘纤芥之失:细小的过失。 ㉙结言:口头结盟或订约。 ㉚胥命:诸侯相见,约言不誓。 ㉛事在《春秋·襄公三十年》。 ㉜鄣谷:填塞河谷。 ㉝不阸(ài)人:不将人逼向死地。阸,通"隘",险恶之地。 ㉞杆(yú)不穿,皮不蠹(dù),则不出:这儿是指一个国家必须在军力强大到一定程度时才考虑发动战争。杆,盾牌。穿:破裂。蠹:长虫。 ㉟潞子:潞国国君。合:信奉。 ㊱行强:逞强。 ㊲於戏:呜呼。 ㊳晋灵:晋灵公。 ㊴枝解:肢解。宰人:负责君王膳食的人员。 ㊵漏:泄漏。阳处父,晋国大夫。 ㊶逆:违背。 ㊷舍:居住。 ㊸陈侯佗:陈国国君,名佗。公元前 706 年,被蔡人杀死。 ㊹恣:随心所欲。 ㊺庸:佣人。 ㊻矜:夸耀。 ㊼万:宋国大夫。博:博戏。 ㊽尔房焉故:当改为"尔房焉知",你这个俘虏知道什么呢! ㊾恶,音乌,如何。至,甚,程度。 ㊿绝脰(dòu):扭断脖子。 ㈤立于阴:坐北朝南。立于阳:坐南朝北。 ㈥籍:羞

辱。　㊺下君自置:君王自己不自重。　㊾有:又。　㊿适:通"敌",抗衡。　㊽逼:有的版本作"过",过错。　㊼堪:忍受。　㊻使民比地为伍:五家组成一伍。　㊺五家:应改为"四家"。　㊽封:封侯。　㊽仇雠:视同……为仇人。　㊽屈产之乘:北屈所产之马。北屈,晋国地名。　㊽假:借。　㊽罢:同"疲",疲惫不堪。　㊽物女:传说中的鬼女。　㊽成然:楚国大夫。　㊽懑:愤慨。　㊽卒:终于。　㊽虞:掌管山泽的官员,西周始置。　㊽盈意:纵欲无度。　㊽曹羁:春秋时代曹国大夫。下文所引见《公羊传·庄公二十四年》。适,敌,抗击。　㊽殽(xiáo):殽山,在今河南灵宝一带。　㊽反:返回。　㊽宫之奇:虞国大夫。下引文出自《公羊传·僖公二年》。　㊽观乎许田:公元前711年,郑庄公用玉璧换取鲁国许田一带土地。　㊽自诅:孤立无援。　㊽羽:通"佾"。　㊽壤:恶果。　㊽靖:恪守。　㊽受命者:天子。

灭国上第七

[题解]本篇重点论述治国之道,尤其是君王如何使国家长治久安的道理。"王者,民之所往;君者,不失其群者也。"王就是人民倾心向往,君就是不失去群众支持。要使国家"无敌于天下",用贤、托贤非常重要,关系到国家的兴亡存废。

王者,民之所往①;君者,不失其群者也。故能使万民往之,而得天下之群者,无敌于天下。弑君三十六,亡国五十二,小国德薄,不朝聘大国,不与诸侯会聚,孤特不相守②,独居不同群,遭难莫之救,所以亡也。非独公侯大人如此,生天地之间,根本微者③,不可遭大风疾雨,立铄消耗④。卫侯朔固事齐襄,而天下患之;虞、虢并力,晋献难之。晋赵盾,一夫之士也,无尺寸之土、一介之众也,而灵公据霸主之余尊⑤,而欲诛之,穷变极诈,诈尽力竭,祸大及身。推盾之心⑥,载小国之位,孰能亡之哉!故伍子胥,一夫之士也,去楚,干阖庐⑦,遂得意于吴。所托者诚是⑧,何可御邪!楚王髡托其国于子玉得臣⑨,而天下畏之;虞公托其国于宫之奇,晋献患之;及髡杀得臣,天下轻之;虞公不用宫之奇,晋献亡之;存亡之端⑩,不可不知也。诸侯见加以兵,逃遁奔走,至于灭亡而莫之救,平生之素行可见也。隐代桓立,所谓仅存耳⑪,使无骇帅师灭极,内无谏臣,外无诸侯之救。载亦由是也⑫,宋、蔡、卫国伐之,郑因其力而取之,此无以异于遗重宝于道而莫之守,见者掇之也。邓、谷失地⑬而朝鲁桓,邓、谷失地,不亦宜乎!

[注释]①往:归往。 ②孤特:孤单自闭。 ③根本微:根基不牢固。 ④铄:毁坏。 ⑤灵公据霸主之余尊:晋灵公是春秋"五霸"晋文公之孙,所以说晋灵公依仗霸主的声望与地位。 ⑥心:动机。 ⑦干:求取。 ⑧所托者诚是:所托付的确实是贤德之人。 ⑨楚王髡(kūn):楚成王。子玉得臣:名成得臣,字子玉,楚成王令尹。 ⑩端:原由。 ⑪仅存:保全社稷宗庙。 ⑫载:载国。公元前713年,郑国灭载。 ⑬邓与谷都是春秋时代小国。邓国在今河南邓州一带,谷在今湖北谷城一带。

灭国下第八

[题解]此篇与上篇当是一文,不应分解。此篇通过总结纪国、盛国、谭国、曹国、卫国和邢国灭亡的原因,进而说明国家长治久安的道理。

纪侯之所以灭者,乃九世之仇也①。一旦之言,危百世之嗣,故曰大去②。卫人侵成,郑人成,及齐师围成,三被大兵③,终灭,莫之救,所恃者安在?齐桓公欲行霸道,谭遂违命④,故灭而奔莒,不事大而事小。曹伯之所以战死于位⑤,诸侯莫助忧者。幽之会⑥,齐桓数合诸侯,曹小,未尝来也。鲁大国,幽之会,庄公不往,戎人乃窥兵于济西⑦,由见鲁孤独而莫之救也。此时大夫废君命,专救危者⑧。鲁庄公二十七年,齐桓为幽之会,卫人不来。其明年,桓公怒而大败之。及伐山戎,张旗陈获⑨以骄诸侯。于是鲁一年三筑台,乱臣比三起于内⑩,夷狄之兵仍灭于外⑪。卫灭之端,以失幽之会;乱之本⑫,存亲内蔽⑬。邢未尝会齐桓也,附晋又微,晋侯获于韩而背之⑭,淮之会是也⑮。齐桓卒,竖刁、易牙之乱作⑯。邢与狄伐其同姓⑰,

取之。其行如此,虽尔亲,庸能亲尔乎?是君也,其灭于同姓,卫侯燬灭邢是也。齐桓为幽之会,卫不至,桓怒而伐之,狄灭之,桓忧而立之。鲁庄为柯之盟,劫汶阳⑱,鲁绝,桓立之⑲。邢、杞未尝朝聘,齐桓见其灭,率诸侯而立之,用心如此,岂不霸哉!故以忧天下与之。

[注释]①九世之仇:纪侯在周懿王说齐哀公坏话,周懿王烹杀齐哀公。从齐哀公到齐襄公,历经九代。齐襄公为报九世之仇,于是把纪国灭了。 ②大去:指齐襄公为报九世之仇而把纪国灭亡之事。 ③被:遭受。 ④谭:谭国,在今山东济南一带。谭国被齐灭亡。 ⑤曹伯:曹僖公。公元前670年,戎人入侵曹国,曹僖公死于这一战乱。 ⑥幽之会:公元前678年,齐桓公大会诸侯于幽,曹国没有与会。 ⑦济西:济水之西。 ⑧此间恐有夺误,语义不明。 ⑨陈获:展示战利品。 ⑩比:接连不断。 ⑪夷狄之兵仍灭于外:指夷狄灭卫之事。 ⑫乱之本:当为"鲁乱之本"。 ⑬内蔽:危难起于内部。蔽,同"弊"。 ⑭晋侯获于韩而背之:公元前645年,晋惠公在韩地(在今山西芮城)被秦穆公俘虏,邢国从此背弃晋国。 ⑮淮之会:公元前648年,齐桓公在淮(在今江苏盱眙)大会诸侯。 ⑯竖刁、易牙:齐桓公的两位宠臣。 ⑰邢与卫都是姬姓国家。 ⑱公元前681年,齐桓公在柯(今山东东阿附近)会鲁庄公,曹沫以匕首胁迫齐桓公退还以前侵占的鲁国汶阳之田,齐桓公被迫答应。 ⑲鲁绝,桓立之:鲁庄公去世,庆父杀死子般与鲁闵公,齐桓公为鲁国立僖公。

随本消息第九

[**题解**]本篇重点论述人与天命的关系。"天命"是指一种非人力所能干预的外在制约因素,这种制约因素不仅决定人之寿命长短,而且还预定了人在后天的贫富贵贱:"天命成败,圣人知之,有所不能救,命矣夫!"天命是无法抗拒的外在制约性力量,人的一生处处受到天命的影响。

颜渊死,子曰:"天丧予。"①子路死,子曰:"天祝予。"②西狩获麟③,曰:"吾道穷,吾道穷。"三年,身随而卒。阶此而观④,天命成败,圣人知之,有所不能救,命矣夫!

[**注释**]①天丧予:上天要我的命。语出《论语·先进》。 ②天祝予:上天要断绝我的路。祝,断绝。 ③西狩获麟:麒麟是盛世之祥瑞,春秋乱世却出现麒麟,孔子感叹麒麟非时而出,著《春秋》乃绝笔于此。 ④阶:从,由,根据。

先晋献之卒,齐桓为葵丘之会,再致其集①。先齐孝未卒一年,鲁僖乞师取谷②。晋文之威,天子再致③。先卒一年,鲁僖公之心分而事齐,文公不事晋。先齐侯潘卒一年④,文公如晋,卫侯、郑伯皆不期来⑤。齐侯已卒,诸侯果会晋大夫于新城⑥。鲁昭公以事楚之故,晋人不入。楚国强而得意,一年再会诸侯,伐强吴,为齐诛乱臣,遂灭厉⑦。鲁得其威以灭鄫⑧,其明年如晋,无河上之难⑨,先晋昭之卒一年无难。楚国内乱,臣弑君,诸侯会于平丘⑩,谋诛楚乱臣。昭公不得与盟,大夫见执⑪,吴大败楚之党六国于鸡父⑫。公如晋而大辱,《春秋》为之讳而言有疾。由此观之,所行从不足恃所事者,不可不慎,此亦存亡荣辱之要也。先楚庄王卒之三年,晋灭赤狄潞氏及甲氏、留吁⑬;先楚子审卒之三年,郑服萧鱼⑭。晋侯周卒一年,先楚子昭卒之二年,与陈、蔡伐郑而大克⑮。其明年,楚屈建会诸侯⑯而张中国⑰,卒之三年,诸夏之君朝于楚。楚子卷继之,四年而卒,其国不为侵夺,而顾隆盛强大中国⑱。不出年余⑲,何也?楚子昭盖诸侯可者也,天下之疾其君者,皆赴愬而乘之⑳,兵四五出,常以众击少,以专击散,义之尽也。先卒四五年,中国内乖㉑,齐、晋、鲁、卫之兵分守,大国袭小。诸夏再会陈仪㉒,齐不肯往,吴在其南,而二君杀㉓。中国在其北,而齐、卫杀其君,庆封劫君乱国,石恶之徒㉔聚而成群,卫衎据陈仪而为谖㉕,林父据戚而以畔㉖。宋公杀其世子㉗,鲁大饥。中国之行㉘,亡国之迹也,譬如于文、宣之际,中国之君,五年之中五君杀。以晋灵之行,使一大夫立于斐林㉙,拱揖指撝㉚,诸侯莫敢不出,此犹隰之有泮也㉛。

[注释]①再致其集:齐桓公两次盟会诸侯。　②谷:在今山东阳谷一

带。　③天子再致:晋文公两次召请天子参与诸侯盟会,这是天子衰微、"礼崩乐坏"的表现。　④齐侯潘:齐昭公,名姜潘。　⑤不期:出乎意料之外。　⑥新城:在今河南省商丘一带。　⑦厉:厉国,公元前538年,楚灭厉。⑧鄫(zēng):鄫国,公元前538年,鲁灭鄫。　⑨无河上之难:公元前536年,鲁昭公去晋国,听说晋国要逮捕他,鲁昭公不敢渡河西进。第二年,鲁昭公又去晋国,并且见到了晋平公,因此说"无河上之难"。　⑩平丘:在今河南封丘一带。公元前529年,诸侯在平丘会盟,商讨诛杀楚国乱臣之事。　⑪见执:被逮捕。　⑫党六国:附庸国,指顿、胡、沈、蔡、陈、许六国。鸡父:在今河南固始一带。　⑬赤狄:狄之一分支。潞氏、甲氏、留吁:都是赤狄所建立的国家。　⑭郑服萧鱼:应为"郑服于萧鱼"。公元前562年,晋悼公率领诸侯讨伐郑国,郑在萧鱼(在今安徽萧县一带)臣服于晋。　⑮大克:大胜。　⑯楚屈建会诸侯:公元前546年,楚国令尹屈建大会诸侯于宋国都城。　⑰张:炫耀。　⑱顾:反而。　⑲不出年余:该句后面恐有脱文。　⑳愬(sù):倾诉。㉑乖:动荡不安。　㉒陈仪:在今山东聊城一带。公元前549年和前548年,晋鲁宋卫等国两次会盟于陈仪。　㉓二君杀:公元前547年,吴子遏被巢国人射杀;四年之后,吴子余祭又被看门人杀死。　㉔石恶:公元前546年,卫国大夫宁喜、石恶等人杀害卫献公。　㉕卫衎(kàn):卫献公。谖:欺骗。公元前547年,卫献公为躲避大夫孙林父的谋害而逃奔陈仪,孙林父和宁喜立剽为卫殇(shāng)公。卫献公欺骗卫殇公,说愿老死于外,但暗中又指派宁喜、石恶等人杀害卫殇公。　㉖畔:通"叛",谋叛。　㉗宋公杀其世子:公元前546年,宋平公杀死世子痤。　㉘中国之行:中原国家的这些行为。㉙斐林:公元前608年,晋灵公派遣赵盾率领军队援救陈国,在斐林(今河南新郑一带)与诸侯会盟。　㉚指撝:指挥。　㉛隰(xí)之有泮:语出《诗经·卫风·氓》:"隰则有泮。"　隰:湿地。泮:通"畔",岸边。

盟会要第十

[题解]圣人心意深奥难识,但其宗旨在于"除天下之患"。天下没有祸患,人性才有可能向善;人性向善,礼乐教化才能流布;礼乐教化倡行于天下,社会才能富裕安康。

至意虽难喻①,盖圣人者贵除天下之患。贵除天下之患,故《春秋》重而书天下之患遍矣,以为本于见天下之所以致患②,其意欲以除天下之患。何谓哉?天下者无患,然后性可善;性可善,然后清廉之化流③;清廉之化流,然后王道举,礼乐兴,其心在此矣。《传》曰:"诸侯相聚而盟。"君子修国④,曰:"此将率为也哉!"⑤是以君子以天下为忧也,患乃至于弑君三十六,亡国五十二,细恶不绝之所致也。辞已喻矣,故曰:立义以明尊卑之分;强干弱枝,以明大小之职;别嫌疑之行,以明正世之义;采撷托意⑥,以矫失礼;善无小而不举,恶无小而不去,以纯其美⑦;别贤不肖,以明其尊;亲近以来远,因其国而容天下,名伦等物⑧不失其理,公心以是非,赏善诛恶而王泽洽⑨。始于除患,正一而万物备。故曰:大矣哉其号,两言而管天下⑩,此之谓也。

[注释]①至意:深奥的义旨。喻:理解。 ②本:根据。见:现,展评。 ③流:流布,流传。 ④俞樾认为,"修国"二字,当在"也哉"之上。 ⑤率:遵循。为:治理。 ⑥采撷(zhì):选择。托意:寄托心意。 ⑦纯:纯净。 ⑧名伦等物:确定伦理名分,区分社会等级。 ⑨洽:周遍。 ⑩两言:褒与贬。

正贯第十一

[题解]本篇论述统治者必须了解人民的性情、行为和风俗习惯,方其如此,才能治国安民。因为了解民众的性情,可以"引其天性所好,而压其情之所憎"。法令的制定因循平民大众的喜怒哀乐,才能达到天下大治。

《春秋》,大义之所本耶①!六者之科②,六者之恉之谓也③。然后援天端④,布流物⑤,而贯通其理,则事变散其辞矣⑥。故志得失之所从生⑦,而后差贵贱之所始矣;论罪源深浅定法诛⑧,然后绝属之分别矣⑨;立义定尊卑之序,而后君臣之职明矣;载天下之贤方⑩,表谦义之所在⑪,则见复正焉耳;幽隐不相逾,而近之则密矣⑫。而后万变之应无穷者,故可施其用于人,而不悖其伦矣。是以必明其统于施之宜⑬,故知其气矣⑭,然后能食其志也⑮;知其声矣,而后能扶其精也⑯;知其行矣,而后能遂其形也⑰;知其物矣,然后能别其情也;故倡而民和之,动而民随之,是知引其天性所好,而压其情之所憎者也。如是则言虽约,说必布矣⑱;事虽小,功必大矣;声响盛化运于物⑲,散入于理;德在天地,神明休集,并行而不竭,盈于四海而讼咏⑳。《书》曰:"八音克谐,无相夺伦,神人以和。"㉑乃是谓也。故明于情性乃可与论为政。不然,虽劳无功。夙夜是寤㉒,思虑惓心,犹不能睹,故天下有非者㉓。三示当中㉔,孔子之所谓非,尚安知通哉!

[注释]①大义:治国安民之大义。 ②科:类别。 ③恉:通"旨",旨意。 ④天端:春。 ⑤布:流布。流物:运动变化的事物。 ⑥事变散其辞:《春秋》大义散布于天地万物之中。 ⑦志:通"识",记述。 ⑧罪源:犯罪动机。 ⑨绝属之分:绝断与连续的分别。 ⑩贤方:良法。 ⑪谦义:谦让之德。 ⑫幽隐不相逾,而近之则密矣:此句可能有误字,语义难明。 ⑬统:法统纲纪。施:施行。 ⑭气:董仲舒认为"志生于气"。 ⑮食:养。 ⑯扶:扶养。精:血气。 ⑰遂:成就,完成。 ⑱布:流布,流传。 ⑲盛化:良好的教化。 ⑳讼咏:颂扬,歌颂。讼通"颂"。 ㉑八音克谐,无相夺伦,神人以和:八类乐器和谐地演奏,不可弄乱相互间的伦次,让神人都快乐和谐。语出今本《尚书·尧典》。 ㉒寤:醒。 ㉓非:非难,批评。 ㉔三示当中:卢文弨认为此句"文讹难晓"。

十指第十二

[题解]本篇论述《春秋》的十点要旨,其主要内容是招贤良、"亲近来远"、继承周礼等等。如果在社会政治中切合实际贯彻落实这十点要领,就会出现仁爱天下、阴阳和顺的太平局面。

《春秋》二百四十二年之文,天下之大,事变之博,无不有也。虽然,大略之要有十指①。十指者,事之所系也,王化之所由得流也②。举事变见有重焉,一指也;见事变之所至者,一指也;因其所以至者而治之,一指也;强干弱枝,大本小末,一指也;别嫌疑,异同类,一指也;论贤才之义,别所长之能,一指也;亲近来远,同民所欲,一指也;承周文而反之质③,一指也;木生火,火为夏,天之端④,一指也;切刺讥之所罚,考变异之所加,天之端,一指也。举事变见有重焉,则百姓安矣;见事变之所至者,则得失审矣;因其所以至而治之,则事之本正矣;强干弱枝,大本小末,则君臣之分明矣;别嫌疑,异同类,则是非著矣;论贤才之义,别所长之能,则百官序矣;承周文而反之质,则化所务立矣;亲近来远,同民所欲,则仁恩达矣;木生火,火为夏,则阴阳四时之理相受而次矣;切刺讥之所罚⑤,考变异之所加,则天所欲为行矣。统此而举之,仁往而义来⑥,德泽广大,衍溢于四海,阴阳和调,万物靡不得其理矣。说《春秋》者凡用是矣,此其法也。

[注释]①十指:指通"旨",十种旨意:百姓安、得失审、事之本正、君臣之分、是非著、百官序、承周文、仁恩达、阴阳四时之理相受而次、天所欲为行。

②王化:王道教化。 ③反:返。 ④天之端:春。 ⑤切:考察。 ⑥仁往而义来:董仲舒说:"仁谓往,义谓来。"以仁义待人处世。

重政第十三

[题解]本篇内容博杂不一,虽然标题为"重政",但并不专讲重政之事。本篇多处提到"圣人"一词,圣人是儒家理想人格。董仲舒认为圣人洞察天地万物的本源,因而能站在天人合一的哲学高度制定社会制度,推行道德教化。

惟圣人能属万物于一①而系之元也②,终不及本所从来而承之,不能遂其功③。是以《春秋》变一谓之元,元犹原也④,其义以随天地终始也。故人惟有终始也,而生不必应四时之变⑤,故元者为万物之本,而人之元在焉。安在乎?乃在乎天地之前,故人虽生天气及奉天气者⑥,不得与天元⑦、本天元命⑧而共违其所为也。故春正月者,承天地之所为也,继天之所为而终之也。其道相与共功持业,安容言乃天地之元,天地之元奚为于此?恶施于人⑨?大其贯承意之理矣⑩。

[注释]①属:连通。一、元、气,都是指宇宙本原。 ②系:连系。③遂:实现。 ④原:本原。 ⑤生不必应四时之变:"不"为衍文,当为"生必应四时之变"。 ⑥故人虽生天气及奉天气:人生于气并且遵循气之规律。

⑦与:用手触摸。 ⑧本天元命:秉承上天之命。 ⑨恶(wū):如何,怎样。 ⑩大:称颂。

能说鸟兽之类者,非圣人所欲说也。圣人所欲说,在于说仁义而理之①,知其分科条别,贯所附②,明其义之所审③,勿使嫌疑,是乃圣人之所贵而已矣。不然,传于众辞④,观于众物,说不急之言而以惑后进者⑤,君子之所甚恶也。奚以为哉!圣人思虑不厌昼日⑥,继之以夜,然后万物察者,仁义矣。由此言之,尚自为得之哉!故曰:於乎⑦!为人师者,可无慎邪?夫义出于经,经,传大本也。弃营劳心也⑧,苦志尽情,头白齿落,尚不合自录也哉⑨!

[注释]①理:使……有条理。 ②贯所附:贯穿于所连接的事物。 ③审:明悉,详究。 ④传:附和。 ⑤后进:后辈。 ⑥厌:满足。 ⑦於(wū)乎:呜呼。 ⑧弃营劳心:放弃正确的努力方向,劳心于虚浮不实之务。 ⑨自录:自我省思。

人始生有大命①,是其体也。有变命存其间者②,其政也。政不齐③,则人有忿怒之志,若将施危难之中,而时有随、遭者④,神明之所接⑤,绝属之符也⑥。亦有变其间,使之不齐如此,不可不省之,省之则重政之本矣。

[注释]①大命:正命,天命。大命与随命、遭命合称"三命"。 ②变命:与大命相对,指后天之命。 ③政不齐:政治不清明。 ④随、遭:随命、遭命。善有善报,恶有恶报,叫随命;行善得祸,行恶得福叫遭命。 ⑤神明:天地神祇。 ⑥绝属:绝续。

撮以为一,进义诛恶,绝之本①,而以其施②,此与汤、武同而有异。汤、武用之,治往故。《春秋》明得失,差贵贱,本之天王之所失天下者③,使诸侯得以大乱之说,而后引而反之④。故曰:博而明,深而切矣。

[注释]①绝之本:断绝邪恶之根基。 ②以其施:用《春秋》大义教化天下。 ③"所"字下当缺一"以"字。 ④引而反之:引导人们回归正道。

服制像第十四

[**题解**]本篇重点论述礼的起源。董仲舒首先分析刀、剑、韨、冠的象征意义,进而指出服饰只是外在形式,内在的文德比外在的威严更重要。只有通晓古今大道、明辨是非得失的君子,才配得上这种服饰。

天地之生万物也以养人,故其可适者以养身体①,其可威者以为容服②,礼之所为兴也。剑之在左,青龙之象也③;刀之在右,白虎之象也;韨之在前④,赤鸟之象也;冠之在首,玄武之象也。四者,人之盛饰也。夫能通古今,别然不然⑤,乃能服此也。盖玄武者,貌之最严有威者也,其像在后,其服反居首,武之至而不用矣⑥。圣人之所以超然,虽欲从之,末由也已⑦!夫执介胄而后能拒敌者⑧,故非圣人之所贵也。君子显之于服,而勇武者消其志于貌也矣。故文德为贵,而威武为下,此天下之所以永全也。于《春秋》何以言之?孔父义形于色,而奸臣不敢容邪。虞有宫之奇,而献公为之不寐。晋厉之强,中国以寝尸流血不已⑨。故武王克殷,裨冕而搢笏⑩;虎贲之士说剑⑪,安在勇猛必任武杀然后威?是以君子所服为上矣,故望之俨然者,亦已至矣,岂可不察乎!

[注释]①适:疑为"食"之误。 ②容服:容貌服饰。 ③青龙:青龙、白虎、赤鸟、玄武都是二十八星宿名,同时又代表不同方位:东青龙、西白虎、南朱雀(赤鸟)、北玄武。 ④韨(fú):古代祭服的蔽膝,用熟皮制作。 ⑤别然不然:辨别是非曲直。 ⑥根据《礼记·曲礼》记载:"行,前朱雀而后玄武。"战争排阵,玄武殿后。 ⑦圣人之所以超然,虽欲从之,末由也已:卢文弨认为此句是后人窜入,当删除。 ⑧执介胄(zhòu):执干戈,披甲胄。 ⑨中国:国内。 ⑩裨(pí)冕:古代诸侯卿大夫觐见天子时,穿裨衣,戴冠冕,称为裨冕。搢笏:手持上朝用的手板。 ⑪说:通"脱",解除。

二端第十五

[**题解**] "二端"指大与小、微与著两端。圣人因为"贵微重始",所以能在灾异发生之前就洞察其端倪。董仲舒由表及里进而指出,圣人之所以重视对灾异的分析研究,是因为灾异是上天的谴告,君子理应畏天威而反省自励。

《春秋》至意有二端①,不本二端之所从起,亦未可与论灾异也、小大微著之分也。夫览求微细于无端之处,诚知小之将为大也,微之将为著也,吉凶未形,圣人所独立也②。虽欲从之,末由也已,此之谓也③。故王者受命,改正朔,不顺数而往,必迎来而受之者,授受之义也④。故圣人能系心于微而致之著也。是故《春秋》之道,以元之深正天之端,以天之端正王之政,以王之政正诸侯之即位,以诸侯之即位正竟内之治⑤。五者俱正而化大行⑥。故书曰蚀、星陨、有蜮⑦、山崩、地震、夏大雨水、冬大雨雹、陨霜不杀草、自正月不雨至于秋七月、有鸜鹆来巢⑧,《春秋》异之,以此见悖乱之征⑨。是小者不得大,微者不得著,虽甚末,亦一端。孔子以此效之⑩,吾所以贵微重始是也。

因恶夫推灾异之象于前,然后图安危祸乱于后者,非《春秋》之所甚贵也。然而《春秋》举之以为一端者,亦欲其省天谴而畏天威⑪,内动于心志,外见于事情,修身审己,明善心以反道者也。岂非贵微重始、慎终推效者哉!

[注释]①二端:小大微著。 ②独立:可能是"独见"之误。 ③虽欲从之,末由也已,此之谓也:卢文弨认为此句是后人窜入,当删除。 ④此句是讲新王朝建立时,改正朔往往不会按照数字顺序去进行,而是依照上一朝代所建立的正朔而加以改变,比如夏朝正月为岁首,商朝十二月为岁首,周朝十一月为岁首,秦朝十月为岁首。 ⑤竟内:境内。 ⑥化:教化。 ⑦蜮(yù):传说中一种能含沙射人影子的动物。 ⑧鹳(guàn)鹆(yù):鸟名,俗称"八哥"。 ⑨征:征兆。 ⑩效:效验。 ⑪天谴:上天的谴责与警告。

符瑞第十六

[题解]本篇内容残缺不全。在公羊学派著作中,孔子被描绘为有王者之德而无王者之位的"素王",而"西狩获麟"就是受命之符,董仲舒承此而论。

有非力之所能致而自至者①,西狩获麟、受命之符是也②,然后托乎《春秋》正不正之间③,而明改制之义。一统乎天子,而加忧于天下之忧也,务除天下所患。而欲以上通五帝,下极三王,以通百王之道,而随天之终始,博得失之效④,而考命象之为⑤,极理以尽情性之宜⑥,则天容遂矣⑦。百官同望异路,一之者在主,率之者在相⑧。

[注释]①致:实现。 ②受命之符:接受天命的符信。 ③正不正:矫正不正。 ④博:取得。 ⑤命:天命。象:天象吉兆。 ⑥极理:穷理。 ⑦天容:上天之容貌。遂:舒坦。 ⑧百官同望异路,一之者在主,率之者在相:此句与上文无关,可能是其他篇章之文脱漏于此。

俞序第十七

[题解]本篇应当是董仲舒所写著作的序言。依照古代著书惯例,序言一般放在全书之后。本篇论述孔子作《春秋》的目的在于探究天人关系、总结历代成败得失。此外,董仲舒又分别论述了子夏、世硕、子石等人对《春秋》的评价,高度称赞《春秋》对治国安民的重要意义。

仲尼之作《春秋》也,上探正天端王公之位①,万民之所欲②;下明得失,起贤才,以待后圣。故引史记③,理往事,正是非,见王公④。史记十二公之间⑤,皆衰世之事,故门人惑。孔子曰:"吾因其行事⑥而加乎王心焉⑦,以为见之空言,不如行事博深切明。"故子贡、闵子、公肩子言其切而为国家资也⑧。其为切⑨,而至于杀君亡国,奔走不得保社稷,其所以然,是皆不明于道,不览于《春秋》也。故卫子夏言:"有国家者不可不学《春秋》。不学《春秋》,则无以见前后旁侧之危,则不知国之大柄⑩、君之重任也。故或胁穷失国,挢杀于位⑪,一朝至尔。苟能述《春秋》之法,致行其道,岂徒除祸哉!乃尧舜之德也。"故世子曰⑫:

"功及子孙,光辉百世,圣人之德,莫美于恕。"故予先言《春秋》详己而略人⑬,因其国而容天下。《春秋》之道,大得之则以王,小得之则以霸。故曾子、子石盛美齐侯安诸侯,尊天子⑭。霸王之道,皆本于仁。仁,天心,故次之以天心。爱人之大者,莫大于思患而豫防之⑮,故蔡得意于吴,鲁得意于齐,而《春秋》皆不告。故次以言⑯:怨人不可迩⑰,敌国不可狎⑱,攘窃之国不可使久亲⑲,皆防患,为民除患之意也。不爱民之渐⑳乃至于死亡,故言楚灵王、晋厉公生弑于位,不仁之所致也。故善宋襄公不厄人㉑,不由其道而胜,不如由其道而败,《春秋》贵之,将以变习俗而成王化也。故子夏言:"《春秋》重人,诸讥皆本此,或奢侈使人愤怨,或暴虐贼害人,终皆祸及身。"故子池言:"鲁庄筑台,丹楹刻桷,晋厉之刑刻意者㉒,皆不得以寿终。"上奢侈,刑又急,皆不内恕,求备于人。故次以《春秋》缘人情,赦小过,而《传》明之曰:"君子辞也。"孔子明得失,见成败,疾时世之不仁㉓,失王道之体,故缘人情,赦小过,《传》又明之曰:"君子辞也。"孔子曰:"吾因行事,加吾王心焉,假其位号㉔以正人伦,因其成败以明顺逆。"故其所善,则桓文行之而遂㉕,其所恶,则乱国行之终以败。故始言大恶杀君亡国,终言赦小过,是亦始于麤粗㉖,终于精微。教化流行,德泽大洽㉗,天下之人,人有士君子之行而少过矣,亦讥二名之意也㉘。

[注释]①探:考究。正:摆正。 ②欲:愿望。 ③史记:史书,此处指《春秋》。 ④王公:当为"王心",王道理想。 ⑤史记十二公:指《春秋》所记十二位君主:鲁隐公、鲁桓公、鲁庄公、鲁闵公、鲁僖公、鲁文公、鲁宣公、鲁

成公、鲁襄公、鲁昭公、鲁定公、鲁哀公。 ⑥行事:往事。 ⑦加:假托。 ⑧资:借鉴。有的版本为"贤"。 ⑨切:切分于人事。 ⑩国之大柄:国家权位。 ⑪搇(yǎn)杀:被人暗杀。 ⑫世子:世硕,《汉书·艺文志》有《世子》二十一篇。 ⑬予先:俞樾认为当为"子先",或许是孔子弟子之一。 ⑭子石:孔子弟子之一。《史记·仲尼弟子列传》载:"公孙龙,字子石,少孔子五十三岁。" ⑮豫防:预防。 ⑯次以言:接着说。 ⑰迩:亲近。 ⑱狎:轻忽。 ⑲攘(rǎng):窃取。 ⑳不爱民之渐:逐渐不爱民。 ㉑不厄人:不陷人于困境。 ㉒刻意:恣意妄为。 ㉓疾:忧虑。 ㉔假:假借。 ㉕桓文:齐桓公与晋文公。遂:成功。 ㉖麤(cū):"粗"的异体字。 ㉗洽:遍布。

㉘二名:两个字的名字。《公羊传》认为"二名"不符合礼制。

离合根第十八

[题解]本篇主要论述君臣之道。君王应当效法天道,"位尊而施仁,藏神而见光",仁爱百姓,无为而治。大臣应当效法大地之德,尽心尽力,积极有为,如同大地默默奉献而无所索取一样。

天高其位而下其施①,藏其形而见其光②。高其位,所以为尊也;下其施,所以为仁也;藏其形,所以为神③;见其光,所以为明。故位尊而施仁,藏神而见光者,天之行也。故为人主者,法天之行,是故内深藏,所以为神;外博观,所以为明也;任群贤,所以为受成④;乃不自劳于事,所以为尊也;泛爱群生,不以喜怒赏罚,所以为仁也。故为人主者,以无为为道,以不私为宝。立无为之位而乘备具之官⑤,足不自动而相者导进⑥,口不自言而摈者赞辞,心不自虑而群臣效当⑦,故莫见其为之而功成矣,此人主所以法天之行也。为人臣者法地之道,暴其形⑧、出其情以示人,高下、险易、坚耎⑨、刚柔、肥臞⑩、美恶,累可就财也⑪。故其形宜不宜,可得而财也。为人臣者,比地贵信而悉见其情于主⑫,主亦得而财之,故王道威而不失。为人臣常竭情悉力而见其短长,使主上得而器使之⑬,而犹地之竭竟其情也,故其形宜可得而财也。

[注释]①施:四时代御,风雨有时。 ②见其光:显现其光芒。 ③神:神秘玄妙。 ④受成:享受成果。 ⑤乘:因,凭借。备具之官:完备的官僚机构。 ⑥相者:辅佐行礼之人。《周礼》郑玄注:"出接宾曰摈,入赞礼曰相。" ⑦效当:恪守职责。 ⑧暴(pù):通"曝"。显露。 ⑨耎(ruǎn):软。 ⑩臞(qú):瘦弱。 ⑪财:通"裁",裁定。 ⑫比:效仿。 ⑬器使之:量才录用。

立元神第十九

[题解]本篇论述君王要使国家兴旺发达,关键在于懂得树立根本。何为根本?"天地人,万物之本也。"天用孝悌生育万物,地用衣食养育万物,人用礼乐成就万物。天地人合起来成为一个有机整体,三者不可或缺。此外,董仲舒又一次论述了君王无为、臣下有为的社会政治思想。这一观点来源于黄老思想,这说明董仲舒哲学思想中有综合百家之长的特色。

君人者,国之元①,发言动作,万物之枢机②。枢机之发,荣辱之端也,失之豪厘③,驷不及追④。故为人君者,谨本详始,敬小慎微,志如死灰,形如委衣⑤,安精养神,寂寞无为,休形无见影,揜声无出响⑥,虚心下士,观来察往。谋于众贤,考求众人,得其心遍见其情,察其好恶以参忠佞⑦,考其往行,验之于今,计其蓄积⑧,受于先贤。释其雠怨,视其所争,差其党族⑨,所依为宗⑩,据位治人,用何为名⑪,累日积久,何功不成?可以内参外,可以小占大,必知其实,是谓开阖⑫。君人者⑬,国之本也。夫为国,其化莫大于崇本,崇本则君化若神,不崇本则君无以兼人⑭。

无以兼人,虽峻刑重诛,而民不从,是所谓驱国而弃之者也,患孰甚焉!何谓本?曰:天地人,万物之本也。天生之,地养之,人成之。天生之以孝悌,地养之以衣食,人成之以礼乐,三者相为手足,合以成体,不可一无也。无孝悌则亡其所以生,无衣食则亡其所以养,无礼乐则亡其所以成也。三者皆亡,则民如麋鹿⑮,各从其欲⑯,家自为俗。父不能使子,君不能使臣,虽有城郭,名曰虚邑⑰。如此,其君枕块而僵⑱,莫之危而自危,莫之丧而自亡,是谓自然之罚⑲。自然之罚至,裹袭石室⑳,分障险阻㉑,犹不能逃之也。明主贤君必于其信,是故肃慎三本㉒。郊祀致敬㉓,共事祖祢㉔,举显孝悌,表异孝行㉕,所以奉天本也。秉耒躬耕㉖,采桑亲蚕,垦草殖谷,开辟以足衣食㉗,所以奉地本也。立辟雍庠序㉘,修孝悌敬让,明以教化,感以礼乐,所以奉人本也。三者皆奉,则民如子弟,不敢自专㉙;邦如父母,不待恩而爱,不须严而使,虽野居露宿,厚于宫室。如是者,其君安枕而卧,莫之助而自强,莫之绥而自安㉚,是谓自然之赏。自然之赏至,虽退让委国而去㉛,百姓襁负其子随而君之㉜,君亦不得离也。故以德为国者,甘于饴蜜,固于胶漆,是以圣贤勉而崇本而不敢失也。君人者,国之证也㉝,不可先倡,感而后应。故居倡之位而不行倡之势,不居和之职而以和为德,常尽其下,故能为之上也。

[注释]①元:本,根本。 ②枢机:关键所在。 ③豪厘:同"毫厘"。 ④驷:四匹马拉的车。 ⑤委衣:陈设的衣服。 ⑥揜:掩盖。 ⑦参:检验。佞:善以巧言献媚之人。 ⑧蓄积:知识积累。 ⑨差:分别。党族:乡

亲与宗族。 ⑩宗:尊敬。 ⑪据位治人,用何为名:此句疑有误字。苏舆认为:"何,或当为言。" ⑫阖:闭。 ⑬人:疑是衍文。 ⑭兼人:胜过人。 ⑮麋鹿:禽兽。 ⑯从:放纵。 ⑰虚邑:无人居住的城邑。 ⑱枕块而僵:头枕土块而卧。 ⑲自然之罚:自己招致的惩罚。 ⑳裹袭石室:多重的石头房屋。 ㉑分障:分隔的屏障,"分"疑为"界"之误。 ㉒肃慎:敬畏。三本:天、地、人。 ㉓郊祀:祭天之礼。 ㉔祖:父母以上的尊长。祢:已死父在宗庙中立主之称。 ㉕表异:表彰宣扬。 ㉖秉耒(lěi):手持劳动工具。躬耕:亲自耕耘。 ㉗开辟:开垦荒地。 ㉘辟雍:天子所办的学校之一。庠序:古代地方所办的学校。 ㉙自专:超越职权,自作主张。 ㉚绥:安抚。 ㉛委国:离弃权位。 ㉜襁负其子:用布幅把婴儿兜负在背上。 ㉝证:通"征",征验。

体国之道①,在于尊神②。尊者所以奉其政也,神者所以就其化也,故不尊不畏,不神不化。夫欲为尊者在于任贤,欲为神者在于同心。贤者备股肱③则君尊严而国安,同心相承则变化若神,莫见其所为而功德成,是谓尊神也。

[注释]①体国:治理国家。 ②尊神:尊贵与神秘化。 ③股肱:比喻君王左右辅佐得力的臣子。

天积众精以自刚①,圣人积众贤以自强。天序日月星辰以自光②,圣人序爵禄以自明。天所以刚者,非一精之力;圣人所以强者,非一贤之德也。故天道务盛其精③,圣人务众其贤。盛其精而壹其阳④,众其贤而同其心。壹其阳然后可以致其神,同其心然后可以致其功。是以建治之术,贵得贤而同心。为人君者,其要贵神。神者,不可得而视也,不可得而听也,是故视而不见其形,听而不闻其声。声之不闻⑤,故莫得其响;不见其形,故莫得其影。莫得其影,则无以曲直也;莫得其响,则无以清浊也。无以曲直,则其功不可得而败;无以清浊,则其名不可得而度也。所谓不见其形者,非不见其进止之形也,言其所以进止不可得而见也。所谓不闻其声者,非不闻其号令之声也,言其所以号令不可得而闻也。不见不闻,是谓冥昏⑥。能冥则明,能昏则彰。能冥能昏,是谓神。人君贵居冥而明其位,处阴而向阳,恶人见其情而欲知人之心⑦。是故为人君者执无源之虑,行无端之事,以不求夺⑧,以不问问⑨。吾以不求夺则我利矣,彼以不出出⑩则彼费矣。吾以不问问则我神矣,彼以不对对则彼情矣⑪。故终日问之,彼不知其所对;终日夺之,彼不知其所出。吾则以明而彼不知其所亡。故人臣居阳而为阴,人君居阴而为阳。阴道尚形而露情,阳道无端而贵神。

[注释]①精:精气。 ②序:排列。 ③盛:旺盛。 ④壹:守一。 ⑤声之不闻:疑当做"不闻其声"。 ⑥冥昏:幽深暗昧。 ⑦恶:厌恶。 ⑧以不求夺:不公开索求却得到想得到的财物。 ⑨以不问问:不用口头问,却达到了问的目的。 ⑩以不出出:好像没有付出,却失去了很多。 ⑪情:泄漏真情。

保位权第二十

[题解]本篇论述统治者治理天下贵在了解平民大众的性情,掌握好威、德二柄:"民无所好,君无以权也;民无所恶,君无以畏也。"用奖赏来实现他们的喜好,用刑罚来使他们有所畏惧。君王之所以能成为君王,是因为有权势,失去权势就丧失王位,因此权力不可与人分享。

民无所好,君无以权也①;民无所恶,君无以畏也。无以权,无以畏,则君无以禁制也。无以禁制,则比肩齐势而无以为贵矣②。故圣人之治国也,因天地之性情、孔窍之所利③,以立尊卑之制,以等贵贱之差。设官府爵禄,利五味④,盛五色⑤,调五声,以诱其耳目;自令清浊昭然殊体,荣辱踔然相驳⑥,以感动其心,务致民令有所好。有所好,然后可得而劝也,故设赏以劝之。有所好必有所恶,有所恶然后可得而畏也,故设罚以畏之。既有所劝,又有所畏,然后可得而制⑦。制之者,制其所好,是以劝赏而不得多也;制其所恶,是以畏罚而不可过也。所好多,则作福;所恶多,则作威。作威则君亡权,天下相怨;作福则君亡德,天下相贼。故圣人之制民,使之有欲,不得过节;使之敦朴,不得无欲。无欲有欲,各得以足,而君道得矣。国之所以为国者,德也⑧;君之所以为君者,威也。故德不可共,威不可分。德共则失恩,威分则失权;失权则君贱,失恩则民散;民散则国乱,君贱则臣叛。是故为人君者,固守其德,以附其民⑨;固执其权,以正其臣。声有顺逆,必有清浊;形有善恶,必有曲直。故圣人闻其声,则别其清浊;见其形,则异其曲直。于浊之中,必知其清;于清之中,必知其浊;于曲之中,必见其直;于直之中,必见其曲。于声无小而不取,于形无小而不举。不以著蔽微,不以众揜寡,各应其事以致其报。黑白分明,然后民知所去就;民知所去就,然后可以致治,是为象则⑩。为人君者,居无为之位,行不言之教,寂而无声,静而无形,执一无端,为国源泉。因国以为身,因臣以为心,以臣言为声,以臣事为形。有声必有响,有形必有影。声出于内,响报于外;形立于上,影应于下。响有清浊,影有曲直,响所报非一声也,影所应非一形也。故为君虚心静处,聪听其响,明视其影,以行赏罚之象。其行赏罚也,响清则生清者荣,响浊则生浊者辱,影正则生正者进,影枉则生枉者绌,揽名考质⑪,以参其实⑫。赏不空施,罚不虚出,是以群臣分职而治,各敬而事,争进其功,显广其名,而人君得载其中,此自然致力之术也。圣人由之,故功出于臣,名归于君也。

[注释]①权:通"劝",劝勉。 ②比肩:地位相等。齐势:势力均衡。 ③孔窍:五官,比喻人之欲望。利:欲求。 ④利:调和。 ⑤盛:使丰盛。

⑥踔(chuō)然:灼然。相驳(bó):不同。　⑦制:制服。　⑧德:通"得",利益。　⑨附:归附。　⑩象则:榜样与法则。　⑪揽名考质:依据名以考核其实。　⑫参:参验。

考功名第二十一

[**题解**] "考绩之法",指考核各级官员政绩的方法。官员所作所为对社会有益的称为"公",对社会有害的称之为"烦"。应根据各级官吏实际工作成绩来考核其优劣,而不是片面强调官员的社会地位和夸夸其谈的文辞。有功者予以提拔,无功者贬黜。考绩之法公正施行,各级官员就会相互劝勉,"争进其功"。

考绩之法①,考其所积也②。天道积聚众精以为光③,圣人积聚众善以为功。故日月之明,非一精之光也;圣人致太平,非一善之功也。明所从生,不可为源;善所从出,不可为端。量势立权④,因事制义⑤。故圣人之为天下兴利也,其犹春气之生草也,各因其生小大而量其多少;其为天下除害也,若川渎之写于海也⑥,各顺其势,倾侧而制于南北。故异孔而同归⑦,殊施而钧德⑧,其趣于兴利除害⑨一也。是以兴利之要在于致之,不在于多少;除害之要在于去之,不在于南北。

[**注释**] ①考绩:考核官吏的政绩。 ②积:所累积的功与过。 ③精:精气。 ④量势立权:考量各种形势,从而制定标准。 ⑤因事制义:依照不

同事物,制定不同的规则。 ⑥渎:古代以江、河、淮、济四水为"四渎"。写:通"泻"。 ⑦异孔而同归:殊途同归。孔,途径。 ⑧殊施而钧德:具体做法不一,但蕴涵的美德相同。 ⑨趣:旨趣。

考绩绌陟①,计事除废②,有益者谓之公,无益者谓之烦③。揽名责实,不得虚言,有功者赏,有罪者罚,功盛者赏显,罪多者罚重。不能致功,虽有贤名,不予之赏;官职不废④,虽有愚名,不加之罚。赏罚用于实,不用于名;贤愚在于质,不在于文。故是非不能混,喜怒不能倾,奸轨不能弄⑤。万物各得其冥⑥,则百官劝职,争进其功。

[注释]①绌陟:降级与升迁。 ②除废:任命与罢免。 ③烦:无益之事扰民,故称"烦"。 ④官职不废:指官员能恪守职责。 ⑤奸轨:奸诈之人。弄:捣乱。 ⑥冥:有的版本作"宜",相称。

考试之法:大者缓,小者急,贵者舒而贱者促①。诸侯月试其国,州伯时试其部,四试而一考。天子岁试天下,三试而一考。前后三考而绌陟,命之曰计②。

[注释]①贵者舒而贱者促:职位高的考核少,职位低的考核多。 ②计:考评。

考试之法,合其爵禄,并其秩①,积其日②,陈其实。计功量罪,以多除少③,以名定实。先内弟之④,其先比二三分以为上中下⑤,以考进退,然后外集⑥,通名曰进退。增减多少,有率为弟⑦,九分三三列之,亦有上中下⑧。以一为最⑨,五为中,九为殿⑩。有余归之于中,中而上者有得,中而下者有负。得少者以一益之,至于四;负多者以四减之,至于一,皆逆行⑪。三四十二而成于计,得满计者绌陟之⑫。次次每计,各逐其弟,以通来数。

初次再计,次次四计,各不失故弟,而亦满计绌陟之。

初次再计,谓上弟二也。次次四计,谓上弟三也。九年为一弟,二得九,并去其六,为置三弟,六六得等,为置二。并中者得三尽去之,并三三计得六,并得一计得六,此为四计也。绌者亦然。

[注释]①秩:官吏的品级。 ②日:资历。 ③计功量罪,以多除少:考核功与过,功多者将功补过,过多者以过错减去功劳。 ④先内弟之:首先每人就其功过定出品级。弟,通"第"。 ⑤其先比二三分以为上中下:此句语义晦涩,大意为主考官定出上中下三个等级。 ⑥外集:官员之间相互比较,评出高低上下。 ⑦有:又。率(lǜ):准则。弟:等级。 ⑧九分三三列之,亦有上中下:在九大等级中分上中下三等,在每一大的等级中又细分上中下三个小的等级。 ⑨最:优等。 ⑩殿:殿后。 ⑪逆行:指从第一等到第九等,得分逐渐减少。 ⑫三四十二而成于计,得满计者绌陟之:如果某人连续三次加四分(加四分为优),或者连续三次减四分(减四分为劣等),就算满计,可以升迁或降级。

通国身第二十二

[题解]本篇论述养生之道与治国之道相通:"治身者以积精为宝,治国者以积贤为道。"养生秘诀是蓄积精气,治国的关键在于招揽贤才:"能致贤,则德泽洽而国太平。"养生贵在心境恬淡平和,用贤贵在礼贤尊贤。

气之清者为精,人之清者为贤。治身者以积精为宝,治国者以积贤为道。身以心为本,国以君为主。精积于其本,则血气相承受;贤积于其主,则上下相制使。血气相承受,则形体无所苦;上下相制使,则百官各得其所。形体无所苦,然后身可得而安也;百官各得其所,然后国可得而守也。夫欲致精者①,必虚静其形②;欲致贤者,必卑谦其身。形静志虚者,精气之所趣也③;谦尊自卑者,仁贤之所事也。故治身者务执虚静以致精,治国者务尽卑谦以致贤。能致精则合明而寿④,能致贤则德泽洽而国太平。

[注释]①致:获得。 ②虚静其形:心境澄明,形体恬静。 ③趣:归向。 ④合明:聚积天地阴阳之气。

三代改制质文第二十三

[**题解**]三代改制,指的是夏、商、周三代在礼乐制度上的改革:"王者必改正朔,易服色,制礼乐。"新王朝的君王受天命才能称王,紧接着改变历法,改换服装色彩,制礼作乐;昭告天下百姓江山已更姓易王,新王已受天命。董仲舒进一步指出,三代改制只出现在中原地区,夷狄和远方国家没有这种文化现象。

《春秋》曰:"王正月。"《传》曰①:王者孰谓?谓文王也。曷为先言王而后言正月②?王正月也③。何以谓之王正月?曰:王者必受命而后王④。王者必改正朔,易服色,制礼乐,一统于天下,所以明易姓非继人,通以己受之于天也。王者受命而王,制此月以应变⑤,故作科以奉天地⑥,故谓之王正月也。王者改制作科奈何?曰:当十二色⑦,历各法而正色⑧。逆数三而复⑨,绌三之前曰五帝⑩,帝迭首一色⑪;顺数五而相复⑫,礼乐各以其法象其宜⑬;顺数四而相复⑭,咸作国号⑮,迁宫邑,易官名,制礼作乐。

[**注释**]①《传》:指《公羊传》。 ②曷:为什么。 ③王正月:周文王正

月。　④命:天命。　⑤制此月以应变:制定正月以顺应天命的更换。
⑥科:制度法规。　⑦十二色:一年十二月,每月颜色不同,随草木荣枯而变化,所以说有十二色。　⑧历各法而正焉:采用十二色中的一色为正色而改变历法。但在实际上,只有黑、白、赤三种颜色是正色。　⑨逆数三而复:夏以建寅月为正月,尚黑;商朝改正朔为建丑为正月,尚白;周朝改正朔为建子为正月,尚赤,以后的新王朝逆着子丑寅的顺序而循环。　⑩绌三之前曰五帝:绌:通"黜",贬退、排除。排除三代(夏商周)以前的君王,称为五帝(黄帝、颛顼、喾、尧、舜)。　⑪帝迭首一色:五帝轮流以一种颜色为正色。迭:轮流。　⑫顺数五而相复:依照五行(木、火、土、金、水)的顺序而循环。　⑬礼乐各以其法,象其宜:依据时代的变化,制定适宜的礼乐制度。　⑭顺数四而相复:苏舆认为,依照商、夏、质、文的次序而循环,此处"商、夏"不是朝代名称。　⑮咸:都。

　　故汤受命而王,应天变夏作殷号,时正白统①,亲夏故虞②,绌唐谓之帝尧③,以神农为赤帝④,作宫邑于下洛之阳⑤,名相官曰尹⑥,作《濩乐》⑦、制质礼以奉天⑧。文王受命而王,应天变殷作周号,时正赤统⑨。亲殷故夏,绌虞谓之帝舜,以轩辕为黄帝⑩,推神农以为九皇⑪,作宫邑于丰⑫,名相官曰宰⑬,作《武乐》、制文礼以奉天。武王受命,作宫邑于鄗⑭,制爵五等⑮,作《象乐》⑯,继文以奉天。周公辅成王受命,作宫邑于洛阳,成文、武之制,作《汋乐》以奉天。

　　[注释]①时正白统:商朝以白色为正色。　②亲夏故虞:以夏朝为近,以虞舜时代为远。　③唐:尧初都于陶,后迁往唐,史称唐尧。　④以神农为赤帝:神农是传说中的上古时期姜姓部落的首领,教民务农,故号神农,以火德王,又称炎帝。　⑤下洛之阳:下洛,疑在洛水下游。阳,水之北。　⑥尹:商朝辅佐帝王的最高行政长官。　⑦《濩乐》:商汤时代的音乐。　⑧制质礼

以奉天:质与文相对,殷商重质,所以制质礼以敬上天。　⑨赤统:周朝尚赤。　⑩轩辕:黄帝居住于轩辕之丘,号轩辕。　⑪九皇:传说远古的帝王。　⑫丰:地名,在今陕西省户县一带。　⑬宰:大冢宰,西周最高行政长官。　⑭鄗(hào):又称"镐",在今陕西西安西。　⑮制爵五等:公、侯、伯、子、男五等爵。　⑯《象乐》:周武王伐纣之乐。

殷汤之后称邑①,示天之变反命。故天子命无常,唯命是德庆②。故《春秋》应天作新王之事③,时正黑统。王鲁④,尚黑,绌夏、亲周、故宋⑤。乐宜亲《招武》,故以虞录亲⑥,乐制宜商⑦,合伯子男为一等。

[注释]①殷汤之后称邑:周武王灭纣之后,分封纣王之子武庚于宋。　②唯命是德庆:天命只褒奖有德之人。庆:奖赏。　③《春秋》应天作新王之事:《公羊传》认为孔子是新王,又称素王,孔子顺应天命而写《春秋》。　④王鲁:孔子首先在鲁国实行王道。　⑤故宋:以宋为故国。商朝与宋皆子姓,祖先可一直上溯至商汤。　⑥乐宜亲《招武》,故以虞录亲:音乐宜用《韶乐》,所以亲近虞舜。《招武》,即《韶乐》,虞舜之乐。　⑦乐制宜商:音乐宜用商乐。商,指商、夏、质、文之"商",舜时代的音乐。

然则其略说奈何①?曰:三正以黑统初②。正日月朔于营室,斗建寅③,天统气始通化物,物见萌达④,其色黑。故朝正服黑⑤,首服藻黑⑥,正路舆质黑⑦,马黑,大节绶帻尚黑⑧,旗黑,大宝玉黑,郊牲黑⑨,牺牲角卵⑩。冠于阼⑪,昏礼逆于庭⑫,丧礼殡于东阶之上。祭牲黑牡,荐尚肝⑬,乐器黑质,法不刑有怀任新产⑭,是月不杀⑮。听朔废刑发德⑯,具存二王之后也⑰。亲赤统,故日分平明,平明朝正⑱。

[注释]①略说:概略。 ②初:开始。 ③正日月朔于营室,斗建寅:正月初一太阳与月亮会合于营宿,北斗星的斗柄指向"寅"的位置。 ④萌达:萌生。 ⑤朝正服黑:朝服为黑色。 ⑥首服藻黑:饰有藻纹的帽子是黑色的。 ⑦正路舆质黑:君王贵族乘坐的车子是黑色的。路舆:君王贵族乘坐的车子。 ⑧大节:符节。绶:丝带。帻:头巾。 ⑨郊牲:祭天用的牛。 ⑩牺牲角卵:祭天用的牛角像卵一样小。 ⑪冠于阼(zuò):冠礼在堂前东阶举行。冠:冠礼,古代男子二十岁时要举办加冠礼。 ⑫昏礼逆于庭:举办婚礼时,新郎在庭院亲迎新娘。逆:迎接。 ⑬荐尚肝:奉献的祭品以肝为上。 ⑭法不刑有怀任新产:法律不对怀孕、刚生孩子的妇女用刑。任:妊。 ⑮是月不杀:正月不执行死刑。 ⑯听朔废刑发德:在每月初一举行听朔礼时,不对犯人用刑,施行教化。 ⑰二王:尧、舜。 ⑱平明朝正:天亮时天子接见群臣。

正白统奈何?曰:正白统者,历正日月朔于虚,斗建丑①。天统气始蜕化物,物初芽,其色白,故朝正服白,首服藻白,正路舆质白,马白,大节绶帻尚白,旗白,大宝玉白,郊牲白,牺牲角茧②。冠于堂,昏礼逆于堂,丧事殡于楹柱之间③。祭牲白牡,荐尚肺,乐器白质,法不刑有身怀任,是月不杀。听朔废刑发德,具存二王之后也。亲黑统,故日分鸣晨④,鸣晨朝正。

[注释]①历正日月朔于虚,斗建丑:正月初一太阳与月亮会合于虚宿,北斗星的斗柄指向"丑"的位置。 ②角茧:牛角小如茧。 ③丧事殡于楹柱之间:商朝礼制,举办丧礼时,灵柩停放于两柱之间。 ④日分鸣晨:日与日之间以清晨鸡鸣作为分界。

正赤统奈何?曰:正赤统者,历正日月朔于牵牛,斗建子①。天统气始施化物,物始动,其色赤。故朝正服赤,首服藻赤,正路舆质赤,马赤,大节绶幪尚赤,旗赤,大宝玉赤,郊牲骍②,牺牲角栗③。冠于房,昏礼逆于户④,丧礼殡于西阶之上。祭牲骍牡,荐尚心。乐器赤质,法不刑有身,重怀藏以养微⑤,是月不杀。听朔废刑发德,具存二王之后也。亲白统,故日分夜半,夜半朝正。

[注释]①历正日月朔于牵牛,斗建子:正月初一太阳与月亮会合于牵牛宿,北斗星的斗柄指向"子"的位置。 ②骍(xīng):赤色动物。 ③角栗:牛角小如栗子。 ④户:门口。 ⑤怀藏:怀孕。养微:养护幼小生命。

改正之义①,奉元而起②。古之王者受命而王,改制称号正月,服色定,然后郊告天地及群神③,远追祖祢④,然后布天下。诸侯庙受⑤,以告社稷宗庙山川,然后感应一其司⑥。三统之变,近夷遐方无有⑦,生煞者独中国⑧。然而三代改正,必以三统天下。曰:三统五端⑨,化四方之本也。天始废始施⑩,地必待中,是故三代必居中国。法天奉本,执端要以统天下,朝诸侯也。是以朝正之义,天子纯统色衣⑪,诸侯统衣缠缘纽⑫,大夫士以冠⑬,参近夷以绥⑭,遐方各衣其服而朝,所以明乎天统之义也。其谓统三正者,曰:正者,正也。统致其气,万物皆应而正;统正⑮,其余皆正。凡岁之要,在正月也。法正之道,正本而末应,正内而外应。动作举错⑯,靡不变化随从,可谓法正也。故君子曰:"武王其似正月矣。"

[注释]①改正:改变正朔。 ②奉元:因循元气。 ③郊:郊祭。 ④祖祢(nǐ):祖庙与父庙。 ⑤诸侯庙受:诸侯在宗庙接受天子的正朔。 ⑥感应一其司:普天下使用统一的正朔。司:管理。 ⑦近夷遐方:附近的夷

狄和远方的国家。 ⑧生煞者独中国：唯独中原国家有生克理论。煞：杀。 ⑨五端：五始，指元、春、王、正月、公即位。 ⑩天始废始施：上天废旧施新。 ⑪天子纯统色衣：郑玄认为，天子身穿上下同色的朝服。 ⑫缠：当为"衍"字。缘：衣服边缘。纽：纽带。 ⑬大夫士以冠：大夫和士仅用帽子来区别身份。 ⑭参近夷以绥：附近的夷狄戴着有装饰品的帽子来朝见。参：朝见。绥：帽子饰物。 ⑮统正：三统（黑、白、赤）统一。 ⑯举错：行为举止。错，同"措"。

《春秋》曰："杞伯来朝。"①王者之后称公，杞何以称伯？《春秋》上绌夏，下存周，以《春秋》当新王。《春秋》当新王者奈何？曰：王者之法，必正号②，绌王谓之帝，封其后以小国，使奉祀之。下存二王之后以大国，使服其服，行其礼乐，称客而朝③。故同时称帝者五，称王者三，所以昭五端通三统也。是故周人之王，尚推神农为九皇，而改号轩辕谓之黄帝，因存帝颛顼、帝喾、帝尧之帝号，绌虞而号舜曰帝舜，录五帝以小国④。下存禹之后于杞，存汤之后于宋，以方百里⑤，爵号公。皆使服其服，行其礼乐，称先王客而朝⑥。

[注释]①杞：先秦时代国名。周武王灭商，封夏禹之后于杞。杞建都于雍丘，在今河南杞县。 ②正号：指改正朔、易服色、制礼乐。 ③称客而朝：朝觐天子时，自称客人。 ④录五帝以小国：把小国分封给五帝的后代。 ⑤以方百里：方圆一百里之地。以：当为"地"之误。 ⑥称先王客而朝：朝见时，称呼他们为"先王客"。

《春秋》作新王之事，变周之制，当正黑统。而殷、周为王者之后，绌夏改号禹谓之帝，录其后以小国。故曰：绌夏、存周,以《春秋》当新王。不以杞侯,弗同王者之后也。称子又称伯何①?见殊之小国也②。

[注释]①称子又称伯:《春秋》庄公二十七年载:"杞伯姬来。"但是,《春秋》僖公二十七年又载:"杞子来朝。" ②见殊之小国:圣人之后的小国(杞、宋)受到特殊待遇。

黄帝之先谥①,四帝之后谥,何也?曰:帝号必存五,帝代首天之色②,号至五而反③。周人之王,轩辕直首天黄号④,故曰黄帝云。帝号尊而谥卑,故四帝后谥也。帝,尊号也,录以小何?曰:远者号尊而地小,近者号卑而地大,亲疏之义也。故王者有不易者⑤、有再而复者⑥,有三而复者⑦,有四而复者⑧,有五而复者⑨,有九而复者⑩,明此通天地、阴阳、四时、日月、星辰、山川、人伦。德侔天地者称皇帝,天佑而子之号称天子。故圣王生则称天子,崩迁则存为三王⑪,绌灭则为五帝⑫,下至附庸,绌为九皇,下极其为民⑬。有一谓之三代⑭,故虽绝地⑮,庙位祝牲犹列于郊号⑯,宗于代宗⑰。故曰:声名魂魄施于虚⑱,极寿无疆。何谓再而复、四而复?《春秋》郑忽何以名⑲?《春秋》曰:"伯、子、男一也,辞无所贬。"何以为一?曰:周爵五等,《春秋》三等。《春秋》何三等?曰:王者以制,一商一夏,一质一文。商质者主天⑳,夏文者主地㉑,《春秋》者主人㉒,故三等也。

[注释]①谥:古代帝王与大臣死后,根据其生前事迹所给予的称号。 ②帝代首天之色:黄色是第一位的颜色。 ③反:循环。 ④直:通"值",遇到。 ⑤不易者:不易道。 ⑥再而复者:文与质。 ⑦三而复者:改正

朔,由建寅、建丑、建子三者循环。 ⑧四而复者:商、夏、文、质,此处"商、夏"不是朝代名称。 ⑨五而复者:金木水火土"五行"。 ⑩九而复者:指九皇。 ⑪崩迁:去世。 ⑫绌灭则为五帝:按《春秋》惯例,相隔三代的君王即被排除在三王之外。 ⑬民:古代帝王。郑玄认为:"先民,上古之君也。" ⑭有一谓之三代:又同样称为先代。有:又。一:同。三:疑是"先"之误。 ⑮绝地:失去封地。 ⑯庙位祝牲犹列于郊号:宗庙和祭品还列在祭天礼的名册中。 ⑰宗于代宗:祷告于泰山。代宗:岱宗,泰山的别称。 ⑱施于虚:扩散于虚空之中。 ⑲事在《春秋·桓公十一年》。 ⑳商质者主天:商质,指"商、夏、质、文"四复中的两种。主天,遵从天道。 ㉑夏文者主地:夏文,指"商、夏、质、文"四复中的两种。主地,遵从地道。 ㉒《春秋》者主人:《春秋》遵从人道。

主天法商而王①,其道佚阳②,亲亲而多仁朴③。故立嗣予子,笃母弟④,妾以子贵。昏冠之礼,字子以父⑤,别眇夫妇⑥,对坐而食。丧礼别葬,祭礼先臊⑦,夫妻昭穆别位⑧。制爵三等,禄士二品⑨。制郊宫⑩,明堂员⑪,其屋高严侈员⑫;惟祭器员。玉厚九分,白藻五丝⑬。衣制大上⑭,首服严员⑮;鸾舆尊盖⑯,法天列象⑰,垂四鸾。乐载鼓⑱,用锡舞⑲,傩溢员⑳。先毛血而后用声㉑。正刑多隐,亲戚多讳㉒。封禅于尚位㉓。

[注释]①主天法商:推崇天道,遵循商制。 ②佚阳:阳气旺盛。佚,通"溢"。 ③亲亲而多仁朴:孝敬亲人,崇尚仁爱质朴。多:崇尚。 ④笃:厚待。 ⑤字子以父:举行冠礼时,父亲为儿子取字。 ⑥别眇夫妇:夫妇有别。眇:微。 ⑦先臊:先奉献生腥之肉。 ⑧昭穆:左与右。 ⑨禄士二品:士的俸禄分为两级。 ⑩郊宫:祭天的宫殿。 ⑪明堂:古代帝王宣明政教的地方,凡朝会、祭祀、庆典等大典,均在明堂举行。员:圆。 ⑫侈:宽敞。 ⑬白藻五丝:串玉的带藻纹的丝绳分为五股。九与五皆为阳数。 ⑭衣制

大上:衣服的式样上边宽大。 ⑮首服严员:帽子又高又圆。 ⑯鸾舆尊盖:鸾车的车盖高大。鸾舆:古代带铃铛的车。 ⑰象:日月星辰之形状。 ⑱乐载鼓:演奏音乐时用摆放着的鼓。 ⑲锡舞:干舞。古代舞乐有文武之分,干舞为武舞,舞者手持干戚。 ⑳儛溢员:舞蹈者排列成圆形。儛(wǔ):通"舞"。溢:通"佾"。 ㉑先毛血:先奉献牲畜的毛与血。用声:演奏音乐。 ㉒隐:隐匿。讳:避讳。 ㉓尚:上。

主地法夏而王①,其道进阴②,尊尊而多义节③。故立嗣④与孙,笃世子⑤。妾不以子称贵号。昏冠之礼,字子以母⑥,别眑夫妇,同坐而食。丧礼合葬,祭礼先亨⑦,妇从夫为昭穆。制爵五等,禄士三品。制郊宫,明堂方,其屋卑污方⑧。祭器方,玉厚八分,白藻四丝,衣制大下⑨,首服卑退⑩,鸾舆卑⑪,法地周象,载垂二鸾。乐设鼓,用纤施儛⑫,儛溢方。先亨而后用声。正刑天法⑬,封坛于下位⑭。

[注释]①主地:推崇地道。 ②进阴:崇尚阴柔。 ③尊尊而多义节:尊重尊长而崇尚节义。 ④嗣:继承人。 ⑤世子:天子或诸侯的嫡长子。 ⑥字子以母:举行冠礼时,母亲给儿子取字。 ⑦亨:通"烹"。 ⑧屋卑污方:房屋低矮,成方形。 ⑨衣制大下:衣服式样是下面宽大。 ⑩首服卑退:帽子前低后高、前圆后方。 ⑪卑:低矮。 ⑫纤施儛:俞樾认为是旄舞,舞者手持牦牛尾而舞。 ⑬正刑天法:施刑像天一样公平。 ⑭坛:通"禅"。

主天法质而王①,其道佚阳,亲亲而多质爱②。故立嗣予子,笃母弟,妾以子贵。昏冠之礼,字子以父,别眑夫妇,对坐而食。丧礼别葬,祭礼先嘉疏③,夫妇昭穆别位。制爵三等,禄士二品。制郊宫,明堂内员外椭④,其屋如倚靡员椭⑤。祭器椭,玉厚七分,白藻三丝。衣长前衽,首服员转⑥。鸾舆尊盖,备天列象,垂四鸾。乐桯鼓⑦,用羽龠舞⑧,舞溢椭。先用玉声而后烹⑨。正刑多隐,亲戚多赦。封坛于左位。

[注释]①法质:取法质朴。 ②质爱:至亲无文饰。 ③嘉疏:稻谷。 ④椭:椭圆形。 ⑤倚靡员椭:相连的椭圆形。 ⑥首服员转:帽子圆形。 ⑦乐桯鼓:把鼓放在架子上。桯(tīng):床前小几。 ⑧羽龠(yuè)舞:古代一种舞蹈,舞者左手执龠,右手持羽。龠:乐器,状似笛。 ⑨玉声:玉磬。

主地法文而王①,其道进阴,尊尊而多礼文。故立嗣予孙,笃世子,妾不以子称贵号。昏冠之礼,字子以母,别眇夫妻,同坐而食;丧礼合葬;祭礼先秬鬯②,妇从夫为昭穆。制爵五等,禄士三品。制郊宫,明堂内方外衡③,其屋习而衡④。祭器衡同,作秩机⑤,玉厚六分,白藻三丝。衣长后衽,首服习而垂流⑥。鸾舆卑,备地周象,载垂二鸾。乐县鼓⑦,用万僷⑧,僷溢衡。先烹而后用乐。正刑天法,封坛于左位。

[注释]①法文:效法文饰。 ②秬鬯(chàng):古代用黑黍和香草酿造的酒,用于祭祀降神。 ③衡:通"横",长方形。 ④屋习而衡:房屋相连而成长方形。习:重叠。 ⑤秩机:旋机,古代观测天文的仪器。 ⑥垂流:即"垂旒",古代君王贵族冠冕上的装饰物,用丝线系玉下垂。 ⑦县:通"悬"。 ⑧万僷:"干"是武舞,"羽"是文舞,万僷是古代文舞与武舞相结合的一种舞蹈。

四法修于所故①,祖于先帝②,故四法如四时然,终而复始,穷则反本。四法之天施符授圣人王法③,则性命形乎先祖④,大昭乎王君⑤。故天将授舜,主天法商而王,祖锡姓为姚氏⑥。至舜形体,大上而员首,而明有二童子⑦,性长于天文,纯乎孝慈。天将授禹,主地法夏而王,祖锡姓为姒氏。至禹生发于背⑧,形体长,长足肵⑨,疾行先左,随以右,劳左佚右也。性长于行,习地明水。天将授汤,主天法质而王,祖锡姓为子氏。谓契母吞玄鸟卵生契⑩,契先发于胸⑪,性长于人伦。至汤体长专小,足左扁而右便⑫,劳右佚左也。性长于天光,质易纯仁。天将授文王,主地法文而王,祖锡姓姬氏,谓后稷母姜原履天之迹⑬而生后稷。后稷长于邰土⑭,播田五谷。至文王形体博长,有四乳而大足⑮,性长于地文势⑯。故帝使禹、皋论姓⑰,知殷之德阳德也,故以子为姓;知周之德阴德也,故以姬为姓;故殷王改文,以男书子⑱,周王以女书姬。故天道各以其类动,非圣人孰能明之!

[**注释**]①四法修于所故:四种法则的存在都有其历史背景。四法:指上文所列举的:主天法商而王、主地法夏而王、主天法质而王、主地法文而王。　②祖:继承。　③天施符:天降祥瑞。　④形:显现。　⑤昭:展现。　⑥锡:赐与。　⑦明有二童子:眼睛有两瞳孔。童:通"瞳"。　⑧至禹生发于背:传说禹是从他母亲的背上生下来的。　⑨长足肵:小腿较长。肵(qí):小腿。　⑩契母吞玄鸟卵生契:传说契的母亲吞食玄鸟(燕子)蛋而生下契。　⑪契先发于胸:契从他母亲的胸口生下来。　⑫扁:枯,不灵便。　⑬履天之迹:传说后稷母亲姜原因踩了天神的脚印而生下后稷。　⑭邰(tái):地名,在今陕西武功一带。　⑮四乳:传说周文王有四个乳房。　⑯地文势:地理形势。　⑰皋:皋陶,东夷部族首领。　⑱以男书子:以男子的"子"作为姓。

官制象天第二十四

[题解]本篇从天人合一高度论述天数、人身体结构和官制三者之间的关系,认为三者之间是不可分割的有机整体:"天之数,人之形,官之制,相参相得。"天有四季,每一季三个月,十二月相递换;官制有四选,每一选三人,三乘四得十二,十二臣子相互辅佐君王;人之身有四肢,每一肢有三节,三乘四得十二,十二节相互支撑。天与人一一对应,了无间隔。

王者制官①:三公、九卿、二十七大夫、八十一元士②,凡百二十人,而列臣备矣。吾闻圣王所取,仪金天之大经③,三起而成,四转而终④,官制亦然者,此其仪与⑤!三人而为一选⑥,仪于三月而为一时也;四选而止,仪于四时而终也。三公者,王之所以自持也。天以三成之,王以三自持。立成数以为植⑦而四重之,其可以无失矣。备天数以参事⑧,治谨于道之意也。此百二十臣者,皆先王之所与直道而行也⑨。是故天子自参以三公⑩,三公自参以九卿,九卿自参以三大夫,三大夫自参以三士。三人为选者四重,自三之道以治天下,若天之四重,自三之时以终始岁也。一阳而三春⑪,非自三之时与！而天四重之,其数同矣。天有四时,时三月；王有四选,选三臣；是故有孟、有仲、有季,一时之情也；有上、有下、有中,一选之情也；三臣而为一选,四选而止,人情尽矣。人之材固有四选,如天之时固有四变也；圣人为一选,君子为一选,善人为一选,正人为一选⑫,由此而下者,不足选也。四选之中,各有节也。是故天选四堤十二而人变尽矣⑬；尽人之变合之天,唯圣人者能之,所以立王事也⑭。

[**注释**]①制官：制定官制。　②元士：天子身边的官吏,有别于诸侯身边的官吏。　③仪金天之大经：效法天之原则。金：应是"法"之误。　④三起而成,四转而终：三个月为一季,四季为一年。　⑤仪：法则。　⑥选：出类拔萃的优秀人才,此处引伸为一数量单位。　⑦成数：定数。植：柱,基准。　⑧备天数以参事：选拔符合天数的官员来辅佐天子。　⑨直道而行：以仁义之道相互激励。　⑩自参：辅佐自己。　⑪三春：孟春、仲春、季春。　⑫正人：正直之人。　⑬是故天选四堤十二而人变尽矣：此句疑有错讹,苏舆认为当作"是故天选四时,终十二而天变尽矣"。　⑭立王事：成就王道大业。

何谓天之大经？三起而成日①,三日而成规②,三旬而成月,三月而成时,三时而成功。寒暑与和,三而成物；日月与星,三而成光；天地与人,三而成德。由此观之,三而一成,天之大经也,以此为天制。是故礼三让而成一节,官三人而成一选。三公为一选,三卿为一选,三大夫为一选,三士为一选,凡四选三臣,应天之制,凡四时之三月也。是故其以三为选,取诸天之经③；其以四为制,取诸天之时；其以十二臣为一条,取诸岁之度；其至十条而止,取之天端。

[注释]①三起:早、中、晚。 ②规:古代的时间单位。 ③诸:之于。

何谓天之端①?曰:天有十端,十端而止已。天为一端,地为一端,阴为一端,阳为一端,火为一端,金为一端,木为一端,水为一端,土为一端,人为一端,凡十端而毕,天之数也。天数毕于十,王者受十端于天,而一条之率②,每条一端以十二时,如天之每终一岁以十二月也。十者天之数也,十二者岁之度也。用岁之度,条天之数③,十二而天数毕。是故终十岁而用百二十月,条十端亦用百二十臣。以率被之④,皆合于天。其率三臣而成一慎⑤,故八十一元士为二十七慎,以持二十七大夫⑥;二十七大夫为九慎,以持九卿;九卿为三慎,以持三公;三公为一慎,以持天子。天子积四十慎以为四选,选一慎三臣,皆天数也。是故以四选率之⑦,则选三十人,三四十二,百二十人,亦天数也。以十端四选,十端积四十慎,慎三臣,三四十二,百二十人,亦天数也。以三公之劳率之⑧,则公四十人,三四十二,百二十人,亦天数也。故散而名之为百二十臣,选而宾之为十二长⑨,所以名之虽多,莫若谓之四选十二长。然而分别率之,皆有所合,无不中天数者也。

[注释]①端:组成部分。 ②一条:疑是衍文。率:当是"毕"之误。 ③条:分条列举。 ④率:标准和比率。被:通"倍",加倍。 ⑤慎:臣。 ⑥持:辅助。 ⑦率:计算。 ⑧劳:通"僚",僚属。 ⑨宾:尊重。十二长:指三公九卿。

求天数之微①,莫若于人。人之身有四肢,每肢有三节,三四十二,十二节相持而形体立矣。天有四时,每一时有三月,三四十二,十二月相受②而岁数终矣。官有四选,每一选有三人,三四十二,十二臣相参而事治行矣。以此见天之数、人之形、官之制,相参相得也③。人之与天多此类者,而皆微忽④,不可不察也。天地之理,分一岁之变以为四时,四时亦天之四选已⑤。是故春者,少阳之选也⑥;夏者,太阳之选也;秋者,少阴之选也⑦;冬者,太阴之选也。四选之中,各有孟、仲、季,是选之中有选,故一岁之中有四时,一时之中有三长,天之节也。人生于天而体天之节⑧,故亦有大小厚薄之变,人之气也。先王因人之气,而分其变⑨以为四选,是故三公之位,圣人之选也;三卿之位,君子之选也;三大夫之位,善人之选也;三士之位,正直之选也。分人之变以为四选,选立三臣,如天之分岁之变以为四时,时有三节也。天以四时之选与十二节相和而成岁,王以四位之选与十二臣相砥砺而致极⑩。道必极于其所至,然后能得天地之美也。

[注释]①微:奥秘。 ②受:传递。 ③相参相得:相互参证,相互作用。 ④微忽:隐晦难解。 ⑤已:矣,语气助词。 ⑥阳:阳气。 ⑦阴:阴气。 ⑧体:对应。 ⑨先王因人之气,而分其变:先王根据人禀气有厚薄之别,因而区分人的不同材质。 ⑩致极:达到最高境界。

尧舜不擅移、汤武不专杀第二十五

[**题解**]本篇主要论述君王与天命之间的关系。天子受命于天,天子的权位才获得了合法性。上天选择天子的根据是"天立王,以为民也"。上天是为天下民众利益而立天子,而不是为天子个人私利立天子。上天选择天子有其独特标准:"其德足以安乐民者,天予之;其恶足以贼害民者,天夺之。"君王德行能使人民生活安康的,上天就把天下交给他;君王恶行足以使人民大众受到伤害的,上天就剥夺他的君位。

尧舜何缘而得擅移天下哉①?《孝经》之语曰:"事父孝,故事天明。"②事天与父同礼也。今父有以重予子③,子不敢擅予他人,人心皆然。则王者亦天之子也,天以天下予尧、舜,尧、舜受命于天而王天下,犹子安敢擅以所重受于天者予他人也。天有不予尧、舜渐夺之④,故明为子道,则尧、舜之不私传天下而擅移位也,无所疑也。

[**注释**]①擅移天下:擅自把天下移交给他人。 ②引文出自《孝经·感应章》。明:道理明白。 ③重:重任,指承宗为后。 ④天有不予尧、舜渐夺之:上天不允许尧、舜传位于子。

儒者以汤、武为至圣大贤也,以为全道究义尽美者①,故列之尧、舜②,谓之圣王如法则之③。今足下以汤、武为不义,然则足下之所谓义者,何世之王也?曰:弗知。弗知者,以天下王为无义者耶?其有义者而足下不知耶?则答之以神农。应之曰:神农之为天子,与天地俱起乎④?将有所伐乎?神农有所伐,可;汤、武有所伐,独不可,何也?且天之生民,非为王也;而天立王以为民也。故其德足以安乐民者,天予之;其恶足以贼害民者,天夺之。《诗》云:"殷士肤敏,祼将于京。侯服于周,天命靡常。"⑤言天之无常予、无常夺也。故封泰山之上,禅梁父之下,易姓而王,德如尧、舜者七十二人。王者,天之所予也;其所伐皆天之所夺也。今唯以汤、武之伐桀、纣为不义,则七十二王亦有伐也。推足下之说,将以七十二王为皆不义也。故夏无道而殷伐之,殷无道而周伐之,周无道而秦伐之,秦无道而汉伐之。有道伐无道,此天理也,所从来久矣,宁能至汤、武而然耶!

[注释]①全道究义尽美者:在道义上尽善尽美者。究:涵义与"全"近似。 ②列:并列。 ③如:而。 ④起:开始。 ⑤引文出自《诗经·大雅·文王》,次序有所颠倒。殷士:殷商子孙。肤敏:黾勉努力。祼(guàn):祭祀时,在神主前铺上白茅,将酒洒于茅上,像神饮酒。将:献祭品。京:镐京。服:臣服。靡常:无常。

夫非汤、武之伐桀、纣者,亦将非秦之伐周、汉之伐秦,非徒不知天理,又不明人礼。礼,子为父隐恶。今使伐人者而信不义①,当为国讳之,岂宜如诽谤者?此所谓一言而再过者也②。君也者,掌令者也,令行而禁止也。今桀、纣令天下而不行,禁天下而不止,安在其能臣天下也!果不能臣天下,何谓汤、武弑?

[注释]①使:假定。信:确实。 ②一言而再过者:一句话导致两次过错。

服制第二十六

[**题解**]本篇主要论述服饰的社会象征意义。服装制度是彰显社会等级制度的表现形式,"无其爵不敢服其服"。天子、将军、百工商贾和刑余之人,都有等级分明的服装要求。

率得十六万国三分之①,则各度爵而制服②,量禄而用财。饮食有量,衣服有制,宫室有度,畜产人徒有数,舟车甲器有禁③。生有轩冕之服位④,贵禄⑤、田宅之分,死有棺椁、绞衾⑥、圹袭之度⑦。虽有贤才美体,无其爵不敢服其服;虽有富家多赀⑧,无其禄不敢用其财。天子服有文章⑨,不得以燕公以朝,将军大夫不得以燕,将军大夫以朝官吏,命士止于带缘⑩。散民不敢服杂采⑪,百工商贾不敢服狐貉⑫,刑余戮民不敢服丝玄纁乘马⑬,谓之服制。

[**注释**]①率得十六万国三分之:此句可能是错简。　②度爵而制服:根据爵位而制作服装。　③舟车甲器有禁:车船、用器有严格的等级规定。"甲"应是"用"之误。　④轩冕:车与帽子。　⑤贵禄:谷禄,俸禄。　⑥绞衾:入敛时包裹尸体的束带与单被。　⑦圹(kuàng)袭:当做圹垄,指墓穴。　⑧赀(zī):资财。　⑨天子服有文章:天子穿有文彩的衣服。　⑩不得以

燕公以朝,将军大夫不得以燕,将军大夫以朝官吏,命士止于带缘:此句脱文较多。大意是:天子不可平时穿着朝服,将军大夫也不可平时穿着朝服,但可穿着招待宾客。一般官吏穿命服,士只能束带而装饰其衣服边缘。燕:家居。公:应是衍文。命:天子所赐的命服。　⑪散民:平民百姓。杂采:红色与紫色。　⑫狐貉:大夫一级的服装。　⑬刑余戮民:受过刑罚之人。丝玄纁:用丝绸做的服装,属于士一级的服装。玄:黑。纁(xūn):浅红。

度制第二十七

[**题解**]贫富悬殊是严重的社会问题,董仲舒在孔子"不患贫而患不均"思想引导下,提出了"调均"的社会政治主张,希望以此解决这种社会不合理现象。调均的具体原则是"使富者足以示贵而不至于骄,贫者足以养生而不至于忧"。有鉴于此,董仲舒进而抨击那些"与民争利业"的贪官污吏,认为其行为有违天理。

孔子曰:"不患贫而患不均。"①故有所积重②,则有所空虚矣。大富则骄,大贫则忧;忧则为盗,骄则为暴,此众人之情也。圣者则于众人之情,见乱之所从生,故其制人道而差上下也③。使富者足以示贵而不至于骄,贫者足以养生而不至于忧,以此为度而调均之,是以财不匮而上下相安,故易治也。今世弃其度制,而各从其欲④,欲无所穷,而俗得自恣,其势无极。大人病不足于上⑤,而小民羸瘠于下⑥,则富者愈贪利而不肯为义,贫者日犯禁而不可得止⑦,是世之所以难治也。

[**注释**]①引文出自《论语·季氏》。 ②积重:积聚大量财富。 ③差:使……有差别。 ④从:纵,放纵。 ⑤病:忧虑。 ⑥羸(léi)瘠:瘦

弱。　⑦犯禁:触犯法律。

孔子曰:"君子不尽利以遗民。"①《诗》云:"彼其遗秉,此有不敛穧,伊寡妇之利。"②故君子仕则不稼,田则不渔③,食时不力珍④,大夫不坐羊⑤,士不坐犬⑥。《诗》曰⑦:"采葑采菲,无以下体,德音莫违,及尔同死。"以此防民,民犹忘义而争利,以亡其身。天不重与⑧,有角不得有上齿。故已有大者,不得有小者,天数也。夫已有大者又兼小者,天不能足之,况人乎! 故明圣者象天所为,为制度⑨,使诸有大奉禄⑩亦皆不得兼小利、与民争利业,乃天理也。

[注释]①君子不尽利以遗民:君子不把利益取尽,留一些利润给平民百姓。引文出自《礼记·坊记》。　②彼其遗秉,此有不敛穧,伊寡妇之利:引文出自《诗经·小雅·大田》:"彼其遗秉,此有滞穗,伊寡妇之利。"大意为:那边有遗落的稻禾,这边有留下的禾穗,让给贫苦无靠的寡妇。秉:稻禾。穧(jì):已割而未收的农作物。　③田:狩猎。　④食时不力珍:只吃合乎时令的食品而不刻意追求珍稀之物。时:时节。　⑤大夫不坐羊:大夫不坐羊皮垫子。　⑥士不坐犬:士不坐狗皮垫子。　⑦下引文出自《诗经·邶风·谷风》,前已详注。　⑧重与:重复给予。　⑨为制度:制定制度。　⑩奉禄:俸禄。

凡百乱之源,皆出嫌疑纤微,以渐寖稍长至于大①。圣人章其疑者②,别其微者③,绝其纤者④,不得嫌⑤,以蚤防之⑥。圣人之道,众堤防之类也,谓之度制,谓之礼节。故贵贱有等,衣服有制,朝廷有位,乡党有序⑦,则民有所让而不敢争,所以一之也。《书》曰⑧:"虡服有庸,谁敢弗让,敢不敬应?"此之谓也。

[注释]①渐寖(qīn):逐渐。 ②章:彰显。 ③别:鉴别。 ④绝:根除。 ⑤不得嫌:不使人有细微的嫌疑。 ⑥蚤:通"早"。 ⑦乡党:古代25家为一闾,四闾为族,五族为党,五党为州,五州为乡。 ⑧下引文出自今文《尚书·皋陶谟》。大意为:用车服表彰他的功劳,谁还敢不谦逊。畢服:车服。庸:功劳。

凡衣裳之生也,为盖形暖身也。然而染五采、饰文章者,非以为益肌肤血气之情也,将以贵贵尊贤,而明别上下之伦①,使教亟行②,使化易成,为治为之也③。若去其度制,使人人从其欲,快其意,以逐无穷,是大乱人伦而靡斯财用也④,失文采所遂生之意矣⑤。上下之伦不别,其势不能相治,故苦乱也。嗜欲之物无限,其势不能相足,故苦贫也。今欲以乱为治,以贫为富,非反之制度不可⑥。古者天子衣文⑦,诸侯不以燕⑧,大夫衣豫⑨,士不以燕,庶人衣缦⑩,此其大略也。

[注释]①伦:等级。 ②使教亟行:使教化急速推行。 ③为治为之:为治理国家而制订政策。 ④靡:挥霍浪费。 ⑤遂:由,从。 ⑥反:通"返"。 ⑦衣文:穿有文采的衣服。 ⑧诸侯不以燕:诸侯平常在家不可穿有文采的衣服。 ⑨豫(tuàn):古代的一种黑衣,用红布镶边。 ⑩缦:没有文采的衣服。

爵国第二十八

[题解]周代爵位分为公、侯、伯、子、男五等,封地大小和俸禄厚薄皆因爵位高低而井然有别。一个总的原则为"有大功德者受大爵土,功德小者受小爵土"。社会等级不紊乱,上下不逾越,治理天下就易如反掌。

《春秋》曰:"会宰周公。"①又曰:"公会齐侯、宋公、郑伯、许男、滕子。"②又曰:"初献六羽。"③《传》曰④:"天子三公称公,王者之后称公,其余大国称侯,小国称伯、子、男。"凡五等。故周爵五等,士三品⑤,文多而实少。《春秋》三等,合伯、子、男为一爵,士二品⑥,文少而实多。《春秋》曰:"荆。"⑦《传》曰:"氏不若人,人不若名,名不若字。"⑧凡四等,命曰附庸⑨,三代共之。

[注释]①会宰周公:事在《春秋·僖公九年》。宰:周天子身边的太宰。周:封邑名。公:爵位名。 ②事在《春秋·庄公十六年》。 ③六羽:六佾。 ④《传》曰:下文所引见《公羊传·隐公五年》。 ⑤士三品:上士、中士、下士。 ⑥士二品:上士、下士。 ⑦荆:楚国。事在《春秋·庄公十年》。 ⑧氏不若人,人不若名,名不若字:称氏的不如称人的,称人的不如称名的,称

名的不如称字的。 ⑨附庸:依附于大国的小国。

然则其地列奈何①?曰:天子邦圻千里②,公、侯百里,伯七十里,子、男五十里,附庸字者方三十里③,名者方二十里,人、氏者方十五里。《春秋》曰:"宰周公。"《传》曰:"天子三公。""祭伯来。"《传》曰:"天子大夫。""宰渠伯纠。"《传》曰:"下大夫。""石尚。"《传》曰:"天子之士也。""王人。"《传》曰:"微者,谓下士也。"凡五等。《春秋》曰:"作三军。"④《传》曰:"何以书?讥。何讥尔?古者上卿、下卿,上士、下士。"凡四等。小国之大夫与次国下卿同,次国大夫与大国下卿同,大国下大夫与天子下士同。二十四等,禄八差⑤。有大功德者受大爵土,功德小者受小爵土,大材者执大官位,小材者受小官位。如其能宜,治之至也⑥。故万人者曰英,千人者曰俊,百人者曰杰,十人者曰豪,豪杰俊英不相陵⑦,故治天下如视诸掌上。

[注释]①地列:封地的等级。 ②邦圻(qí):国土面积。圻通"畿",疆域。千里:指方圆千里的面积。 ③附庸字者:称字的附属小国。 ④作三军:按周制,一万二千五百人为一军。 ⑤禄八差:文句有误,刘逢禄认为当校正为"禄入有差",即俸禄有等级差别。 ⑥如其能宜,治之至也:量才而录用,这是治国之道。宜:疑为"官"之误。 ⑦陵:通"凌",欺凌,逾越。

其数何法以然①?曰:天子分左右五等②,三百六十三人,法天一岁之数,五时色之象也③。通佐十上卿与下卿而二百二十人,天庭之象也④,倍诸侯之数也。诸侯之外佐四等,百二十人,法四时六甲之数也⑤。通佐五,与下而六十人,法日辰之数也⑥。佐之必三三而相复何⑦?曰:时三月而成,大辰三而成象⑧。诸侯之爵或五何?法天地之数也,五官亦然。

[注释]①其数:指官吏的数量。法:效法。 ②五等:三公、上大夫、下大夫、上士、下士。 ③五时色:青代表春季,赤代表夏季,白代表秋季,黑代表冬季,黄代表四季。 ④天庭:星垣名。 ⑤六甲之数:天干与地支相配,一甲为十日,六甲为六十日。 ⑥日辰之数:《汉书·律历志》载:"故日有六甲,辰有五子。十一而天地之道毕,言终而复始。"辰之数为五,日之数为六。 ⑦三三而相复:按三的倍数递增。 ⑧大辰:房、心、尾三宿的总称。

然则立置有司①,分指数奈何②?曰:诸侯大国四军,古之制也,其一军以奉公家也③。凡口军三者何④?曰:大国十六万口而立口军三。何以言之?曰:以井田准数之。方里而一井,一井而九百亩而立口。方里八家,一家百亩,以食五口。上农夫耕百亩,食九口,次八人,次七人,次六人,次五人。多寡相补,率百亩而三口⑤,方里而二十四口。方里者十,得二百四十口。方十里为方里者百,得二千四百口。方百里为方里者万,得二十四万口。法三分而除其一⑥,城池、郭邑、屋室、闾巷、街路市、官府、园囿、萎閣⑦、台沼、橡采⑧,得良田方十里者六十六,与方里六十六,定率得十六万口,三分之,则各五万三千三百三十三口,为大国口军三,此公侯也。

[注释]①有司:官僚机构。 ②指数:即人数。 ③奉公家:保卫公侯家族。 ④口军:根据人口数量组建的军队。 ⑤率百亩而三口:平均一百

亩地有三个男子。　⑥法三分而除其一:按照统计方法,除去三分之一。
⑦萎閭:委巷,小巷。　⑧橃采:山林之地。

　　天子地方千里,为方百里者百。亦三分除其一,定得田方百里者六十六,与方十里者六十六,定率得千六百万口。九分之,各得百七十七万七千七百七十七口,为京口军九①,三京口军以奉王家。故天子立一后、一世夫人、中左右夫人、四姬、三良人。立一世子、三公、九卿、二十七大夫、八十一元士、二百四十三下士,有七上卿、二十一下卿、六十三元士、百二十九下士。王后置一太傅、太母②、三伯、三丞,世夫人、四姬、三良人各有师傅。世子一人,太傅、三傅、三率③、三少。士入仕宿卫天子者比下士④,下士者如上士之下数。王后御卫者,上下御各五人。世夫人、中左右夫人、四姬、上下御各五人。三良人各五人,世子妃姬及士卫者,如公侯之制。王后傅、上下史五人;三伯,上下史各五人;少伯,史各五人。世子太傅、上下史各五人;少傅,亦各五人;三率、三下率亦各五人。三公、上下史各五人;卿、上下史各五人;大夫、上下史各五人;元士、上下史各五人;上下卿、上下士之史,上下亦各五人。卿、大夫、元士、臣各三人。

　　[注释]①京口军:天子王畿按人口数建立的军队。　②太傅、太母:侍奉王后的人员,通常选老大夫为太傅,老大夫之妻为太母。　③率:官名。　④比:与……相等。

　　故公侯方百里,三分除其一,定得田方十里者六十六,与方里六十六,定率得十六万口。三分之,为大国口军三,而立大国。一夫人、一世妇、左右妇、三姬、二良人。立一世子、三卿、九大夫、二十七上士、八十一下士,亦有五通大夫①,立上下士。上卿位比天子之元士,今八百石,下卿六百石,上士四百石,下士三百石。夫人一傅母、三伯、三丞。世妇、左右妇、三姬、二良人,各有师、保②。世子一上傅、丞。士宿卫公者,比公者比上卿者③有三人;下卿六人;比上下士者如上下之数。夫人御卫者,上下御各五人;世妇、左右妇,上下御各五人;二卿,御各五人;世子上傅、上下史各五人;丞、史各五人;三卿、九大夫、上士、史各五人;下士、史各五人;通大夫、士,上下史各五人;卿、臣二人。此公侯之制也。公侯贤者为州方伯。锡斧钺,置虎贲百人④。

[注释]①通大夫:与"上下士"同属通佐。　②师、保:古代担任辅导和协助帝王及其家族的官员。　③比公者:此三字当为衍文。　④锡斧钺,置虎贲(bēn)百人:天子赏赐他斧钺和一百位勇士。锡:通"赐"。虎贲:勇士。

故伯七十里,七十四十九,三分除其一,定得田方十里者二十八,与方十里者六十六。定率得十万九千二百一十二口,为次国口军三,而立次国。一夫人、世妇、左右妇、三良人,二孺子①。立一世子,三卿,九大夫,二十七上士,八十一下士,与五通大夫,五上士,十五下士。其上卿位比大国之下卿,今六百石,下卿四百石,上士三百石,下士二百石。夫人一傅母,三伯,三丞,世妇,左右妇,三良人,二御人,各有师保。世子,一上、下傅②。士宿卫公者,比上卿者三人,下卿六人,比上下士如上下之数。夫人御卫者,上下御各五人,世妇、左右妇,上下御各五人;二御,各五人。世子上傅,上下史各五人;丞、史各五人;三卿、九大夫、上下史各五人,士各五人,通大夫、上下史各五人;卿、臣二人。

[注释]①孺子:妾。 ②上下傅:上傅与下傅。

故子男方五十里,五五二十五,为方十里者六十六,定率得四万口,为小国口军三,而立小国。夫人、世妇、左右妇、三良人、二孺子。立一世子、三卿、九大夫、二十七上士、八十一下士,与五通大夫,五上士,十五下士。其上卿比次国之下卿,今四百石,下卿三百石,上士二百石,下士百石。夫人一傅母、三伯、三丞,世妇、左右妇、三良人、一御人,各有师保。世子一上、下傅,士宿卫公者、比上卿者三人,下卿六人。夫人御卫者、上下御各五人,世妇、左右妇、上下御各五人;二御人,各五人。世子上傅,上下史各五人;三卿、九大夫、上下史各五人;士,各五人;通大夫,上下史亦各五人;卿,臣二人。此周制也。

《春秋》合伯子男为一等,故附庸字者地方三十里,三三而九,三分而除其一,定得田方十里者六,定率得一万四千四百口,为口师三。而立一宗妇、二妾、一世子,宰丕、丞一、士一、秩士五人。宰视子男下卿①,今三百石。宗妇有师、保,御者三人,妾各二人。世子一傅,士宿卫君者,比上卿、下卿一人,上下各如其数。世子傅、上下史各五人,下良五②。称名善者③,地方半字君之地④,九半⑤,三分除其一,定得田方十里者三,定率得七千二百口。一世子宰,今二百石。下四半三半二十五⑥。三分除其一,定得田方十里者一与方里者五,定率得三千六百口。一世子宰,今百石,史五人,宗妇、仕卫、世子臣⑦(下缺)

[注释]①视:相当于。 ②下良五:此三字非错即衍。 ③善:可能是衍文。 ④地方半字君之地:封地是称字的附庸国的一半。 ⑤九半:九百平方里的一半。 ⑥下四半三半二十五:此句错漏不可解。 ⑦宗妇、仕卫、世子臣:下有脱文。

仁义法第二十九

[题解]本篇重点论述仁与义两大范畴:"《春秋》之所治,人与我也。"《春秋》所关注的就是人与人之间的社会道德风尚,而仁与义恰恰正是处理人与人之间关系最重要的两大价值观念:"以仁安人,以义正我。"仁的核心是爱人,是普遍的爱无差等之爱;义是对自我的道德要求,总的要求是宽厚待人,严以律己。

《春秋》之所治①,人与我也。所以治人与我者,仁与义也。以仁安人,以义正我。故仁之为言人也,义之为言我也,言名以别矣②。仁之于人,义之于我者,不可不察也。众人不察,乃反以仁自裕③,而以义设人④,诡其处而逆其理⑤,鲜不乱矣⑥。是故人莫欲乱,而大抵常乱,凡以暗于人我之分,而不省仁义之所在也。是故《春秋》为仁义法,仁之法在爱人,不在爱我;义之法在正我,不在正人;我不自正,虽能正人,弗予为义;人不被其爱⑦,虽厚自爱,不予为仁。

[注释]①治:研究,探究。 ②言名以别:通过概念就可看出仁与义的区别。仁从人,义从我。 ③裕:导引。 ④设人:对待他人。 ⑤诡其处:

颠倒它们的位置。　⑥鲜:少,不多。　⑦被:得到。

　　昔者,晋灵公杀膳宰以淑饮食①,弹大夫以娱其意②,非不厚自爱也,然而不得为淑人者③,不爱人也。质于爱民④,以下至于鸟兽昆虫莫不爱。不爱,奚足谓仁! 仁者,爱人之名也。鄗,《传》无大之之辞⑤,自为追⑥,则善其所恤远也。兵已加焉,乃往救之,则弗美⑦;未至,豫备之⑧,则美之,善其救害之先也。夫救蚤而先之⑨,则害无由起,而天下无害矣。然则观物之动,而先觉其萌,绝乱塞害于将然而未形之时⑩,《春秋》之志也,其明至矣。非尧、舜之智,知礼之本,孰能当此? 故救害而先,知之明也;公之所恤远,而《春秋》美之。详其美恤远之意,则天地之间然后快其仁矣。非三王之德,选贤之精,孰能如此? 是以知明先,以仁厚远,远而愈贤、近而愈不肖者,爱也。故王者爱及四夷,霸者爱及诸侯,安者爱及封内⑪,危者爱及旁侧⑫,亡者爱及独身。独身者,虽立天子诸侯之位,一夫之人耳,无臣民之用矣。如此者,莫之亡而自亡也。《春秋》不言伐梁者,而言梁亡⑬,盖爱独及其身者也。故曰:仁者爱人,不在爱我,此其法也。

　　[**注释**]①膳宰:负责膳食的人员。淑:美好。　②弹:用弹弓射击。③淑人:待人以善。　④质:实,真心实意。　⑤鄗(juàn),《传》无大之之辞:事在《春秋·僖公二十六年》。鄗:地名,在今山东东阿一带。大之:称许此事。　⑥自为追:此句有脱文。《春秋·僖公二十六年》载:"齐人侵我西鄙,公追齐师至鄗,弗及。"　⑦美:称赞。　⑧豫备:预先防备。　⑨救蚤而先之:在祸害萌发之前就消除掉。　⑩将然:即将发生。　⑪安者爱及封内:使

国家安定的君王,只爱他国内的人民。封:疆域。 ⑫危者爱及旁侧:使国家陷入困境的君王只爱他身边的亲信。 ⑬梁亡:《春秋·僖公十九年》载:"梁亡。"无人攻占梁国,梁国却灭亡了,《左传》说"自取之也"。

义云者,非谓正人,谓正我。虽有乱世枉上①,莫不欲正人,奚谓义!昔者楚灵王讨陈、蔡之贼②,齐桓公执袁涛涂之罪③,非不能正人也,然而《春秋》弗予,不得为义者,我不正也④。阖庐能正楚、蔡之难矣⑤,而《春秋》夺之义辞,以其身不正也。潞子之于诸侯⑥,无所能正,《春秋》予之有义,其身正也。趋而利也⑦。故曰:义在正我,不在正人,此其法也。夫我无之而求诸人⑧,我有之而诽诸人⑨,人之所不能受也。其理逆矣,何可谓义!义者,谓宜在我者;宜在我者,而后可以称义。故言义者,合我与宜以为一言,以此操之⑩,义之为言我也。故曰:有为而得义者,谓之自得;有为而失义者,谓之自失。人好义者,谓之自好;人不好义者,谓之不自好。以此参之,义,我也,明矣。

[注释]①枉上:枉君,昏庸不正之君。 ②事在《春秋·昭公八年》。 ③事在《春秋·僖公四年》。 ④我不正:自身所作所为不合乎义。 ⑤事在《春秋·定公四年》。 ⑥潞子:潞国国君。潞国国君虽是狄人,但有心向善。事在《春秋·宣公十五年》。 ⑦趋而利也:此句是衍文。 ⑧求诸人:苛求他人。 ⑨诽诸人:非难他人。诽:通"非"。 ⑩操:衡量。

是义与仁殊①。仁谓往,义谓来②;仁大远,义大近。爱在人谓之仁,义在我谓之义。仁主人,义主我也。故曰:仁者人也,义者我也,此之谓也。君子求仁义之别,以纪人我之间③,然后辨乎内外之分,而著于顺逆之处也④。是故内治反理以正身⑤,据礼以劝福⑥;外治推恩以广施,宽制以容众。孔子谓冉子曰⑦:"治民者,先富之而后加教。"语樊迟曰:"治身者,先难后获。"⑧以此之谓治身之与治民,所先后者不同焉矣。《诗》曰⑨:"饮之食之,教之诲之。"先饮食而后教诲,谓治人也。又曰⑩:"坎坎伐辐,彼君子兮,不素餐兮!"先其事,后其食,谓治身也。《春秋》刺上之过⑪,而矜下之苦⑫;小恶在外弗举,在我书而讥之⑬。凡此六者⑭,以仁治人,义治我,躬自厚而薄责于外,此之谓也。且《论》已见之⑮,而人不察,曰:"君子攻其恶,不攻人之恶。"⑯不攻人之恶,非仁之宽与!自攻其恶,非义之全与!此谓之仁造人⑰,义造我,何以异乎!故自称其恶谓之情⑱,称人之恶谓之贼⑲;求诸己谓之厚,求诸人谓之薄;自责以备谓之明,责人以备谓之惑。是故以自治之节治人,是居上不宽也;以治人之度自治,是为礼不敬也。为礼不敬则伤行,而民弗尊;居上不宽则伤厚,而民弗亲。弗亲则弗信,弗尊则弗敬。二端之政诡于上⑳,而僻行之则讥于下,仁义之处可无论乎!夫目不视弗见,心弗论不得。虽有天下之至味,弗嚼弗知其旨也;虽有圣人之至道,弗论不知其义也。

[注释]①殊:不同。　②仁谓往,义谓来:仁是向外施于他人的,义是向内严以律己的。　③纪:节,调节。　④辨乎内外之分,而著于顺逆之处:义是内、是顺;仁是外、是逆。　⑤反理:返回正理。　⑥劝:助。　⑦下引文出自《论语·子路》。　⑧先难后获:首先不畏艰难,方有丰硕成果。　⑨《诗》曰:下引诗见《诗经·小雅·绵蛮》。　⑩又曰:下引诗见《诗经·魏

风·伐檀》:"坎坎伐辐兮……彼君子兮,不素食兮!" 辐:车轮的辐条。 ⑪刺:批评。 ⑫矜:同情。 ⑬小恶在外弗举,在我书而诽之:语出《公羊传·隐公十年》,在国外的小过错不记录下来,在本国犯的小过错则记录下来。 ⑭六:衍文。 ⑮《论》:《论语》。 ⑯君子攻其恶,不攻人之恶:语出《论语·颜渊》,意为君子只责备自己的过错,而不责备别人的过错。 ⑰造:往,到。 ⑱情:实,坦诚。 ⑲贼:中伤。 ⑳二端:仁与义。政:通"正",标准。诡:错乱。

必仁且智第三十

[**题解**]本篇论述仁与智的辩证关系。人之德行没有比仁爱更合乎人性的,没有比智慧更迫切的:"莫近于仁,莫急于智。"仁与智的统一是选拔贤良之人的标准。有仁而没有智,就会爱人而不知有差别;有智而没有仁,虽知道什么是善但不能亲自去做。所以,仁爱是播爱天下,智慧是为天下除害:"故仁者所爱人类也,智者所以除其害也。"

莫近于仁,莫急于智。不仁而有勇力材能,则狂而操利兵也①;不智而辩慧獧给②,则迷而乘良马也。故不仁不智而有材能,将以其材能以辅其邪狂之心,而赞其僻违之行③,适足以大其非而甚其恶耳④。其强足以覆过⑤,其御足以犯诈⑥,其慧足以惑愚,其辨足以饰非,其坚足以断辟⑦,其严足以拒谏,此非无材能也,其施之不当⑧而处之不义也。有否心者⑨,不可藉便埶⑩,其质愚者⑪不与利器⑫。《论》之所谓"不知人"也者⑬,恐不知别此等也⑭。仁而不智,则爱而不别也⑮;智而不仁,则知而不为也。故仁者所以爱人类也,智者所以除其害也。

[注释]①利兵:锐利的武器。 ②猭给(xuān jǐ):敏捷。 ③赞:助长。僻违:邪恶不正。 ④甚:加重。 ⑤覆过:掩盖过错。 ⑥御:抗拒。 ⑦其坚足以断辟:他的冥顽不化足以违犯法律。 ⑧施:运用。 ⑨否心:野心。 ⑩藉便埶:乘机利用权势。藉,通"借"。埶,通"势"。 ⑪质愚:天资愚笨。 ⑫与:给予。 ⑬不知人:语出《论语·尧曰》:"不知言,无以知人也。" ⑭别此等:区别对待这几种人。 ⑮爱而不别:爱而不知分别对待。

何谓仁?仁者憯怛爱人①,谨翕不争②,好恶敦伦③,无伤恶之心,无隐忌之志④,无嫉妒之气,无感愁之欲,无险诐之事⑤,无辟违之行。故其心舒,其志平,其气和,其欲节,其事易,其行道,故能平易和理而无争也。如此者,谓之仁。

[注释]①憯怛(cǎn dá):真诚。 ②谨翕(xī):谦逊和睦。 ③敦伦:遵守伦理道德。 ④隐忌之志:暗中忌恨他人的心态。 ⑤险诐(pō):阴险奸诈。

何谓智?先言而后当①。凡人欲舍行为②,皆以其智先规而后为之③。其规是者,其所为得其所事,当其行,遂其名④,荣其身,故利而无患,福及子孙,德加万民,汤、武是也。其规非者,其所为不得其所事,不当其行,不遂其名,辱害及其身,绝世无复⑤,残类灭宗亡国是也。故曰莫急于智。智者见祸福远,其知利害蚤⑥,物动而知其化,事兴而知其归⑦,见始而知其终,言之而无敢哗,立之而不可废,取之而不可舍,前后不相悖,终始有类⑧,思之而有复⑨,及之而不可厌⑩。其言寡而足、约而喻、简而达、省而具⑪,少而不可益,多而不可损。其动中伦⑫,其言当务⑬。如是者谓之智。

[注释]①当:正确,恰当。 ②欲舍:谋划或舍弃。 ③规:规划。 ④遂:成就。 ⑤绝世无复:断子绝孙。复:同"后"。 ⑥蚤:早。 ⑦归:趋向。 ⑧类:法式,榜样。 ⑨复:回归正道。 ⑩厌:损益。 ⑪具:具体。 ⑫中伦:合乎伦理规范。 ⑬当务:正确可行。

其大略之类,天地之物有不常之变者,谓之异①,小者谓之灾。灾常先至而异乃随之。灾者,天之谴也②;异者,天之威也③。谴之而不知,乃畏之以威。《诗》云④:"畏天之威。"殆此谓也。凡灾异之本,尽生于国家之失。国家之失乃始萌芽,而天出灾害以谴告之;谴告之而不知变,乃见怪异以惊骇之;惊骇之尚不知畏恐,其殃咎乃至⑤。以此见天意之仁而不欲陷人也。谨案:灾异以见天意,天意有欲也,有不欲也。所欲、所不欲者,人内以自省,宜有惩于心⑥,外以观其事,宜有验于国⑦。故见天意者之于灾异也,畏之而不恶也,以为天欲振吾过⑧,救吾失,故以此报我也。《春秋》之法,上变古易常,应是而有天灾者,谓幸国⑨。孔子曰:"天之所幸有为不善,而屡极。"⑩楚庄王以天不见灾,地不见孽,则祷之于山川曰:"天其将亡予邪!不说吾过,极吾罪也。"以此观之,天灾之应过而至也,异之显明可畏也。此乃天之所欲救也,《春秋》之所独幸也,庄王所以祷而请也。圣主贤君尚乐受忠臣之谏,而况受天谴也。

[**注释**]①异:异常,此处指灾异。 ②谴·谴告。 ③威:威慑。 ④《诗》云:下引诗出自《诗经·周颂·我将》。 ⑤殃咎:灾害。 ⑥惩:戒止。 ⑦验:证明。 ⑧振吾过:拯救我的罪过。振:通"赈"。 ⑨幸国:对国家有幸。 ⑩天之所幸有为不善,而屡极:孔子语,出处不详。

身之养重于义第三十一

[题解]本篇讨论义与利的关系:"利以养其体,义以养其心。"财利养育人之身体,道义涵养人之心性。两相对比,义比利更重要。但是,社会上很多人不明白其中的道理,"忘义而殉利,去理而走邪"。结果不仅伤害了自身,甚至还连累了家庭。因此,圣人通过道德教化的方式向芸芸众生阐明义利关系,目的在于使天下大众走上正确的道路。

天之生人也,使人生义与利。利以养其体,义以养其心。心不得义不能乐,体不得利不能安。义者心之养也,利者体之养也。体莫贵于心,故养莫重于义。义之养生人大于利。奚以知之?今人大有义而甚无利,虽贫与贱尚荣其行,以自好而乐生,原宪、曾、闵之属是也①。人甚有利而大无义,虽甚富则羞辱大,恶恶深②,祸患重,非立死其罪者,即旋伤殃忧尔③,莫能以乐生而终其身,刑戮夭折之民是也。夫人有义者,虽贫能自乐也;而大无义者,虽富莫能自存。吾以此实义之养生人④,大于利而厚于财也。

[注释]①原宪、曾、闵:原宪、曾参与闵子骞都是孔子弟子。　②恶恶

深:怨恨深重。"恶恶"疑为"怨恶"之误。　③旋:不久。　④实:证明,证实。

民不能知而常反之①,皆忘义而殉利,去理而走邪,以贼其身而祸其家②。此非其自为计不忠也,则其知之所不能明也。今握枣与错金以示婴儿③,婴儿必取枣而不取金也。握一斤金与千万之珠以示野人④,野人必取金而不取珠也。故物之于人,小者易知也,其于大者难见也。今利之于人小而义之于人大者,无怪民之皆趋利而不趋义也,固其所暗也。

[注释]①反之:倒行逆施。　②贼:伤害。　③错金:古代一种特殊的工艺技术,用金银丝镶嵌在器物上。　④千万之珠:价值千万的珠宝。

圣人事明义,以照耀其所暗,故民不陷。《诗》云①:"示我显德行。"此之谓也。先王显德以示民,民乐而歌之以为诗,说而化之以为俗②。故不令而自行,不禁而自止,从上之意,不待使之,若自然矣。故曰:圣人天地动、四时化者,非有他也,其见义大故能动,动故能化,化故能大行,化大行故法不犯,法不犯故刑不用,刑不用则尧、舜之功德。此大治之道也,先圣传授而复也。故孔子曰③:"谁能出不由户,何莫由斯道也!"今不示显德行,民暗于义不能炤④,迷于道不能解⑤,因欲大严憯以必正之⑥,直残贼天民而薄主德耳⑦,其势不行。仲尼曰⑧:"国有道,虽加刑,无刑也;国无道,虽杀之,不可胜也。"其所谓有道无道者,示之以显德行与不示尔。

[**注释**]①《诗》云:引诗出自《诗经·周颂·敬之》。示:昭示。 ②说:通"悦"。俗:风俗。 ③孔子曰:下引文出自《论语·雍也》。户:大门。由:经过。 ④炤(zhāo):通"照"。 ⑤解:解救。 ⑥严:酷烈。憯:惨痛。正之:用刑法惩治。 ⑦直:只是。 ⑧仲尼曰:下引文出处不详。

对胶西王越大夫不得为仁第三十二

[题解]胶西相称许春秋越王、范蠡和文种为"三仁",董仲舒不赞同这一观点。因为《春秋》贵信而贱诈,而勾践是靠欺诈而称霸的。董仲舒进而提出了一个重要的观点:"仁人者正其道不谋其利,修其理不急其功。"班固后来又将这段话提炼为:"正其谊不谋其利,明其道不计其功。"根据班固这一理解,似乎可以将董仲舒的义利观概括为"惟义是求",反对图利。实际上这种概括有所偏颇,董仲舒的义利观应归纳为:重义轻利,义利双行。

命令相曰①:"大夫蠡、大夫种、大夫庸、大夫睪、大夫车成,越王与此五大夫谋伐吴②,遂灭之,雪会稽之耻,卒为霸主。范蠡去之,种死之,寡人以此二大夫者为皆贤。孔子曰:'殷有三仁。'③今以越王之贤,与蠡、种之能,此三人者,寡人亦以为越有三仁,其于君何如?桓公决疑于管仲,寡人决疑于君。"

[注释]①命令:令问,询问。相:指胶西相董仲舒。 ②越王:越王勾践。五大夫:指上文所指大夫范蠡、大夫文种、大夫泄庸、大夫睪如、大夫车成。 ③殷有三仁:语出《论语·微子》。三仁:指商朝微子、箕子与比干。

仲舒伏地再拜,对曰:"仲舒智褊而学浅①,不足以决之。虽然,王有问于臣,臣不敢不悉以对,礼也。臣仲舒闻:昔者鲁君问于柳下惠曰②:'我欲攻齐,何如?'柳下惠对曰:'不可。'退而有忧色,曰:'吾闻之也:谋伐国者,不问于仁人也,此何为至于我?'但见问而尚羞之,而况乃与为诈以伐吴乎!其不宜明矣。以此观之,越本无一仁,而安得三仁!仁人者,正其道不谋其利,修其理不急其功,致无为而习俗大化,可谓仁圣矣,三王是也③。《春秋》之义,贵信而贱诈,诈人而胜之,虽有功,君子弗为也。是以仲尼之门,五尺童子言羞称五伯④,为其诈以成功,苟为而已也,故不足称于大君子之门⑤。五伯者比于他诸侯为贤者,比于仁贤,何贤之有?譬犹珷玞比于美玉也⑥。臣仲舒伏地再拜以闻。"

[注释]①褊(biǎn):狭小,狭隘。 ②柳下惠:春秋时代鲁国大夫。③三王:即夏禹、商汤和周文王。 ④五伯:春秋五霸:齐桓公、晋文公、楚庄王、秦穆公和宋襄公。 ⑤大君子:孔子。 ⑥珷玞(wǔ fū):一种似玉的石头。

观德第三十三

[题解]天地为万物之本,同时也是价值本源,"君臣、父子、夫妇之道取之此"。人应当效法天地之德,亲近有德之人。如果德行相同,就先爱亲人。

天地者,万物之本,先祖之所出也。广大无极,其德昭明,历年众多,永永无疆①。天出至明众知类也②,其伏无不炤也③。地出至晦,星日为明不敢暗,君臣、父子、夫妇之道取之此。大礼之终也④,臣子三年不敢当⑤。虽当之,必称先君,必称先人,不敢贪至尊也⑥。百礼之贵⑦,皆编于月⑧,月编于时,时编于君,君编于天。天之所弃,天下弗祐⑨,桀、纣是也;天子之所诛绝,臣子弗得立,蔡世子、逢丑父是也⑩;王父父所绝⑪,子孙不得属⑫,鲁庄公之不得念母⑬,卫辄之辞父命是也⑭。故受命而海内顺之⑮,犹众星之共北辰⑯,流水之宗沧海也⑰。况生天地之间,法太祖先人之容貌⑱,则其至德⑲,取象众名尊贵⑳,是以圣人为贵也。

[注释]①永永:永远。 ②众知类:当为"知众类",指辨识天下万物的类别。 ③其伏无不炤:隐伏的物体都能显现出来。 ④大礼之终:指君王死亡。 ⑤当:当政。 ⑥贪:贪求。 ⑦百礼之贵:《春秋》所记,皆与礼有关。 ⑧编:编排。 ⑨祐:通"佑",保佑。 ⑩蔡世子、逢丑父:事分别在《春秋·襄公三十年》和《春秋·成公二年》,前已详注。 ⑪王父父:祖父与父亲。绝:断绝。 ⑫属(zhǔ):续,连续。 ⑬鲁庄公之不得念母:鲁庄公之母姜氏与齐襄公私通,齐襄公派遣公子彭生杀死鲁桓公。《春秋》认为姜氏淫乱并参与谋杀鲁桓公,因此鲁庄公不应该思念其母姜氏。 ⑭事在《春秋·哀公三年》,前已详注。 ⑮受命:禀受天命。 ⑯共:通"拱",拱卫。北辰:北极星。 ⑰宗:归往。 ⑱太祖:始祖。 ⑲则:效法。 ⑳取象众名尊贵:此句可能有误字,晦涩不可解。

泰伯至德之侔天地也①,上帝为之废适易姓而子之让②,其至德海内怀归之,泰伯三让而不敢就位。伯邑考知群心贰③,自引而激④,顺神明也。至德以受命,豪英高明之人辐辏归之⑤,高者列为公侯,下至卿大夫,济济乎哉⑥,皆以德序。是故吴、鲁同姓也⑦,钟离之会⑧不得序而称君,殊鲁而会之⑨,为其夷狄之行也⑩。鸡父之战⑪,吴不得与中国为礼;至于伯莒、黄池之行⑫,变而反道⑬,乃爵而不殊。召陵之会⑭,鲁君在是而不得为主,避齐桓也。鲁桓即位十三年,齐、宋、卫、燕举师而东,纪、郑与鲁戮力而报之⑮。后其日,以鲁不得偏⑯,避纪侯与郑厉公也。

[注释]①泰伯:泰伯、仲雍与季历三人是亲兄弟,生父即周朝太王古公亶(dān)父。据传泰伯在古公亶父去世后应该依次继承王位,但是他看到父亲特别喜欢季历的儿子姬昌(即后来的周文王),因此决定主动把继承权让给

季历。然后由季历传给姬昌。后来,古公亶父等人接二连三地要泰伯、仲雍继承王位,他们都坚辞不受。为了断绝别人拥立他们的念头,泰伯、仲雍便出逃至远荒之裔的东吴荆蛮地区,断发纹身,遵行当地落后民族的习惯。周部族的人见他俩意志坚定,只好拥立季历和姬昌。这便是历史上著名的"泰伯让王"的故事。伴:齐等。　②适:通"嫡"。　③伯邑考:周文王长子。贰:不一致。　④激:疑"退"之误。　⑤辐辏:车辐集中于轴心,比喻人才纷纷归向贤明之君王。　⑥济济:众多。　⑦吴、鲁同姓:吴、鲁都是姬姓。⑧钟离之会:公元前576年,鲁、晋、齐、宋与吴会盟于钟离(今安徽凤阳)。⑨殊:不同。　⑩为其夷狄之行也:因为吴国的行为不合礼仪,如同夷狄。⑪鸡父之战:公元前519年,吴在鸡父(今河南固始南)打败了顿胡、沈、蔡、陈等国军队。　⑫伯莒、黄池之行:公元前506年,吴与楚大战于伯莒(今湖北麻城一带)。公元前482年,吴与晋、鲁会盟于黄池(今河南封丘西南)。⑬反道:返回正道。　⑭召陵之会:公元前656年,鲁与楚、齐、宋、陈、卫等国会盟于召陵(今河南郾城)。　⑮公元前699年,鲁、纪、郑与齐、宋、卫、燕作战,鲁国联军获胜。　⑯偏:偏战,古代一种战争方式。双方约定好日期与地点,各居一边而战。

《春秋》常辞,夷狄不得与中国为礼。至邲之战①,夷狄反道,中国不得与夷狄为礼,避楚庄也。邢、卫,鲁之同姓也②,狄人灭之,《春秋》为讳,避齐桓也。当其如此也,惟德是亲,其皆先其亲。是故周之子孙,其亲等也,而文王最先;四时等也,而春最先;十二月等也,而正月最先;德等也,则先亲亲;鲁十二公等也,而定、哀最尊③。卫俱诸夏也④,善稻之会⑤,独先内之⑥,为其与我同姓也。吴俱夷狄也,柤之会⑦,独先外之⑧,为其与我同姓也。灭国十五有余,独先诸夏;鲁、晋俱诸夏也,讥二名独先及之⑨。盛伯、郜子俱当绝⑩,而独不名,为其与我同姓兄弟也。外出者众⑪,以母弟出独大恶之,为其亡母背骨肉也。灭人者莫绝,卫侯毁灭同姓独绝,贱其本祖而忘先也⑫。

[注释]①邲之战:公元前597年,晋出师救郑,与楚大战于邲(今河南荥阳一带),晋军落败。 ②邢、卫,鲁之同姓:邢、卫与鲁都是姬姓。 ③定、哀最尊:因为定公和哀公是《春秋》作者亲身经历的时代,所以对定公和哀公最尊敬。 ④诸夏:中原各国。 ⑤善稻之会:公元前567年,鲁、卫、吴会盟于善稻(今江苏盱眙)。 ⑥内之:亲近。 ⑦柤(zhā)之会:公元前563年,鲁与晋、宋、卫、曹等国会盟于柤(今江苏邳县北)。 ⑧外之:疏远。 ⑨讥二名独先及之:《春秋》称"仲孙何忌"为"仲孙忌",称"晋魏曼多"为"魏曼多",《公羊传》认为是讥讽。 ⑩盛伯、郜子:盛与郜皆姬姓小国,盛被鲁、齐所灭,郜被宋灭。 ⑪外出:逃奔国外。 ⑫本祖:同祖。

亲等从近者始。立适以长①,母以子贵先②。甲戌、己丑,陈侯鲍卒③,书所见也,而不言其暗者。陨石于宋五④,六鹢退飞⑤,耳闻而记,目见而书,或徐或察,皆以其先接于我者序之。其于会朝聘之礼亦犹是。诸侯与盟者众矣,而仪父独渐进⑥。郑僖公方来会我而道杀⑦,《春秋》致其意,谓之如会⑧。潞子离狄而归党⑨,以得亡,《春秋》谓之子,以领其意。包来、首戴、洮、践土与操之会⑩:陈、郑去我,谓之逃归⑪;郑处而不来,谓之乞盟⑫;陈侯后至,谓之如会;莒人疑我,贬而称人。诸侯朝鲁者众矣,而滕、薛独称侯;州公化我⑬,夺爵而无号;吴、楚国先聘我者见贤;曲棘与鞍之战⑭,先忧我者见尊。

[注释]①立适以长:立嫡长子为继承人。适:通"嫡"。 ②先:指排序在前。 ③陈侯鲍卒:陈桓公,名鲍。《春秋》无法断定他死于何时,于是记载了"甲戌、己丑"两个日子。 ④陨石于宋五:前已详注。 ⑤六鹢退飞:前已

详注。 ⑥仪父:春秋时代邾娄国的君王。 ⑦道杀:途中被人谋杀。 ⑧如会:参加会议。 ⑨归党:归顺华夏文化。党:亲,指华夏先进文化。 ⑩包来:在今山东沂水一带。首戴:在今河南睢县南。洮:在今山东宁阳北。践土:在今河南原阳南。操:在今河南密县南。 ⑪陈、郑去我,谓之逃归:公元前566年,鲁襄公大会诸侯于鄬,陈侯逃归,郑伯被身边大夫所杀。 ⑫处:滞留。乞盟:请求参与盟会。 ⑬州公:州国国君。化:傲慢无礼。 ⑭曲棘:鲁昭公被季氏驱逐国外,后死于曲棘(在今河南兰考东)。鞍之战:公元前589年,齐侵犯鲁,晋与卫、曹等国协助鲁国在鞍(在今山东济南)打败齐国。

奉本第三十四

[**题解**]"本",指天地。"奉本"是指遵从天地之本而行。天地既是万物之本,又是人道之源泉,因此孔子赞叹:"唯天为大,唯尧则之。"礼是天地之本的社会化体现,"礼者,继天地、体阴阳",礼的作用是别内外、序尊卑、尽人事,尊礼也就是"奉本"。

礼者,继天地,体阴阳①,而慎主客,序尊卑、贵贱、大小之位,而差外内②、远近、新故之级者也,以德多为象。万物以广博众多、历年久者为象。其在天而象天者,莫大日月,继天地之光明,莫不照也。星莫大于大辰③,北斗常星④,部星三百⑤,卫星三千。大火二十六星⑥,伐十三星⑦,北斗七星,常星九辞⑧,二十八宿,多者宿二十八九⑨。其犹蓍百茎而共一本⑩,龟千岁而人宝,是以三代传决疑焉。其得地体者,莫如山阜。

[**注释**]①体:领悟。　②差:区别。　③大辰:即苍龙七宿中的三宿:心宿、参伐和北辰。　④常星:恒星。为避汉文帝讳,改"恒"为"常"。　⑤部星:星名,又称应星。《晋书·天文志》:"北斗七星在太微北……七曰部星……主兵。"　⑥大火二十六星:指房四星、心三星、尾九星,共计十六星。

钟肇鹏先生认为"二"为衍字。　⑦伐十三星：包括参三星、外四星、罚三星及觜觽三星。　⑧九辞：卢文弨认为"九辞"不可解，疑有脱文衍文。　⑨多者宿二十八九：句疑有误。　⑩蓍（shī）：蓍草，古代占卜多用此草。

人之得天得众者，莫如受命之天子，下至公、侯、伯、子、男。海内之心悬于天子①；疆内之民，统于诸侯。日月食，并告凶，不以其行。有星茀于东方②，于大辰，入北斗，常星不见，地震，梁山、沙鹿崩③，宋、卫、陈、郑灾，王公大夫篡弑者，《春秋》皆书以为大异。不言众星之茀入、霣雨④，原隰之袭崩⑤，一国之小民死亡，不决疑于众草木也。唯田邑之称，多著主名⑥。君将不言臣⑦，臣不言师；王夷、君获⑧，不言师败。孔子曰⑨："唯天为大，唯尧则之。"则之者，大也。"巍巍乎其有成功也。"⑩言其尊大以成功也。齐桓、晋文不尊周室，不能霸；三代圣人不则天地，不能至王。阶此而观之⑪，可以知天地之贵矣。

[注释]①悬：维系。　②茀：彗星。　③梁山、沙鹿崩：梁山（在今陕西韩城一带）和沙鹿（在今河北大名一带）塌陷。　④霣：通"陨"，陨落。⑤原：高原。隰：低湿之地。袭：合并。　⑥多著主名：一般标明主人所用的名称。　⑦将：率领军队。　⑧夷：通"痍"，受伤。获：被俘虏。　⑨孔子曰：下引文出自《论语·泰伯》。则：效法。　⑩巍巍乎其有成功也：语出《论语·泰伯》。巍巍：高大雄伟。　⑪阶：根据。

夫流深者其水不测，尊至者其敬无穷，是故天之所加，虽为灾害，犹承而大之，其钦无穷①，震夷伯之庙是也②。天无错舛之灾③，地有震动之异。天子所诛绝，所败师，虽不中道，而《春秋》者不敢阙④，谨之也。故师出者众矣，莫言还⑤。至师及齐师围成,成降于齐师,独言还。其君劫外⑥,不得已,故可直言也。至于他师,皆其君之过也,而曰非师之罪。是臣子之不为君父受罪,罪不臣子莫大焉⑦!

[注释]①钦:钦佩。 ②震夷伯之庙:雷电震塌了夷伯的宗庙。夷伯:鲁国季孙氏家臣。 ③错舛(chuǎn):错乱。 ④阙:缺,遗漏。 ⑤故师出者众矣,莫言还:《春秋》只记载出兵之事,而不记载军队返回之事。 ⑥其君劫外:鲁庄公受到齐国的胁迫。劫:受到胁迫。外:指齐国。 ⑦罪:归罪于。不臣子:臣不臣,子不子。

夫至明者其照无疆,至晦者其暗无疆。今《春秋》缘鲁以言王义①,杀隐、桓以为远祖②,宗定、哀以为考妣③,至尊且高,至显且明,其基壤之所加④,润泽之所被⑤,条条无疆⑥。前是常数十年,邻之幽人近其墓而高明⑦。大国齐、宋,离不言会⑧。微国之君,卒葬之礼,录而辞繁;远夷之君,内而不外⑨。当此之时,鲁无鄙疆⑩,诸侯之伐哀者皆言我⑪。邾娄庶其、鼻我,邾娄大夫,其于我无以亲,以近之故,乃得显明。隐、桓,亲《春秋》之先人也⑫,益师卒而不日⑬。于稷之会⑭,言其成宋乱⑮,以远外也。黄池之会,以两伯之辞⑯,言不以为外,以近内也⑰。

[注释]①王义:王道之主张。 ②杀:降低。 ③考妣:父母。 ④基壤:土壤。 ⑤被:同"披",覆盖。 ⑥条条:畅达。 ⑦前是常数十年,邻之幽人近其墓而高明:刘逢禄认为此句"语当有脱误"。 ⑧大国齐、宋,离不言会:齐与宋两国相会。离:通"俪",两,二。"不"当是衍文。 ⑨内而不外:亲近而不排斥。 ⑩鲁无鄙疆:指《春秋》借鲁国而传播王道,没有止境。

⑪伐哀:讨伐鲁哀公。　⑫隐、桓,亲《春秋》之先人也:隐公与桓公是《春秋》记载最早的两位鲁国国君。　⑬益师:鲁国的公子。不日:不写明日期。　⑭稷之会:公元前710年,鲁与齐、陈、郑等国会于稷(在今河南商丘一带)。　⑮成:造成。　⑯两伯:两位霸主。　⑰以近内:因为时代近而亲近。

深察名号第三十五

[题解]本篇重点论述人性论。董仲舒对人性概念做出了自己独到的训释:人性是指人生而具有的、先验性的自然属性。在方法论上,董仲舒这种考察人性的角度与荀子、庄子比较接近。"圣人之性、中人之性、斗筲之性"指的是抽象的、普遍性的人性在社会化过程中的外化和表现样式,指的是天下芸芸众生在社会化过程中,由于所处文化环境不同、个人道德自觉体认和努力不同,从而形成的三种不同的人性面貌。这是对社会人性现象的客观描述与分类,但仅仅只是现象性的描述,而不是对人性学说的高度哲学概括。概而论之,董仲舒的人性论可总结为"天赋善恶论"。

治天下之端①,在审辨大②。辨大之端,在深察名号。名者,大理之首章也③。录其首章之意,以窥其中之事,则是非可知,逆顺自著④,其几通于天地矣⑤。是非之正,取之逆顺;逆顺之正,取之名号。名号之正,取之天地;天地为名号之大义也。

[注释]①端:起始。 ②辨:辨清。大:旨意。 ③大理:根本大法。 ④著:显露。 ⑤几:大概。

古之圣人,謞而效天地谓之号①,鸣而施命谓之名②。名之为言鸣与命也,号之为言謞而效也。謞而效天地者为号,鸣而命者为名。名号异声而同本,皆鸣号而达天意者也。天不言,使人发其意;弗为,使人行其中。名则圣人所发天意,不可不深观也③。

[注释]①謞(xiào):呼喊。效:仿效。 ②施命:给事物命名。 ③深观:仔细体悟。

受命之君①,天意之所予也。故号为天子者,宜视天如父,事天以孝道也。号为诸侯者,宜谨视所候奉之天子也②。号为大夫者,宜厚其忠信,敦其礼义,使善大于匹夫之义,足以化也。士者,事也;民者,瞑也③。士不及化,可使守事,从上而已。

[注释]①命:天命。 ②候奉:侍奉。 ③瞑:眠,引申为蒙昧。

五号自赞①,各有分②,分中委曲③,曲有名。名众于号,号其大全④。名也者,名其别离分散也⑤。号凡而略⑥,名详而目⑦。目者,遍辨其事也;凡者,独举其大也。享鬼神者号一曰祭。祭之散名:春曰祠,夏曰礿,秋曰尝,冬曰烝。猎禽兽者号一曰田。田之散名:春苗,秋蒐,冬狩,夏狝。无有不皆中天意者。物莫不有凡号,号莫不有散名如是。是故事各顺于名,名各顺于天,天人之际,合而为一。同而通理,动而相益,顺而相受,谓之德道⑧。

《诗》曰:"维号斯言,有伦有迹。"⑨此之谓也。

[注释]①五号:五类称号,指天子、诸侯、大夫、士、民。赞:表明。②分:职分。 ③委曲:细微之处。 ④大全:大凡,天下万物的整体。⑤别离分散:指概念所指称的各个具体对象。 ⑥凡:大略。 ⑦目:细目。⑧德:通"得",获得。 ⑨维号斯言,有伦有迹:引诗出自《诗经·小雅·正月》。大意为:根据名号来表述观点,条理分明。伦:道。迹:条理。

深察王号之大意,其中有五科①:皇科、方科②、匡科③、黄科④、往科⑤。合此五科以一言,谓之王。王者皇也,王者方也,王者匡也,王者黄也,王者往也。是故王意不普大而皇,则道不能正直而方;道不能正直而方,则德不能匡运周遍;德不能匡运周遍,则美不能黄;美不能黄,则四方不能往⑥;四方不能往,则不全于王。故曰:天覆无外⑦,地载兼爱,风行令而一其威,雨布施而均其德,王术之谓也⑧。

[注释]①科:科目。 ②方:方正。 ③匡:满,周遍。 ④黄:黄色在五行中属土,位中央,象征君王地位。 ⑤往:归往。 ⑥四方:四方之民。⑦覆:覆盖。 ⑧王术:王道。

深察君号之大意,其中亦有五科:元科、原科、权科、温科①、群科。合此五科以一言,谓之君。君者元也②,君者原也,君者权也,君者温也,君者群也。是故君意不比于元③,则动而失本;动而失本,则所为不立;所为不立,则不效于原;不效于原,则自委舍④;自委舍,则化不行⑤。用权于变,则失中适之宜⑥;失中适之宜,则道不平、德不温;

道不平、德不温,则众不亲安;众不亲安,则离散不群;离散不群,则不全于君。

[注释]①温:平和。 ②元:一,大。 ③比:比照。 ④委舍:废弃。 ⑤化:教化。 ⑥中适之宜:符合中和标准。

名生于真,非其真弗以为名。名者,圣人之所以真物也①。名之为言真也。故凡百讥有黮黮者②,各反其真③,则黮黮者还昭昭耳。欲审曲直,莫如引绳④;欲审是非,莫如引名。名之审于是非也,犹绳之审于曲直也。诘其名实⑤,观其离合,则是非之情不可以相谰已⑥。

[注释]①真物:给事物下定义。 ②讥:疑是"物"之误。黮(dǎn):黑,引申为昏暗不明。 ③反:返。 ④绳:绳墨。 ⑤诘:考究。 ⑥相谰:相诬,颠倒黑白。

今世暗于性①,言之者不同,胡不试反性之名②?性之名,非生与?如其生之自然之资③谓之性。性者,质也。诘性之质于善之名,能中之与④?既不能中矣,而尚谓之质善,何哉?性之名不得离质。离质如毛⑤,则非性已,不可不察也。

[注释]①暗:愚昧。 ②胡:为何。反:返回。 ③资:禀赋。 ④中:切中,符合。 ⑤毛:微。

《春秋》辨物之理,以正其名,名物如其真,不失秋毫之末①。故名霣石②,则后其五;言退鹢③,则先其六。圣人之谨于正名如此。君子于其言，无所苟而已④。五石六鹢之辞是也。

[注释]①秋毫之末：细微之处。 ②霣石：陨石，前已详注。事在《春秋》僖公十六年。 ③鹢：水鸟名，前已详注。事在《春秋》僖公十六年。 ④苟：苟且，马虎。

栣众恶于内①，弗使得发于外者，心也。故心之为名栣也。人之受气苟无恶者，心何栣哉？吾以心之名得人之诚。人之诚，有贪有仁。仁贪之气，两在于身。身之名，取诸天。天两有阴阳之施，身亦两有贪仁之性；天有阴阳禁，身有情欲栣，与天道一也。是以阴之行不得干春夏②，而月之魄常厌于日光③，乍全乍伤④。天之禁阴如此，安得不损其欲而辍其情以应天⑤？天所禁而身禁之，故曰身犹天也。禁天所禁，非禁天也。必知天性不乘于教⑥，终不能栣。察实以为名，无教之时，性何遽若是⑦？

[注释]①栣(rěn)：禁锢。 ②干：干犯。 ③魄：微弱光线。厌：压制。 ④乍全乍伤：月亮有圆有缺。 ⑤辍(chuò)：节制。 ⑥乘：依赖。 ⑦何遽：怎么。

故性比于禾，善比于米。米出禾中，而禾未可全为米也；善出性中，而性未可全为善也。善与米，人之所继天而成于外，非在天所为之内也。天之所为，有所至而止。止之内谓之天性，止之外谓之人事①。事在性外，而性不得不成德。民之号，取之瞑也。使性而已善，则何故以瞑为号？以霣者言，弗扶将则颠陷猖狂，安能善？性有似目，目卧幽而瞑,待觉而后见。当其未觉,可谓有见质,而不可谓见。今万民之性,有其质而未能觉,譬如瞑者待觉,教之然后善。当其未觉,可谓有善质,而不可谓善,与目之瞑而觉,一概之比也。静心徐察之,其言可见矣。性而瞑之未觉,天所为也;效天所为,为之起号,故谓之民。民之为言,固犹瞑也,随其名号以入其理②,则得之矣。

[注释]①人事:后天教化。 ②入其理:探究其间的道理。

是正名号者于天地,天地之所生,谓之性情。性情相与为一瞑。情亦性也,谓性已善,奈其情何?故圣人莫谓性善①,累其名也。身之有性情也,若天之有阴阳也,言人之质而无其情,犹言天之阳而无其阴也,穷论者无时受也②。

[注释]①圣人:指孔子。 ②穷论者无时受也:以此穷究下去,经不起反复推敲。

名性,不以上,不以下,以其中名之。性如茧、如卵。卵待覆而成雏①,茧待缲而为丝②,性待教而为善,此之谓真天。天生民性有善质而未能善,于是为之立王以善之,此天意也。民受未能善之性于天,而退受成性之教于王,王承天意以成民之性为任者也。今案其真质③,而谓民性已善者,是失天意而去王任也。万民之性苟已善,则王者受命尚何任也?其设名不正,故弃重任而违大命,非法言也④。《春秋》之辞,内事之待外者,从外言之⑤。今万民之性,待外教然后能善,善当与教⑥,不当与性。与性,则多累而不精⑦,自成功而无贤圣,此世长者之所误出也,非《春秋》为辞之术也。不法之言,无验之说⑧,君子之所外⑨,何以为哉!

[注释]①覆:孵化。 ②缲(sāo):抽茧为丝。 ③案:考察。 ④法言:正确的言论。 ⑤内事之待外者,从外言之:如果事端是由外因引发,则必须先将外因交待清楚。 ⑥当与:应当归结为。 ⑦多累而不精:名称繁琐而不可确信。 ⑧验:证明。 ⑨外:排斥。

或曰:性有善端,心有善质,尚安非善?应之曰:非也。茧有丝而茧非丝也,卵有雏而卵非雏也。比类率然①,有何疑焉②?天生民有六经③,言性者不当异。然其或曰性也善,或曰性未善,则所谓善者,各异意也。性有善端,动之爱父母,善于禽兽,则谓之善,此孟子之善④。循三纲五纪⑤,通八端之理⑥,忠信而博爱,敦厚而好礼,乃可谓善。此圣人之善也。是故孔子曰⑦:"善人,吾不得而见之,得见有常者斯可矣。"由是观之,圣人之所谓善,未易当也。非善于禽兽则谓之善也,使动其端善于禽兽则可谓之善,善奚为弗见也?夫善于禽兽之未得为善也,犹知于草木而不得名知,万民之性善于禽兽而不得名善。知之名乃取之圣。圣人之所命,天下以为正。正朝夕者视北辰⑧,正嫌疑者视圣人,圣人以为无王之世、不教之民莫能当善。善之难当如此,而谓万民之性皆能当之,过矣。质于禽兽之性,则万民之性善矣;质于人道之善,则民性弗及也。万民之性善于禽兽者许之⑨,圣人之所谓善者弗许。吾质之命性者异孟子。孟子下质于禽兽之所为,故曰性已善;吾上质于圣人之所为⑩,故谓性未善。善过性,圣人过善⑪。《春秋》大元⑫,故谨于正名。名非所始,如之何谓未善已善也。

[**注释**]①比类率然:同类事物的情况都一样。 ②有:又。 ③六经:"六"为"大"之误,重要的法则。 ④孟子之善:孟子认为人性善。 ⑤三纲:君臣、父子、夫妇。五纪:父义、母慈、兄友、弟恭、子孝。 ⑥八端:孟子讲过"四端"(仁义礼智),此处"八端",未详。 ⑦孔子曰:下引语出自《论语·述而》:"善人,吾不得而见之,得见有恒者斯可矣。" ⑧北辰:北极星。 ⑨许:赞许。 ⑩质:考证。 ⑪过:超出。 ⑫大:推崇。

实性第三十六

[题解]本篇继续讨论人性问题。人性中有善质,但这并不等同于人性善,这是两个不容混淆的概念:"今谓性已善,不几于无教而如其自然。"如果说人性已善,那就意味着后天社会道德教化已经失去其存在的合理性。善好比米,性好比禾苗,禾苗有结出米的潜在可能性,但禾苗与米毕竟还是两回事。性是先天的质朴,善是后天教化的产物;没有社会教育,先天的性就不可能发展变化为善。

孔子曰①:"名不正,则言不顺。"今谓性已善,不几于无教而如其自然②,又不顺于为政之道矣。且名者性之实,实者性之质。质无教之时,何遽能善?善如米,性如禾。禾虽出米,而禾未可谓米也。性虽出善,而性未可谓善也。米与善,人之继天而成于外也,非在天所为之内也。天所为,有所至而止,止之内谓之天,止之外谓之王教。王教在性外,而性不得不遂③。故曰:性有善质,而未能为善也。岂敢美辞,其实然也。天之所为,止于茧、麻与禾。以麻为布,以茧为丝,以米为饭,以性为善,此皆圣人所继天而进也,非情性质朴之能至也,故不可谓性。

[**注释**]①孔子曰:下引文出自《论语·子路》。 ②几:接近、近似。 ③遂:完成,完善。

正朝夕者视北辰,正嫌疑者视圣人。圣人之所名,天下以为正。今按圣人言中,本无性善名,而有"善人吾不得见之矣"。使万民之性皆已能善,善人者何为不见也?观孔子言此之意,以为善甚难当;而孟子以为万民性皆能当之,过矣。圣人之性不可以名性,斗筲之性①又不可以名性,名性者中民之性。中民之性如茧如卵。卵待覆二十日,而后能为雏;茧待缲以涫汤②,而后能为丝;性待渐于教训,而后能为善。善,教训之所然也③,非质朴之所能至也,故不谓性。

[**注释**]①斗筲之性:斗筲在古代是量器,斗容十升,筲容十二升。斗筲之性形容人品之浅陋龌龊。 ②涫(guān)汤:沸水。 ③教训:后天教导。

性者宜知名矣,无所待而起,生而所自有也。善所自有,则教训已非性也。是以米出于粟,而粟不可谓米;玉出于璞①,而璞不可谓玉;善出于性,而性不可谓善。其比多在物者为然②,在性者以为不然,何不通于类也?卵之性未能作雏也,茧之性未能作丝也,麻之性未能为缕也,粟之性未能为米也。《春秋》别物之理以正其名,名物必各因其真。真其义也,真其情也,乃以为名。名霣石则后其五,退飞则先其六,此皆其真也。圣人于言,无所苟而已矣。性者,天质之朴也;善者,王教之化也。无其质,则王教不能化;无其王教,则质朴不能善。质而不以善性,其名不正,故不受也③。

[注释]①璞:未经加工的玉石。 ②比:类比。 ③受:采纳。

诸侯第三十七

[**题解**]上天爱人,"天虽不言,其欲赡足之意可见也"。上天虽然无言,但泛爱万物的意图是能揣摩出来的。因此,君王应当效仿上天所为,使天下平民百姓普遍受惠。

生育养长,成而更生,终而复始其事,所以利活民者无已。天虽不言,其欲赡足之意可见也①。古之圣人见天意之厚于人也②,故南面而君天下,必以兼利之。为其远者目不能见,其隐者耳不能闻,于是千里之外割地分民,而建国立君,使为天子视所不见,听所不闻。朝者召而问之也;诸侯之为言,犹诸候也③。

[**注释**]①赡足:富饶、丰足。　②厚:厚爱。　③候:守望、守护。

五行对第三十八

[**题解**]在古代宇宙论意义上,木、火、土、金、水"五行"是自然界五种质料。董仲舒进一步将五行论证为五种"德行":"五行者,五行也。"在五种德行中,董仲舒尤其推崇土德:"土者,五行最贵者也,其义不可以加矣。"董仲舒之所以推崇土德,其目的在于从哲学高度论述"孝"的重要性。

河间献王问温城董君曰①:"《孝经》曰:'夫孝,天之经,地之义。'何谓也?"对曰:"天有五行:木、火、土、金、水是也。木生火,火生土,土生金,金生水。水为冬,金为秋,土为季夏,火为夏,木为春。春主生,夏主长,季夏主养,秋主收,冬主藏。藏,冬之所成也。是故父之所生,其子长之;父之所长,其子养之;父之所养,其子成之。诸父所为,其子皆奉承而续行之,不敢不致如父之意,尽为人之道也。故五行者,五行也②。由此观之,父授之,子受之,乃天之道也。故曰:夫孝者,天之经也。此之谓也。"

[**注释**]①河间献王:指汉景帝的儿子刘德。温城董君:指董仲舒。董仲舒故里在今河北景县,古代俗称"温城"。　②五行:五种德行。

王曰:"善哉！天经既得闻之矣,愿闻地之义。"对曰:"地出云为雨,起气为风。风雨者,地之所为。地不敢有其功名,必上之于天,命若从天气者,故曰天风天雨也,莫曰地风地雨也。勤劳在地,名一归于天,非至有义,其孰能行此？故下事上,如地事天也,可谓大忠矣。土者,火之子也,五行莫贵于土。土之于四时无所命者,不与火分功名。木名春,火名夏,金名秋,水名冬,忠臣之义、孝子之行取之土。土者,五行最贵者也,其义不可以加矣。五声莫贵于宫,五味莫美于甘,五色莫盛于黄,此谓孝者地之义也。"①王曰:"善哉！"

[注释]①古人常把五行与五声、五味、五味相搭配:春木,色青、音角、味酸。夏火,色赤、音徵、味苦。季夏土,色黄、音宫、味甘。秋金,色白、音商、味辛。冬水,色黑、音羽、味咸。

第三十九［缺］

第四十［缺］

为人者天第四十一

[题解]本篇从天人合一高度论述人与天的关系："人之人本于天,天亦人之曾祖父也。"人源出于天,人的身体结构与天相类,人之喜怒哀乐情感也与春秋冬夏四季相比附。"君者,民之心也;民者,君之体也。心之所好,体必安之;君之所好,民必从之。"君王好比心脏,人民好比身体。君王所喜好的,人民一定顺从。君王"贵孝弟而好礼义,重仁廉而轻财利",那么天下百姓都会闻风向往。

为生不能为人①,为人者天也。人之人本于天,天亦人之曾祖父也②。此人之所以乃上类天也③。人之形体,化天数而成④;人之血气,化天志而仁;人之德行,化天理而义;人之好恶,化天之暖清;人之喜怒,化天之寒暑;人之受命,化天之四时⑤。人生有喜怒哀乐之答,春秋冬夏之类也。喜,春之答也;怒,秋之答也;乐,夏之答也;哀,冬之答也。天之副在乎人⑥,人之情性有由天者矣。故曰受,由天之号也⑦。为人主也,道莫明省身之天,如天出之也。使其出也,答天之出四时而必忠其受也,则尧、舜之治无以加。是可生可杀,而不可使为乱。故曰:"非道不行,非法不言。"⑧此之谓也。

[注释]①为生:为生者,父母。 ②曾祖父:比喻为本源。 ③类:类似。 ④人之形体,化天数而成:人的身体结构来源于天之数的变化,如天有四时,人有四肢;天有五行,人有五脏。 ⑤人之受命,化天之四时:生命源出于天,天有四时,人有生、长、老、死。 ⑥副:对应。 ⑦号:名号。 ⑧非道不行,非法不言:语出《孝经·卿大夫章》,文句有所简略。法:礼法。

传曰①:唯天子受命于天,天下受命于天子,一国则受命于君。君命顺,则民有顺命;君命逆,则民有逆命。故曰:"一人有庆,兆民赖之。"②此之谓也。

[注释]①传曰:以下所引出自《礼记·表记》。 ②一人有庆,兆民赖之:语见《尚书·吕刑》。一人:指天子。庆:事业有成。

传曰:政有三端:父子不亲,则致其爱慈;大臣不和,则敬顺其礼;百姓不安,则力其孝弟①。孝弟者,所以安百姓也。力者,勉行之身以化之。天地之数,不能独以寒暑成岁,必有春、夏、秋、冬;圣人之道,不能独以威势成政,必有教化。故曰:先之以博爱,教以仁也;难得者②,君子不贵,教以义也;虽天子必有尊也,教以孝也;必有先也,教以弟也③。此威势之不足独恃,而教化之功不大乎!

[注释]①弟:通"悌",敬爱兄长。 ②难得者:指奇珍异宝,义近于《老子》第三章:"不贵难得之货。" ③虽天子必有尊也,教以孝也;必有先也,教以弟也:语见《孝经》。先:兄长。

传曰:天生之,地载之,圣人教之。君者,民之心也;民者,君之体也。心之所好,体必安之;君之所好,民必从之。故君民者,贵孝弟而好礼义,重仁廉而轻财利。躬亲职此于上而万民听①,生善于下矣。故曰:"先王见教之可以化民也。"②此之谓也。

[注释]①听:顺从。 ②先王见教之可以化民也:语出《孝经·三才章》。

衣服容貌者,所以说目也①;声音应对者,所以说耳也;好恶去就者,所以说心也。故君子衣服中而容貌恭②,则目说矣;言理应对逊,则耳说矣;好仁厚而恶浅薄,就善人而远僻鄙③,则心说矣。故曰④:"行思可乐,容止可观。"此之谓也。

[注释]①说:通"悦"。 ②中:符合礼节。 ③就:亲近。僻鄙:言行邪僻不正之人。 ④故曰:下引语出自《孝经·圣治章》。容止:仪态举止。

五行之义第四十二

[题解]本篇从五行出发,推衍出五种德行。土居中央,叫做天润,土之德为"忠","圣人之行,莫贵于忠,土德之谓也"。正因为如此,董仲舒特别赞美土德。

天有五行:一曰木,二曰火,三曰土,四曰金,五曰水①。木,五行之始也;水,五行之终也;土,五行之中也,此其天次之序也。木生火,火生土,土生金,金生水,水生木,此其父子也。木居左,金居右,火居前,水居后,土居中央,此其父子之序,相受而布②。是故木受水而火受木,土受火,金受土,水受金也。诸授之者,皆其父也;受之者,皆其子也。常因其父以使其子,天之道也。是故木已生而火养之,金已死而水藏之,火乐木而养以阳,水克金而丧以阴,土之事火竭其忠。故五行者,乃孝子忠臣之行也。

[注释]①一曰木,二曰火,三曰土,四曰金,五曰水:董仲舒所排列的"五行"顺序与《尚书》"水、火、木、金、土"有所不同。 ②布:分布。

五行之为言也,犹五行欤①?是故以得辞也②。圣人知之,故多其爱而少严,厚养生而谨送终,就天之制也。以子而迎成养,如火之乐木也;丧父,如水之克金也;事君,若土之敬天也;可谓有行人矣③。

[注释]①五行:五种德行。 ②辞:概念。 ③有行人:有德行之人。

五行之随,各如其序;五行之官①,各致其能。是故木居东方而主春气,火居南方而主夏气,金居西方而主秋气,水居北方而主冬气。是故木主生而金主杀,火主暑而水主寒。使人必以其序,官人必以其能,天之数也②。

[注释]①官:职守。 ②数:道,规律。

土居中央,为之天润①。土者,天之股肱也,其德茂美,不可名以一时之事,故五行而四时者,土兼之也。金、木、水、火虽各职,不因土,方不立②,若酸、咸、辛、苦之不因甘肥不能成味也。甘者,五味之本也,土者,五行之主也。五行之主土气也,犹五味之有甘肥也,不得不成。是故圣人之行,莫贵于忠,土德之谓也。人官之大者,不名所职,相其是矣③。天官之大者,不名所生④,土是矣。

[注释]①天润:天之润泽。 ②方:方位。 ③相:丞相。 ④生:疑是"主"之误。

阳尊阴卑第四十三

[**题解**]本篇从阴阳理论出发,提出了"阳尊阴卑"思想,并以此附会社会人事:男为阳,女为阴;君为阳,臣为卑;父为阳,子为阴;夫为阳,妻为卑。不仅如此,董仲舒进而论证德教为阳、刑罚为阴,所以应当重道德教化而轻刑罚威慑。"天数右阳而不右阴,务德而不务刑。"

天之大数,毕于十旬①,旬天地之间②,十而毕举;旬生长之功,十而毕成。十者,天数之所止也。古之圣人因天数之所止以为数,纪十如更始③。民世世传之,而不知省其所起④;知省其所起,则见天数之所始;见天数之所始,则知贵贱逆顺所在;知贵贱逆顺所在,则天地之情著,圣人之宝出矣⑤。

[**注释**]①毕于十:天、地、阴、阳、水、火、木、金、土与人。旬:疑是衍文。 ②旬:通"周",周匝,周遍。 ③如:而。 ④省:反思。 ⑤宝:疑作"实",实情。

是故阳气以正月始出于地,生育长养于上,至其功必成也而积十月;人亦十月而生,合于天数也。是故天道十月而成,人亦十月而成,合于天道也。故阳气出于东北,入于西北,发于孟春①,毕于孟冬②,而物莫不应是。阳始出,物亦始出;阳方盛,物亦方盛;阳初衰,物亦初衰。物随阳而出入,数随阳而终始;三王之正③,随阳而更起。以此见之,贵阳而贱阴也。故数日者,据昼而不据夜;数岁者,据阳而不据阴,阴不得达之义。

[**注释**]①孟春:春季第一个月。 ②孟冬:冬季第一个月。 ③三王:夏禹、商汤与周文王。正:正月。

是故《春秋》之于昏礼也①,达宋公而不达纪侯之母②,纪侯之母宜称而不达,宋公不宜称而达,达阳而不达阴,以天道制之也。丈夫虽贱皆为阳,妇人虽贵皆为阴。阴之中亦相为阴,阳之中亦相为阳。诸在上者皆为其下阳,诸在下者皆为其上阴③。阴犹沈也④,何名何有?皆并一于阳,昌力而辞功⑤。故出云起雨,必令从天下,命之曰天雨,不敢有其所出。上善而下恶,恶者受之,善者不受。土若地,义之至也。

[**注释**]①昏礼:婚礼。 ②达宋公而不达纪侯之母:古代婚礼,要由父兄尊长主持。《春秋·成公八年》载:"宋公使公孙寿来纳币。"此时宋共公父亲已亡,婚礼由宋公主持合乎礼仪。《春秋·隐公二年》载:"纪裂繻来逆女。"纪侯成婚,其母派人迎亲,但是女性为阴,所以在文字上仍然不可称呼其母迎亲。 ③诸在上者皆为其下阳,诸在下者皆为其上阴:阴与阳是相对的,如父为阳,子为阴;但是子对于孙而言又是阳,孙为阴。 ④沈(chén):隐没。 ⑤昌:壮盛。

是故《春秋》君不名恶①,臣不名善,善皆归于君,恶皆归于臣。臣之义比于地,故为人臣者,视地之事天也;为人子者,视土之事火也。虽居中央,亦岁七十二日之王②,傅于火③以调和养长,然而弗名者,皆并功于火,火得以盛,不敢与父分功④,美孝之至也。是故孝子之行,忠臣之义,皆法于地也。地事天也,犹下之事上也。地,天之合也,物无合会之义。

[注释]①君不名恶:不宣扬君王的恶行。 ②亦岁七十二日之王:一年按三百六十天计算,五行分别掌管七十二天。 ③傅:辅助。 ④不敢与父分功:火生土,因此火与土形成父子关系。

是故推天地之精,运阴阳之类,以别顺逆之理,安所加以不在①?在上下,在大小,在强弱,在贤不肖,在善恶。恶之属尽为阴,善之属尽为阳。阳为德,阴为刑,刑反德而顺于德,亦权之类也②。虽曰权,皆在权成③。是故阳行于顺,阴行于逆。逆行而顺,顺行而逆者,阴也。是故天以阴为权,以阳为经;阳出而南,阴出而北。经用于盛,权用于末。以此见天之显经隐权,前德而后刑也。故曰:阳,天之德;阴,天之刑也。阳气暖而阴气寒,阳气予而阴气夺,阳气仁而阴气戾,阳气宽而阴气急,阳气爱而阴气恶,阳气生而阴气杀。是故阳常居实位而行于盛,阴常居空位而行于末,天之好仁而近,恶戾之变而远,大德而小刑之意也④。先经而后权,贵阳而贱阴也。故阴,夏入居下,不得任岁事;冬出居上,置之空处也;养长之时伏于下,远去之,弗使得为阳也;无事之时起之空处,使之备次陈、守闭塞也⑤。此皆天之近阳而远阴,大德而小刑也。是故人主近天之所近,远天之所远。大天之所大,小天之所小。是故天数右阳而不右阴⑥,务德而不务刑。刑之不可任以成世也⑦,犹阴之不可任以成岁也。为政而任刑,谓之逆天,非王道也。

[**注释**]①以:而。 ②权:权变。 ③皆在权成:可能是"皆在经成"之误。经:常道,与权相对。 ④大德而小刑:推崇教化而贬抑刑罚。 ⑤次陈:次要地位。 ⑥右:保佑。 ⑦刑之不可任以成世:不可单纯用刑罚来治理天下。

王道通三第四十四

[**题解**]董仲舒立足于天人合一的高度,对"王"字作了新的诠释:横的三画分别代表天、地、人,中间一竖表示天地人相贯通。由此而来,董仲舒进一步论证人道应当效法天道而行。天生育万物,具有仁爱的品德;君王理应效法天志而归向仁德。天有春夏秋冬,人有喜怒哀乐。春夏秋冬循时而动,应时而起,不违天道;君王的喜怒哀乐应有所节制,"节之而顺,止之而乱"。天地的心志,就是君王遵循的法则。

古之造文者,三画而连其中,谓之王。三画者,天、地与人也,而连其中者,通其道也,取天地与人之中以为贯而参通之,非王者庸能当是①?是故王者唯天之施②,施其时而成之③,法其命而循之诸人④,法其数而以起事,治其道而以出法,治其志而归之于仁⑤。仁之美者在于天。天,仁也。天覆育万物,既化而生之,有养而成之⑥,事功无已⑦,终而复始,凡举归之以奉人。察于天之意,无穷极之仁也。人之受命于天也,取仁于天而仁也,是故人之受命天之尊,父兄子弟之亲,有忠信慈惠之心,有礼义廉让之行,有是非逆顺之治,文理粲然而厚⑧,知广大有而博⑨,唯人道为可以参天。

[注释]①庸能:怎么能够。 ②唯天之施:根据天命而推行政令。 ③施:遵循。 ④法:效法。循:安抚。 ⑤治其志:效法天之意志。 ⑥有:又。 ⑦无已:没有停息。 ⑧文理粲然而厚:文辞优美,义理深奥。 ⑨有而:应是"而有"之误。有:又。

天常以爱利为意①,以养长为事,春、秋、冬、夏皆其用也。王者亦常以爱利天下为意,以安乐一世为事,好恶喜怒而备用也。然而主之好恶喜怒,乃天之春、夏、秋、冬也,其俱暖清寒暑而以变化成功也。天出此物者,时则岁美②,不时则岁恶。人主出此四者,义则世治,不义则世乱。是故治世与美岁同数,乱世与恶岁同数,以此见人理之副天道也③。天有寒有暑,夫喜怒哀乐之发,与清暖寒暑其实一贯也。喜气为暖而当春,怒气为清而当秋,乐气为太阳而当夏,哀气为太阴而当冬。四气者,天与人所同有也,非人所能蓄也④,故可节而不可止也。节之而顺,止之而乱。

[注释]①爱利:爱护与施惠。 ②时:适时、应时。 ③副:感应。 ④蓄:蓄养。

人生于天,而取化于天①。喜气取诸春,乐气取诸夏,怒气取诸秋,哀气取诸冬,四气之心也。四肢之答各有处②,如四时;寒暑不可移,若肢体。肢体移易其处,谓之壬人③。寒暑移易其处,谓之败岁④。喜怒移易其处,谓之乱世。明王正喜以当春,正怒以当秋,正乐以当夏,正哀以当冬,上下法此,以取天之道。春气爱,秋气严,夏气乐,冬气哀。爱气以生物,严气以成功,乐气以养生,哀气以丧终,天之志也。是故春气暖者,天之所以爱而生之;秋气清者,天之所以严而成之;夏气温者,天之所以乐而养之;冬气寒者,天之所以哀而藏之。春主生,夏主养,秋主收,冬主藏。生溉其乐以养⑤,死溉其哀以藏,为人子者也。故四时之行,父子之道也;天地之志,君臣之义也;阴阳之理,圣人之法也。

[注释]①取化:源于、效法。 ②答:对应。 ③壬:疑"夭"之误。夭:通"妖"。 ④败岁:年成不好。 ⑤溉:俞樾认为读作"既"。既:尽。

阴,刑气也;阳,德气也。阴始于秋,阳始于春。春之为言犹偆偆也①,秋之为言犹湫湫也②。偆偆者,喜乐之貌也;湫湫者,忧悲之状也。是故春喜、夏乐、秋忧、冬悲,悲死而乐生。以夏养春,以冬藏秋,大人之志也。是故先爱而后严,乐生而哀终,天之当也③。而人资诸天④,天固有此,然而无所之⑤,如其身而已矣⑥。人主立于生杀之位,与天共持变化之势,物莫不应天化。天地之化如四时。所好之风出,则为暖气,而有生于俗;所恶之风出,则为清气,而有杀于俗。喜则为暑气而有养长也,怒则为寒气而有闭塞也。人主以好恶喜怒变习俗,而天以暖清寒暑化草木。喜怒时而当,则岁美;不时而妄,则岁恶。天地人主一也。

[注释]①偆(chǔn)偆:喜乐。 ②湫(qīu)湫:忧愁。 ③当:当于时。 ④资诸:取之于。 ⑤无所之:此三字可能有误。 ⑥如其身:指天道与人理相感应。

然则人主之好恶喜怒,乃天之暖清寒暑也,不可不审其处而出也。当暑而寒,当寒而暑,必为恶岁矣;人主当喜而怒,当怒而喜,必为乱世矣。是故人主之大守①,在于谨藏而禁内②,使好恶喜怒必当义乃出,若暖清寒暑之必当其时乃发也。人主掌此而无失,使乃好恶喜怒未尝差也,如春、秋、冬、夏之未尝过也,可谓参天矣③。深藏此四者,而勿使妄发,可谓天矣④。

[注释]①大守:重大职责。 ②谨藏:指喜怒哀乐不轻发。禁内:不逆受天道与人理。内:通"纳"。 ③参天:参通天道。 ④天:可能是"大"之误。

天容第四十五

[题解]天之道有序、有度、有常、有节。"圣人视天而行",君王的政令教化应遵从天道,有一定的法规;君王的喜怒哀乐情感变化应仿效天道,有一定的节制。

天之道,有序而时①,有度而节,变而有常,反而有相奉②。微而至远,踔而致精③,一而少积蓄④,广而实,虚而盈。圣人视天而行,是故其禁而审好恶喜怒之处也⑤,欲合诸天之非其时不出暖清寒暑也;其告之以政令而化风之清微也,欲合诸天之颠倒其一而以成岁也;其羞浅末华虚而贵敦厚忠信也⑥,欲合诸天之默然不言而功德积成也;其不阿党偏私而美泛爱兼利也,欲合诸天之所以成物者少霜而多露也。其内自省以是而外显,不可以不时。人主有喜怒,不可以不时。可亦为时,时亦为义。喜怒以类合,其理一也。故义不义者,时之合类也,而喜怒乃寒暑之别气也。

[注释]①有序而时:有次序而合乎时令。 ②反而有相奉:循环往复而有继承。 ③踔(zhuō):远,高远。 ④一:阴阳合一。少:"少"字可能有

误。 ⑤禁:不逆受天道与人理。 ⑥羞:意动用法,以……为羞。浅末:浅薄粗陋。华虚:华而不实。

天辨在人第四十六

[题解]气是宇宙本原,天人同出于气。天有春夏秋冬之气,人有喜怒哀乐之气,"天乃有喜怒哀乐之行,人亦有春秋冬夏之气者,合类之谓也"。在自然界中,阴虚而阳实,阴为辅阳为主;在人类社会中,德教为阳,刑罚为阴,所以应当德主刑辅。

难者曰:"阴阳之会①,一岁再遇,遇于南方者以中夏②,遇于北方者以中冬③。冬,丧物之气也,则其会于是何?"

如金、木、水、火各奉其所主,以从阴阳,相与一力而并功。其实非独阴阳也,然而阴阳因之以起,助其所主。故少阳因木而起④,助春之生也;太阳因火而起⑤,助夏之养也;少阴因金而起⑥,助秋之成也;太阴因水而起⑦,助冬之藏也。阴虽与水并气而合冬,其实不同,故水独有丧而阴不与焉⑧。是以阴阳会于中冬者,非其丧也。春,爱志也;夏,乐志也;秋,严志也;冬,哀志也。故爱而有严,乐而有哀,四时之则也。喜怒之祸⑨,哀乐之义,不独在人,亦在于天。而春夏之阳,秋冬之阴,不独在天,亦在于人。人无春气,何以博爱而容众?人无秋气,何以立严而成功?人无夏气,何以盛养而乐生?人无冬气,何以哀死而恤丧?天无喜气,亦何以暖而春生育?天无怒气,亦何以清而秋杀就⑩?天无乐气,亦何以疏阳而夏养长?天无哀气,亦何以激阴而冬闭藏⑪?故曰:天乃有喜怒哀乐之行,人亦有春秋冬夏之气者,合类之谓也。匹夫虽贱,而可以见德刑之用矣。是故阴阳之行,终各六月⑫,远近同度,而所在异处。阴之行,春居东方,秋居西方,夏居空右,冬居空左,夏居空下,冬居空上⑬,此阴之常处也。阳之行,春居上,冬居下,此阳之常处也。阴终岁四移,而阳常居实,非亲阳而疏阴、任德而远刑与!

[注释]①阴阳之会:一年之中,阴阳分别于四月与十月交会。 ②中夏:夏季之中。 ③中冬:冬季之中。 ④少阳:力量微弱的阳气。 ⑤太阳:力量旺盛的阳气。 ⑥少阴:力量微弱的阴气。 ⑦太阴:力量旺盛的阴气。 ⑧与:参与。 ⑨祸:"祸"字可能有误。 ⑩就:终,终结。 ⑪激:激活。 ⑫"终"字下疑脱岁字。 ⑬夏居空下,冬居空上:夏季阳气旺盛,阴气隐伏,所以说阴居空下;冬季阴气旺盛,阳气隐匿,所以说阴居空上。

天之志,常置阴空处,稍取之以为助。故刑者,德之辅;阴者,阳之助也。阳者,岁之主也,天下之昆虫随阳而出入,天下之草木随阳而生落,天下之三王随阳而改正,天下之尊卑随阳而序位。幼者居阳之所少,老者居阳之所老,贵者居阳之所盛,贱者居阳之所衰。藏者,言其不得当阳。不当阳者臣子是也,当阳者君父是也。故人主南面,以阳为位也。阳贵而阴贱,天之制也。礼之尚右①,非尚阴也,敬老阳而尊成功也。

[**注释**]①尚右:阳为右,阴为左。"尚右"即尚阳。

阴阳位第四十七

[题解]本篇主题思想与上篇近似。"阴阳位"指阴阳二气运行的方位,阳以南为位,阴以北为位。阳出入皆实位,阴出入皆虚位,"天之任阳不任阴"。阴阳二气表现在人类社会,就体现为德为主、刑为辅,"好德不好刑"。

阳气始出东北而南行,就其位也①;西转而北入,藏其休也;阴气始出东南而北行,亦就其位也,西转而南入,屏其伏也②。是故阳以南方为位,以北方为休;阴以北方为位,以南方为伏。阳至其位而大暑热,阴至其位而大寒冻。阳至其休而入化于地,阴至其伏而避德于下。是故夏出长于上,冬入化于下者,阳也;夏入守虚地于下,冬出守虚位于上者,阴也。阳出实入实,阴出空入空,天之任阳不任阴,好德不好刑如是也。故阴阳终岁各一出。

[注释]①就:趋,从,归。 ②屏:退隐。

阴阳终始第四十八

[**题解**]"阴阳终始"指自然界运行的规律。自然界运行有其规律性,所谓"天之道,终而复始"。阴阳二气虽运行方向相逆、力量相对,但互补、互济,阴阳二气各处其位,各司其职,从而使得自然界的运行和谐有序。

天之道,终而复始。故北方者,天之所终始也,阴阳之所合别也①。冬至之后,阴俛而西入②,阳仰而东出③,出入之处常相反也。多少调和之适④,常相顺也。有多而无溢,有少而无绝,春夏阳多而阴少,秋冬阳少而阴多。多少无常,未尝不分而相散也。以出入相损益,以多少相溉济也⑤。多胜少者倍入⑥,入者损一,而出者益二。天所起,一动而再倍⑦,常乘反衡再登之势⑧,以就同类,与之相报⑨,故其气相侠⑩,而以变化相输也⑪。春秋之中,阴阳之气俱相并也,中春以生,中秋以杀。由此见之,天之所起其气积,天之所废其气随⑫。故至春,少阳东出就木,与之俱生;至夏,太阳南出就火,与之俱暖⑬;此非各就其类,而与之相起与!少阳就木,太阳就火,火木相称,各就其正⑭,此非正其伦与⑮!至于秋时,少阴兴而不得以秋从金,从金而伤火功,虽不得以从金,亦以秋出于东方,俛其处而适其事,以成岁功,此非权与!阴之行,固常居虚而不得居实,至于冬,而止空虚⑯,太阳乃得北就其类,而与水起寒。是故天之道,有伦、有经⑰、有权⑱。

[注释]①阴阳之所合别:阴阳在仲冬会合后又立刻分别。 ②俛(fǔ):通"俯"。 ③阳仰而东出:阳气起于东北,尽于西南。阴气起于西南,尽于东北。 ④多少:指阴阳之气的多与少。 ⑤溉济:既济,互补互惠。《周易》有"既济"卦。"损"、"益"也是《周易》卦名。 ⑥倍入:结合下文"入者损一,而出者益二",意指阴阳之气运行时,一方损一,一方益一,则所出倍于所入。 ⑦天所起,一动而再倍:指天道运行时,一动而倍增其气,以助发生。 ⑧常乘反衡再登之势:阴阳之气运行常常是向着相反的方向运行。衡:车前横木。 ⑨相报:相呼应。 ⑩侠:挟持。 ⑪输:流转贯通。⑫随:微弱而不振。 ⑬俱暖:夏代表火,太阳与火属性相同,因此说"俱暖"。

⑭各正其正:各正其位,各使其能。 ⑮伦:同类。 ⑯至于冬,而止空虚:阳为实,阴为虚;阳为夏,阴为冬。 ⑰经:常道,规律。 ⑱权:权变。

阴阳义第四十九

[题解]本文从气论高度论证天人合一、天人感应。天有春夏秋冬四季,也有喜怒哀乐之情,"以类合之,天人一也"。因此,君王应当法天而行,喜怒哀乐要合乎义,治国安民要重道德教化,轻刑罚制裁,就像天的运行中阳气盛于阴气一样。

天地之常,一阴一阳。阳者,天之德也;阴者,天之刑也。迹阴阳终岁之行①,以观天之所亲而任,成天之功,犹谓之空,空者之实也②。故清溧之于岁也③,若酸咸之于味也,仅有而已矣。圣人之治,亦从而然,天之少阴用于功④,太阴用于空⑤。人之少阴用于严⑥,而太阴用于丧。丧亦空,空亦丧也。是故天之道以三时成生⑦,以一时丧死⑧。死之者,谓百物枯落也;丧之者,谓阴气悲哀也。天亦有喜怒之气、哀乐之心,与人相副⑨。以类合之,天人一也。春,喜气也,故生;秋,怒气也,故杀;夏,乐气也,故养;冬,哀气也,故藏。四者天人同有之,有其理而一用之。与天同者大治,与天异者大乱。故为人主之道,莫明于在身之与天同者而用之,使喜怒必当义而出,如寒暑之必当其时乃发也,使德之厚于刑也,如阳之多于阴也。是故天之行阴气也,少取以成秋,其余以归之冬;圣人之行阴气也,少取以立严,其余以归之丧,丧亦人之冬气。故人之太阴,不用于刑而用于丧;天之太阴,不用于物而用于空。空亦为丧,丧亦为空,其实一也,皆丧死亡之心也⑩。

[注释]①迹:考究。　②空者之实:阴处空虚,辅助阳气成岁,有其实,但名仍然为空。　③清溧:清凉寒冷。溧:通"冽"。　④功:指庄稼丰收。⑤太阴用于空:二十八宿中虚宿位于北宫,虚从丘,代表哭泣之事,所以空、丧互释,下文"丧亦空,空亦丧"即是此义。　⑥人之少阴用于严:少阴之气属秋,秋主刑杀,"严"即刑杀之意。　⑦三时:春、夏、秋三季。　⑧一时:冬季。⑨副:一致。　⑩心:刘师培认为,"心"当为"意"之误。

阴阳出入上下第五十

[题解]天道的运行,相反相成。阴气与阳气不能同时同地出现,运行方向相反,力量相抗衡,此长而彼消。阴气与阳气虽然相互矛盾,但又相辅相成,形成了一年的春夏秋冬四季,完成了大自然周而复始的运行。

天道大数①,相反之物也,不得俱出,阴阳是也。春出阳而入阴,秋出阴而入阳,夏右阳而左阴,冬右阴而左阳。阴出则阳入,阳出则阴入,阴右则阳左,阴左则阳右。是故春俱南②,秋俱北,而不同道。夏交于前,冬交于后③,而不同理。并行而不相乱,浇滑而各持分④,此之谓天之意。而何以从事?天之道,初薄大冬⑤,阴阳各从一方来,而移于后⑥。阴由东方来西,阳由西方来东,至于中冬之月⑦,相遇北方,合而为一,谓之曰至⑧。别而相去,阴适右,阳适左;适左者其道顺,适右者其道逆,逆气左上,顺气右下⑨,故下暖而上寒,以此见天之冬右阴而左阳也,上所右而下所左也。冬月尽,而阴阳俱南还。阳南还出于寅⑩,阴南还入于戌⑪,此阴阳所始出地入地之见处也。至于仲春之月⑫,阳在正东,阴在正西,谓之春分。春分者,阴阳相半也,故昼夜均而寒暑平,阴日损而随阳,阳日益而鸿⑬,故为暖热。初得大夏之月,相遇南方,合而为一,谓之日至⑭。别而相去,阳适右,阴适左;适左由下,适右由上,上暑而下寒,以此见天之夏右阳而左阴也,上其所右,下其所左。夏月尽而阴阳俱北还,阳北还而入于申⑮,阴北还而出于辰⑯,此阴阳所始出地入地之见处也。至于中秋之月,阳在正西,阴在正东,谓之秋分。秋分者,阴阳相半也,故昼夜均而寒暑平。阳日损而随阴,阴日益而鸿,故至于季秋而始霜,至于孟冬而始寒,小雪而物咸成⑰,大寒而物毕藏,天地之功终矣。

[注释]①数:规律。 ②俱南:都往南运行。 ③夏交于前,冬交于后:阴阳之气在夏季会合于南方,阴阳之气在冬季会合于北方。 ④浇滑(gú):交错。分:职分。 ⑤初:初冬。薄:逼近。大冬;严冬。 ⑥移于后:阳气由西往东运行,阴气由东往西运行。 ⑦中冬之月:农历十一月。中:仲。 ⑧至:冬至。 ⑨逆气:阴气。顺气:阳气。 ⑩寅:寅时,早晨3~5点。 ⑪戌:戌时,晚间7~9点。 ⑫仲春之月:农历二月。 ⑬鸿:大,长。 ⑭至:夏至。 ⑮申:申时,下午3~5点。 ⑯辰:上午7~9点。 ⑰咸:全,都。

天道无二第五十一

[题解]天道运行的法则是"一而不二",性质相反的事物不能同时并起,所以称之为"一"。比如,阳气与阴气一出一入、一左一右、一长一消。天道与人道有相通之处,"事无大小,物无难易,反天之道无成"。天贵阳而贱阴,君王也应当重仁德而轻刑罚。持之以恒,守一不二,称之为"忠";三心二意,称之为"患"。懂得天道者,方称得上君子。

天之常道,相反之物也,不得两起①,故谓之一。一而不二者,天之行也。阴与阳,相反之物也,故或出或入,或右或左。春俱南,秋俱北,夏交于前,冬交于后,并行而不同路,交会而各代理②,此其文与④!天之道,有一出一入,一休一伏,其度一也,然而不同意③。阳之出,常县于前而任岁事⑤;阴之出,常县于后而守空虚。阳之休也,功已成于上而伏于下;阴之伏也,不得近义⑥而远其处也。天之任阳不任阴,好德不好刑如是。故阳出而前,阴出而后,尊德而卑刑之心见矣。阳出而积于夏,任德以岁事也;阴出而积于冬,错刑于空处也⑦;必以此察之。天无常于物⑧,而一于时。时之所宜,而一为之。故开一塞一,起一废一,至毕时而止⑨,终有复始于一⑩。一者,一也。是于天凡在阴位者皆恶乱善⑪,不得主名,天之道也。故常一而不灭,天之道。事无大小,物无难易,反天之道无成者。是以目不能二视,耳不能二听,手不能二事。一手画方,一手画圆,莫能成。人为小易之物,而终不能成,反天之不可行如是。是故古之人物而书文⑫,心止于一中者,谓之忠;持二中者⑬,谓之患⑭。患,人之中不一者也。不一者,故患之所由生也,是故君子贱二而贵一。人孰无善,善不一,故不足以立身。治孰无常?常不一,故不足以致功。《诗》云:"上帝临汝,无二尔心。"⑮知天道者之言也!

[注释]①两起:阴阳二气不能同时并起。 ②交会而各代理:阴阳二气一长一消,一进一退。 ③文:纹理,条理,规律。 ④意:内涵。 ⑤县:悬,出现。岁事:一年的事务。 ⑥义:宜,适宜。 ⑦错:通"措",安置。 ⑧天无常于物:天下万物都处于运动变化之中。 ⑨至毕时而止:到年底春夏秋冬四时终结为止。 ⑩有:又。 ⑪乱善:扰乱善事。 ⑫物而书文:因事物的性质与特点而创制文字。 ⑬二中:指一心两用。 ⑭患:忧。 ⑮上帝临汝,无二尔心:引诗见《诗经·大雅·大明》,文字有所不同。临:监视。汝:你。无二尔心:不可存有二心。

暖燠常多第五十二

[题解]在天道运行中,温暖之日多于寒冷之日。董仲舒进而认为人道应效法天道,多行仁政,少施刑罚。违背天道而行,虽劳无功。

天之道,出阳为暖以生之,出阴为清以成之。是故非熏也不能有育①;非漂也②不能有熟,岁之精也③。知心而不省熏与漂孰多者④,用之必与天戾⑤。与天戾,虽劳不成。是自正月至于十月,而天之功毕。计其间,阴与阳各居几何?熏与漂其日孰多?距物之初生,至其毕成,露与霜其下孰倍?故从中春至于秋,气温柔和调。及季秋九月,阴乃始多于阳,天于是时出漂下霜。出漂下霜,而天降物固已皆成矣。故九月者,天之功大究于是月也⑥,十月而悉毕。故案其迹⑦,数其实,清漂之日少少耳。功已毕成之后,阴乃大出。天之成功也,少阴与而太阴不与,少阴在内而太阴在外,故霜加于物而雪加于空。空者亶地而已⑧,不逮物也。功已毕成之后,物未复生之前,太阴之所当出也。虽曰阴,亦以太阳资化其位⑨,而不知所受之。

故圣主在上位,天覆地载,风令雨施。雨施者,布德均也;风令者,言令直也。《诗》云:"不识不知,顺帝之则。"⑩言弗能知识,而效天之所为云尔。禹水汤旱,非常经也⑪,适遭世气之变而阴阳失平。尧视民如子,民视尧如父母。《尚书》曰⑫:"二十有八载,放勋乃殂落,百姓如丧考妣。四海之内,阏密八音三年。"三年阳气厌于阴⑬,阴气大兴,此禹所以有水名也。桀,天下之残贼也;汤,天下之盛德也。天下除残贼而得盛德大善者再,是重阳也,故汤有旱之名。皆适遭之变,非禹、汤之过。毋以适遭之变疑平生之常,则所守不失,则正道益明。

[注释]①熏:温和。育:万物生育。 ②溧:寒冷。 ③精:疑是"情"之误。 ④知心:疑当做"治心"。 ⑤戾:违背。 ⑥究:终及。 ⑦案:考察。 ⑧亶(dàn):通"但",只是,仅仅。 ⑨太阳:与太阴之气相对。资:辅助。 ⑩不识不知,顺帝之则:引诗见《诗经·大雅·皇矣》,其意为:不用知识,不用后天学习,自然而然符合上帝的法则。 ⑪常经:恒常的正道。 ⑫《尚书》曰:下引文出自《尚书·尧典》,文句有出入。放勋:尧的名字。殂(cú)落:死亡。百姓:百官。考妣:死去的父母。阏:遏,禁绝。密:静。八音:金,石,土,革,丝,木,匏,竹。 ⑬厌:压服。

基义第五十三

[题解]基义,即天地万物的基本原理。董仲舒认为"圣人之道,同诸天地",圣人治国安民之道与天地之道性质相同。天地万物都存在着自身的对立面,譬如:阴与阳、寒与暑、顺与逆、君与臣、父与子。矛盾对立的双方既相互区分又互为前提,从而使天地万物处于一个和谐状态。在阴气与阳气的矛盾对立中,阳气为主,阴气为辅,阳实而阴虚。在社会人事中,君王应多行仁政而少施刑罚。

凡物必有合①。合必有上,必有下,必有左,必有右,必有前,必有后,必有表,必有里。有美必有恶,有顺必有逆,有喜必有怒,有寒必有暑,有昼必有夜,此皆其合也。阴者阳之合,妻者夫之合,子者父之合,臣者君之合。物莫无合,而合各有阴阳。阳兼于阴②,阴兼于阳,夫兼于妻,妻兼于夫,父兼于子,子兼于父,君兼于臣,臣兼于君。君臣、父子、夫妇之义,皆取诸阴阳之道。君为阳,臣为阴,父为阳,子为阴,夫为阳,妻为阴,阴阳无所独行,其始也不得专起③,其终也不得分功,有所兼之义。

是故臣兼功于君④,子兼功于父,妻兼功于夫,阴兼功于阳,地兼功于天。举而上者,抑而下也,有屏而左也⑤,有引而右也,有亲而任也,有疏而远也,有欲日益也,有欲日损也。益其用而损其妨,有时损少而益多,有时损多而益少,少而不至绝,多而不至溢。阴阳二物,终岁各壹出,壹其出,远近同度而不同意。阳之出也,常县于前而任事,阴之出也,常县于后而守空处,此见天之亲阳而疏阴、任德而不任刑也。是故仁义制度之数,尽取之天。天为君而覆露之⑥,地为臣而持载之;阳为夫而生之,阴为妇而助之;春为父而生之,夏为子而养之,秋为死而棺之,冬为痛而丧之。王道之三纲⑦,可求于天。天出阳为暖以生之,地出阴为清以成之,不暖不生,不清不成。然而计其多少之分,则暖暑居百而清寒居一,德教之与刑罚犹此也。故圣人多其爱而少其严,厚其德而简其刑,以此配天。天之大数必有十旬。旬,天地之数,十而毕举;旬,生长之功,十而毕成。天之气徐⑧,乍寒乍暑,故寒不冻,暑不暍⑨,以其有余徐来,不暴卒也⑩。《易》曰"履霜坚冰"⑪,盖言逊也⑫。然则上坚不逾等,果是天之所为,弗作而成也。人之所为,亦当弗作而极也⑬。凡有兴者⑭,稍稍上之以逊顺往,使人心说而安之⑮,无使人心恐。故曰:君子以人治人,僅能愿⑯,此之谓也。圣人之道,同诸天地,荡诸四海⑰,变易习俗。

[注释]①合:偶,匹配。 ②兼:匹配、相依存。 ③专起:阴或阳单独起作用。 ④兼功:两方面相互促进而得功绩。 ⑤屏:摒弃。 ⑥覆:保护。露:滋润。 ⑦三纲:君臣、父子、夫妇。 ⑧徐:舒缓。 ⑨暍(yè):中

暑。　⑩卒:通"猝",急促。　⑪履霜坚冰:语出《周易·坤卦》初六爻辞:"履霜坚冰至。"　⑫逊:顺,自然变化。　⑬极:达到。　⑭兴:创举,兴起。　⑮说:通"悦",喜悦。　⑯懂:仅仅。　⑰荡:遍布,通达。

第五十四［缺］

四时之副第五十五

[题解]董仲舒从天人合一高度论述天之道与人之道的类同。天有春、夏、秋、冬四季，人事中有庆、赏、罚、刑四政。"天有四时，王有四政，四政若四时，通类也，天人所同有也。"春、夏、秋、冬四季各有其时，各有其能；庆、赏、罚、刑四政各有其处，不可替换。

天之道，春暖以生，夏暑以养，秋清以杀，冬寒以藏。暖暑清寒，异气而同功①，皆天之所以成岁也。圣人副天之所行以为政②，故以庆副暖而当春，以赏副暑而当夏，以罚副清而当秋，以刑副寒而当冬。庆赏罚刑，异事而同功，皆王者之所以成德也。庆赏罚刑与春夏秋冬，以类相应也③，如合符④。故曰："王者配天，谓其道。"天有四时，王有四政，四政若四时，通类也，天人所同有也。庆为春，赏为夏，罚为秋，刑为冬。庆赏罚刑之不可不具也，如春夏秋冬不可不备也。庆赏罚刑，当其处不可不发，若暖暑清寒，当其时不可不出也。庆赏罚刑各有正处,如春夏秋冬各有时也。四政者不可以相干也⑤,犹四时不可相干也。四政者不可以易处也,犹四时不可易处也。故庆赏罚刑有不行于其正处者,《春秋》讥也。

[**注释**]①异气:四时之气性质不同。 ②副:相称,感应。 ③以类相应:同类之间相互感应。 ④符:符节,古代的信物。常以竹、木、玉、金为之,有文字刻于其上,一剖为二,各执其一。二符吻合,称为合符。 ⑤干:扰乱。

人副天数第五十六

[**题解**]本篇论述天与人同类,人副天数:天有日月,人有耳目;天有星辰,人有毛发;天有四时,人有四肢;天有五行,人有五脏;一年有三百六十六日,人有三百六十六个骨节……。在董仲舒看来,人类生命源出于天,所以人类的生理结构在本质上、形式上与天的结构是同一的。天是大宇宙,人是小宇宙,人类生命体是天的缩影。其实,这一观点远在《庄子·达生》就已出现:"天地者,万物之父母也。"因此,董仲舒在这一点上可能受到了道家思想的影响。

天德施,地德化①,人德义。天气上,地气下,人气在其间。春生夏长,百物以兴;秋杀冬收,百物以藏。故莫精于气,莫富于地,莫神于天。天地之精所以生物者,莫贵于人。人受命乎天也,故超然有以倚②。物疢疾莫能为仁义③,唯人独能为仁义;物疢疾莫能偶天地,唯人独能偶天地。人有三百六十节,偶天之数也;形体骨肉,偶地之厚也;上有耳目聪明,日月之象也;体有空窍理脉④,川谷之象也;心有哀乐喜怒,神气之类也⑤。观人之体一,何高物之甚而类于天也。物旁折取天之阴阳以生活耳⑥,而人乃烂然有其文理⑦。是故凡物之形,莫不伏从旁折天地而行⑧,人独题直立端尚⑨,正正当之。是故所取天地少者,旁折之;所取天地多者,正当之。此见人之绝于物而参天地⑩。是故人之身,首妢而员⑪,象天容也;发,象星辰也;耳目戾戾⑫,象日月也;鼻口呼吸,象风气也;胸中达知,象神明也;腹胞实虚,象百物也。百物者最近地,故要以下地也⑬。天地之象,以要为带。颈以上者,精神尊严,明天类之状也;颈而下者,丰厚卑辱⑭,土壤之比也;足布而方⑮,地形之象也。是故礼,带置绅⑯必直其颈⑰,以别心也。带以上者,尽为阳;带而下者,尽为阴,各其分。阳,天气也;阴,地气也。故阴阳之动,使人足病,喉痹起⑱,则地气上为云雨,而象亦应之也。天地之符,阴阳之副,常设于身,身犹天也,数与之相参⑲,故命与之相连也。

[注释]①化:化生。 ②倚:立。 ③疢(chèn):热病。疢疾,此处比喻为缺陷。 ④理脉:人体之血管与脉络。 ⑤神气:精神之气。 ⑥旁折:指兽类傍侧行走,与人直立而行有别。 ⑦烂然:灿烂辉煌。 ⑧伏从:俯地而行。 ⑨题直立端尚:人首足端正,直立而行。题:头部。尚:上。 ⑩绝:优胜。参:通"三",指天地人三部分构成宇宙之整体。 ⑪首妢(fén)而员:人头部大而圆。 ⑫耳目戾戾:耳目两两相对而立。 ⑬要:通"腰"。 ⑭卑辱:指处位低下。 ⑮布:伸展。 ⑯带:腰带。绅:腰带下垂部分。 ⑰颈:疑是"腰"之误。 ⑱痹:麻木。 ⑲相参:相合。

天以终岁之数,成人之身,故小节三百六十六,副日数也;大节十二分,副月数也;内有五脏,副五行数也;外有四肢,副四时数也;乍视乍瞑,副昼夜也;乍刚乍柔,副冬夏也;乍哀乍乐,副阴阳也;心有计虑,副度数也;行有伦理,副天地也。此皆暗肤著身①,与人俱生,比而偶之弇合②。于其可数也,副数③;不可数者,副类④,皆当同而副天,一也。是故陈其有形⑤以著无形者,拘其可数⑥以著其不可数者。以此言道之亦宜以类相应,犹其形也,以数相中也⑦。

[注释]①暗肤著身:暗暗地符合于人身。 ②弇(yǎn)合:吻合。 ③副数:以数来比符。 ④副类:以类来比符。 ⑤有形:人之形体。 ⑥拘:根据。 ⑦中:吻合。

同类相动第五十七

[**题解**]"同类相动"是董仲舒哲学中的一个重要观点,意思是指宇宙间同类事物可以相互感应,"气同则会,声比则应"。譬如,水喜湿,火喜燥;帝王将兴,天降祥瑞;帝王将亡,天降灾异。人用阴气来求雨,用阳气来止雨。

今平地注水,去燥就湿;均薪施火①,去湿就燥。百物去其所与异,而从其所与同。故气同则会,声比则应②,其验皦然也③。试调琴瑟而错之④,鼓其宫则他宫应之,鼓其商而他商应之,五音比而自鸣⑤,非有神,其数然也⑥。美事召美类,恶事召恶类,类之相应而起也。如马鸣则马应之,牛鸣则牛应之。帝王之将兴也,其美祥亦先见⑦;其将亡也,妖孽亦先见⑧。物故以类相召也,故以龙致雨,以扇逐暑,军之所处以棘楚⑨。美恶皆有从来以为命,莫知其处所。天将阴雨,人之病故为之先动,是阴相应而起也;天将欲阴雨,又使人欲睡卧者,阴气也。有忧,亦使人卧者,是阴相求也;有喜者,使人不欲卧者,是阳相索也。水得夜益长数分⑩,东风而酒湛溢⑪;病者至夜而疾益甚;鸡至几明⑫,皆鸣而相薄⑬。其气益精,故阳益阳而阴益阴,阴阳之气,因可以类相益损也。

[注释]①均薪:均匀铺开木柴。 ②比:相同。 ③验:效果。皦然:显而易见。皦(jiǎo):明亮、清晰。 ④错:通"措",放置。 ⑤五音:宫、商、角、徵(zhǐ)、羽。 ⑥数:规律。 ⑦祥:祥瑞。 ⑧妖孽:不祥之征兆。 ⑨棘楚:荆棘。 ⑩水得夜益长数分:水和夜皆属阴性,同类而相感应。 ⑪东风:春风。春风与酒也是同类而相感应。 ⑫几明:将近天明。 ⑬相薄:相附和。

天有阴阳,人亦有阴阳。天地之阴气起,而人之阴气应之而起;人之阴气起,而天地之阴气亦宜应之而起,其道一也。明于此者,欲致雨则动阴以起阴;欲止雨则动阳以起阳。故致雨,非神也,而疑于神者,其理微妙也。非独阴阳之气可以类进退也①,虽不祥祸福所从生,亦由是也。无非己先起之,而物以类应之而动者也。故聪明圣神,内视反听②,言为明圣,内视反听③,故独明圣者知其本心皆在此耳。故琴瑟报④弹其宫,他宫自鸣而应之,此物之以类动者也。其动以声而无形,人不见其动之形,则谓之自鸣也。又相动无形,则谓之自然,其实非自然也,有使之然者矣。物固有实使之,其使之无形。《尚书大传》言⑤:"周将兴之时,有大赤乌衔谷之种,而集王屋之上者⑥,武王喜,诸大夫皆喜。周公曰:'茂哉⑦!茂哉!天之见此以劝之也。'"恐恃之⑧。

[注释]①以类进退:以阳益阳,以阴益阴,是"以类进";以阳克阴,以阴克阳,是"以类退"。 ②内视反听:指断绝耳目之外听外视,静心思虑,内向

反省。　③言为明圣内视反听:此句可能是衍文或注文混入正文。　④报:合奏。　⑤《尚书大传》:据《汉书·艺文志》,《尚书大传》是西汉伏生所传授的著作。　⑥王屋:宫殿。　⑦茂:努力。　⑧恐恃之:此三字可能是衍文。

五行相生第五十八

[**题解**]气分而为阴与阳,剖判为四季,排列成五行。五行相生是指木生火、火生土、土生金、金生水、水生木。董仲舒进而以五行理论比附人事:司农为木,司马为火,司空为土,司徒为金,司寇为水。这五种官职各司其职,相互制约。

天地之气,合而为一,分为阴阳,判为四时,列为五行。行者,行也①,其行不同,故谓之五行。五行者,五官也②,比相生而间相胜也③。故为治,逆之则乱,顺之则治。

[注释]①行:德行。　②五官:指司农、司马、司空、司徒、司寇等五种官职。　③比相生:五行相生。间相胜:按照木、火、土、金、水顺序,每间隔一个而相克。

东方者木①,农之本。司农尚仁,进经术之士,道之以帝王之路,将顺其美,匡捄其恶②。执规而生③,至温润下,知地形肥硗美恶④,立事生则,因地之宜,召公是也⑤。亲入南亩之中,观民垦草发淄⑥,耕种五谷,积蓄有余,家给人足,仓库充实。司马实谷。司马,本朝也⑦。本朝者火也,故曰木生火。

[注释]①东方者木:按照战国秦汉时代的宇宙图式,木代表东方和春季。 ②捄(jū):救。 ③规:画圆形的工具。 ④硗(qiāo):贫瘠之地。 ⑤召(shào)公:周文王庶子,因采邑在召,故称召公。 ⑥发:开垦。菑:通"葘",初垦之田。 ⑦本朝:朝中,此处指朝廷之官。

南方者火也,本朝。司马尚智,进贤圣之士,上知天文,其形兆未见,其萌芽未生,昭然独见存亡之机、得失之要、治乱之源,豫禁未然之前①。执矩而长,至忠厚仁,辅翼其君,周公是也。成王幼弱,周公相,诛管叔、蔡叔,以定天下。天下既宁,以安君。官者,司营也②。司营者土也,故曰火生土。

[注释]①豫禁:预先防止。 ②司营:即司空。

中央者土,君官也。司营尚信,卑身贱体,夙兴夜寐,称述往古,以厉主意①。明见成败,微谏纳善,防灭其恶,绝源塞隙,执绳而制四方。至忠厚信,以事其君,据义割恩,太公是也②。应天因时之化,威武强御以成。大理者③,司徒也。司徒者金也,故曰土生金。

[注释]①厉:激励。主:君王。 ②太公:姜太公。 ③大理:官名,掌刑法之事。

西方者金,大理,司徒也。司徒尚义,臣死君①而众人死父。亲有尊卑,位有上下,各死其事,事不逾矩,执权而伐。兵不苟克②,取不苟得,义而后行,至廉而威,质直刚毅,子胥是也③。伐有罪,讨不义,是以百姓附亲,边境安宁,寇贼不发,邑无狱讼则亲安。执法者,司寇也。司寇者水也,故曰金生水。

[注释]①臣死君:臣下为君王尽忠。 ②苟:不遵道义。克:战胜。③子胥:伍子胥。

北方者水,执法,司寇也。司寇尚礼,君臣有位,长幼有序,朝廷有爵,乡党以齿①,升降揖让,般伏拜谒②,折旋中矩。立则磬折③,拱则抱鼓,执衡而藏,至清廉平,赂遗不受,请谒不听,据法听讼,无有所阿,孔子是也。为鲁司寇,断狱屯屯④,与众共之,不敢自专。是死者不恨,生者不怨,百工维时,以成器械。器械既成,以给司农。司农者,田官也,田官者木,故曰水生木。

[注释]①齿:年龄。 ②般(pán)伏:伏身向下,一种行礼姿势。般:同"盘"。 ③磬(qìng)折:站立时身体微曲如磬。磬:同"罄",一种乐器。④屯(zhūn)屯:谨慎从事。

五行相胜第五十九

[题解]"五行相胜"是指五行之间存在着相克关系:水克火,火克金,金克木,木克土,土克水。董仲舒从五行相胜出发,进而论述社会人事中司徒(金)、司农(木)、司空(土)、司寇(水)和司马(火)五种官职之间也是相互制约。

木者,司农也。司农为奸,朋党比周①以蔽主明,退匿贤士②,绝灭公卿,教民奢侈,宾客交通③,不劝田事,博戏斗鸡,走狗弄马,长幼无礼,大小相胁④,并为寇贼,横恣绝理⑤。司徒诛之,齐桓是也⑥,行霸任兵,侵蔡,蔡溃,遂伐楚,楚人降伏,以安中国。木者,君之官也。夫木者,农也;农者民也,不顺如叛,则命司徒诛其率正矣⑦,故曰金胜木。

[注释]①朋党:排斥异己的宗派集团。比周:结伙营私。 ②退:罢免。匿:不推荐。 ③交通:交流,来往。 ④胁:通"挟",抢劫,侵犯。 ⑤横恣绝理:横行霸道,不讲道理。 ⑥齐桓:齐桓公。 ⑦率:首领。

火者,司马也。司马为谗①,反言易辞②以谮愬人③,

内离骨肉之亲,外疏忠臣,贤圣旋亡,逸邪日昌,鲁上大夫季孙是也。专权擅政,薄国威德④,反以愆恶譖愬其贤臣⑤,劫惑其君⑥。孔子为鲁司寇,据义行法,季孙自消,堕费、郈城⑦,兵甲有差⑧。夫火者,大朝⑨,有邪逸荧惑其君,执法诛之。执法者水也,故曰水胜火。

[注释]①谗:诬陷不实之词。 ②反言:谎言。易辞:与事实真相相反的言词。 ③譖(zèn):诽谤中伤他人。愬:通"诉"。 ④薄:削减。 ⑤愆:苏舆认为,"愆"字疑有误。 ⑥劫惑:胁迫、迷惑。 ⑦堕费(bì)、郈(hòu)城:前498年,孔子以鲁大司寇"行摄相事"。孔子提出"堕三都",即拆毁季孙氏、叔孙氏、孟孙氏采邑城堡费都、郈都、成都,削弱家臣势力,维护与提高国君权力。 ⑧兵甲有差:按照周礼,各级贵族的兵器与城墙皆有明确规定。孔子"堕三都"时,曾对鲁定公说:"臣无藏甲,大夫毋百雉之城。" ⑨大朝:疑当做"本朝"。

土者,君之官也,其相司营①。司营为神②,主所为皆曰可,主所言皆曰善,谄顺主指,听从为比③。进主所善④,以快主意⑤,导主以邪,陷主不义。大为宫室,多为台榭,雕文刻镂,五色成光。赋敛无度,以夺民财;多发徭役,以夺民时;作事无极,以夺民力。百姓愁苦,叛去其国,楚灵王是也。作乾谿之台,三年不成,百姓罢弊而叛⑥,及其身弑。夫土者,君之官也。君大奢侈,过度失礼,民叛矣。其民叛,其君穷矣,故曰木胜土。

[注释]①司营:司空。 ②神:奸,奸邪不正。 ③比:营私舞弊。 ④善:疑作"喜"。 ⑤快:讨好。 ⑥罢弊:疲惫不堪。

金者，司徒也。司徒为贼①，内得于君②，外骄军士，专权擅势，诛杀无罪，侵伐暴虐，攻战妄取，令不行，禁不止，将率不亲，士卒不使③，兵弱地削，令君有耻。则司马诛之，楚杀其司徒得臣是也。得臣数战破敌，内得于君，骄蹇不恤其下④，卒不为使，当敌而弱，以危楚国，司马诛之。金者，司徒。司徒弱，不能使士众，则司马诛之，故曰火胜金。

[注释]①贼：违法之事。　②得：得宠。　③不使：不从。　④骄蹇：骄横无礼。

水者，司寇也。司寇为乱，足恭小谨①，巧言令色，听谒受赂，阿党不平，慢令急诛，诛杀无罪。则司营诛之，营荡是也，为齐司寇。太公封于齐②，问焉以治国之要③，营荡对曰："任仁义而已。"太公曰："任仁义奈何？"营荡对曰："仁者爱人，义者尊老。"太公曰："爱人尊老奈何？"营荡对曰："爱人者，有子不食其力；尊老者，妻长而夫拜之。"④太公曰："寡人欲以仁义治齐，今子以仁义乱齐，寡人立而诛之，以定齐国。"夫水者，执法，司寇也。执法附党不平，依法刑人⑤，则司营诛之，故曰土胜水。

[注释]①足恭小谨：表面上恭敬有礼，谨慎从事。　②太公：姜太公。　③问焉以治国之要：当校正为"以治国之要问焉"。　④妻长而夫拜之：妻子年老，丈夫要行叩拜之礼。　⑤依法刑人："依"字疑有误。

五行顺逆第六十

[**题解**]本篇以五行配四时,木代表春,火代表夏,土代表夏季中后期,金代表秋,水代表冬。每一季节有相对固定的自然现象和社会人事活动,君王如果顺时而行,上天降祥瑞。君王如果逆时而行,上天将会降灾异。

木者春,生之性,农之本也。劝农事,无夺民时,使民岁不过三日,行什一之税,进经术之士。挺群禁①,出轻系②,去稽留③,除桎梏,开门阖,通障塞。恩及草木,则树木华美而朱草生;恩及鳞虫,则鱼大为④,鳣鲸不见⑤,群龙下。如人君出入不时,走狗试马,驰骋不反宫室⑥,好淫乐,饮酒沈湎⑦,纵恣不顾政治,事多发役,以夺民时,作谋增税,以夺民财,民病疥搔温体⑧,足胻痛⑨。咎及于木,则茂木枯槁,工匠之轮多伤败。毒水渰群⑩,漉陂如渔⑪,咎及鳞虫,则鱼不为,群龙深藏,鲸出现。

[**注释**]①挺群禁:宽待违法之人。挺:宽待。 ②轻系:犯有小过之人。 ③稽留:因犯罪而遭囚禁者。 ④为:化。大为:繁殖力强。 ⑤见:通"现"。 ⑥驰骋:田猎。反:返回。 ⑦沈湎(miǎn):闭门不出。 ⑧疥

搔:因患疥疮而搔痒。　⑨足胻(héng):小腿。　⑩渰(yān):淹没。　⑪漉(lù):使水干涸。陂(bēi):水塘。如:而。

　　火者夏,成长①,本朝也。举贤良,进茂才②,官得其能③,任得其力,赏有功,封有德,出货财,振困乏④,正封疆,使四方。恩及于火,则火顺人而甘露降;恩及羽虫,则飞鸟大为,黄鹄出见,凤凰翔。如人君惑于谗邪,内离骨肉,外疏忠臣,至杀世子,诛杀不辜,逐忠臣,以妾为妻,弃法令,妇妾为政,赐予不当,则民病血⑤,壅肿,目不明。咎及于火,则大旱,必有火灾。摘巢探鷇⑥,咎及羽虫,则飞鸟不为,冬应不来,枭鸱群鸣⑦,凤凰高翔。

　　[注释]①成长:夏季有成长万物之功能。　②茂才:优秀人才。③能:茂才。　④振:通"赈",救济。　⑤病血:患血液病。　⑥鷇(kòu):初生的小鸟。　⑦枭(xiāo)鸱(chī):枭与鸱在古代都被视为不祥之鸟。

　　土者夏中,成熟百种①,君之官。循宫室之制,谨夫妇之别,加亲戚之恩。恩及于土,则五谷成而嘉禾兴;恩及倮虫②,则百姓亲附,城郭充实,贤圣皆迁③,仙人降。如人君好淫佚,妻妾过度,犯亲戚,侮父兄,欺罔百姓,大为台榭,五色成光,雕文刻镂,则民病心腹,宛黄④,舌烂痛。咎及于土,则五谷不成。暴虐妄诛,咎及倮虫,倮虫不为,百姓叛去,贤圣放亡。

　　[注释]①百种:泛指庄稼。　②倮(luǒ)虫:身无羽毛鳞甲的动物。③迁:升迁。　④宛(yuè)黄:黄黑色。

金者秋,杀气之始也。建立旗鼓,杖把旄钺①,以诛贼残,禁暴虐,安集②,故动众兴师,必应义理。出则祠兵③,入则振旅④,以闲习之,因于搜狩。存不忘亡,安不忘危,修城郭,缮墙垣,审群禁,饬兵甲,警百官,诛不法。恩及于金石,则凉风出;恩及于毛虫,则走兽大为,麒麟至。如人君好战,侵陵诸侯,贪城邑之赂,轻百姓之命,则民病喉咳嗽,筋挛,鼻鼽塞。咎及于金,则铸化凝滞,冻坚不成。四面张罔,焚林而猎,咎及毛虫,则走兽不为,白虎妄搏,麒麟远去。

[注释]①杖把:握持。旄(máo):一种以牦牛尾为装饰的旗帜。钺:斧。 ②安集:下当有脱字。 ③祠兵:古代出兵作战前的一种仪式。 ④振旅:古代战事结束之后的一种仪式。

水者冬,藏至阴也。宗庙祭祀之始,敬四时之祭,禘祫昭穆之序①。天子祭天,诸侯祭土。闭门闾,大搜索,断刑罚,执当罪,饬关梁②,禁外徙。恩及于水,则醴泉出;恩及介虫③,则鼋鼍大为④,灵龟出。如人君简宗庙⑤,不祷祀,废祭祀,执法不顺,逆天时,则民病流肿、水张、痿痹,孔窍不通。咎及于水,雾气冥冥,必有大水,水为民害。咎及介虫,则龟深藏,鼋鼍响⑥。

[注释]①禘(dì):古代祭名,为帝王祭祀始祖之祭。祫(xiá):古代祭名,在太庙合祭祖先之祭。 ②饬:息,严加控制。 ③介:甲,龟蟹之类。 ④鼋(yuán):大鳖。鼍(tuó):鳄鱼。 ⑤简:怠慢。 ⑥响(hóu):吐沫。

治水五行第六十一

[题解]董仲舒从五行理论出发,把一年分为金、木、水、火、土五个时间段,每一时间段72天,每一时间段的工作不同。统治者如果能够顺应五行之德性,就能够顺利实现治国安民的社会目标。

日冬至,七十二日木用事①,其气燥浊而青②。七十二日火用事,其气惨阳而赤。七十二日土用事,其气湿浊而黄。七十二日金用事,其气惨淡而白。七十二日水用事,其气清寒而黑。七十二日复得木。木用事,则行柔惠,挺群禁。至于立春,出轻系,去稽留,除桎梏,开门阖,通障塞,存幼孤,矜寡独③,无伐木。火用事,则正封疆,循田畴④。至于立夏,举贤良,封有德,赏有功,出使四方,无纵火。土用事,则养长老,存幼孤,矜寡独,赐孝弟⑤,施恩泽,无兴土功。金用事,则修城郭,缮墙垣,审群禁,饬甲兵,警百官,诛不法,存长老,无焚金石。水用事,则闭门闾⑥,大搜索⑦,断刑罚,执当罪,饬关梁,禁外徙,无决堤。

[注释]①用事:发挥作用。　②青:青色。　③矜:怜悯。　④田畴:谷地为田,麻地为畴。　⑤弟:通"悌"。　⑥门:城门。闾:里门。　⑦搜索:盘查可疑之人。

治乱五行第六十二

[**题解**]本篇以五行配四时,木为春,火为夏,土为季夏,金为秋,水为冬。如果火侵犯木、木侵犯火、土侵犯金、金侵犯水,就会招致自然灾害。董仲舒进而将五行理论与社会人事相牵扯,人之道应遵循天之道。

火干木①,蛰虫蚤出②,螾雷蚤行③。土干木,胎夭卵殰④,鸟虫多伤。金干木,有兵。水干木,春下霜。土干火,则多雷。金干火,草木夷⑤。水干火,夏雹。木干火,则地动⑥。金干土,则五谷伤有殃。水干土,夏寒雨霜。木干土,倮虫不为。火干土,则大旱。水干金,则鱼不为。木干金,则草木再生。火干金,则草木秋荣。土干金,五谷不成。木干水,冬蛰不藏。土干水,则蛰虫冬出。火干水,则星坠。金干水,则冬大寒。

[**注释**]①干:侵犯。 ②蛰(zhé):蛰伏。蚤:通"早"。 ③螾(xián):"螾"疑当做"眩",闪电。 ④殰(duàn):不能孵化。 ⑤夷:伤。 ⑥地动:地震。

五行变救第六十三

[题解]本篇论述如果统治者行政违背了五行之性,上天就会通过地震、洪水等形式予以谴告;统治者如果改弦易辙、广行德政,就可消灾解祸。

五行变至,当救之以德,施之天下,则咎除①。不救以德,不出三年,天当雨石。木有变,春凋秋荣,秋木冰,春多雨。此繇役众,赋敛重,百姓贫穷叛去,道多饥人。救之者,省繇役,薄赋敛,出仓谷,振困穷矣。火有变,冬温夏寒。此王者不明,善者不赏,恶者不绌②,不肖在位③,贤者伏匿,则寒暑失序,而民疾疫。救之者,举贤良,赏有功,封有德。土有变,大风至,五谷伤。此不信仁贤,不敬父兄,淫泆无度④,宫室荣⑤。救之者,省宫室,去雕文,举孝悌,恤黎元。金有变,毕、昴为回三覆⑥,有武,多兵,多盗寇。此弃义贪财,轻民命,重货赂,百姓趣利,多奸轨⑦。救之者,举廉洁,立正直,隐武行文,束甲械⑧。水有变,冬湿多雾,春、夏雨雹。此法令缓,刑罚不行。救之者,忧囹圄,案奸宄,诛有罪,葸五日⑨。

[**注释**]①咎:凶灾。 ②绌(chù):罢免。 ③不肖:奸邪之人。 ④泆:放纵。 ⑤荣:豪华。 ⑥毕:毕宿,二十八宿之一。昴(mǎo):昴宿,二十八宿之一。回:循环。三覆:三重。 ⑦奸轨:违法犯罪者。轨:通"宄"。 ⑧束甲械:收藏铠甲、兵器。 ⑨蒐(sōu):搜捕。

五行五事第六十四

[**题解**]董仲舒从天人感应高度论述统治者德行与自然灾害之间的关系。"五事"是指貌、言、视、听、思。如果统治者不注重自身的道德修养,就会引发自然灾害。董仲舒的这一观点,目的在于制约君权。

王者与臣无礼①,貌不肃敬,则木不曲直而夏多暴风。风者,木之气也,其音角也②,故应之以暴风。王者言不从③,则金不从革④而秋多霹雳。霹雳者,金气也,其音商也,故应之以霹雳。王者视不明,则火不炎上而秋多电。电者,火气也,其音徵也,故应之以电。王者听不聪,则水不润下而春、夏多暴雨。雨者,水气也,其音羽也,故应之以暴雨。王者心不能容,则稼穑不成而秋多雷。雷者,土气也,其音宫也,故应之以雷。

[**注释**]①与:对待。　②角:五音(宫、商、角、徵、羽)之一。　③言不从:不能信守诺言。　④金不从革:指金不能依照人的要求铸成各种器型。

五事:一曰貌①,二曰言②,三曰视③,四曰听④,五曰思⑤。何谓也？夫五事者，人之所受命于天也，而王者所修而治民也。故王者为民，治则不可以不明，准绳不可以不正。王者貌曰恭，恭者，敬也。言曰从，从者，可从。视曰明，明者，知贤不肖，分明黑白也。听曰聪，聪者，能闻事而审其意也。思曰容⑥，容者，言无不容。恭作肃⑦，从作乂⑧，明作哲⑨，聪作谋，容作圣。何谓也？恭作肃，言王者诚能内有恭敬之姿，而天下莫不肃矣。从作乂，言王者言可从，明正从行⑩而天下治矣。明作哲，哲者，知也，王者明则贤者进，不肖者退，天下知善而劝之，知恶而耻之矣。聪作谋，谋者，谋事也，王者聪则闻事与臣下谋之，故事无失谋矣。容作圣，圣者，设也，王者心宽大无不容，则圣能施设，事各得其宜也。

[注释]①貌：仪态。 ②言：词章。 ③视：辨别真假。 ④听：察是非。 ⑤思：思谋。 ⑥容：宽恕。 ⑦肃：心敬。 ⑧乂（yì）：治理。 ⑨哲：明智。 ⑩明正：俞樾认为，"明正"为"则臣"之误。

王者能敬则肃，肃则春气得，故肃者主春。春，阳气微，万物柔易，移弱可化。于时阴气为贼①，故王者钦钦不以议阴事②，然后万物遂生，而木可曲直也。春行秋政，则草木凋；行冬政，则雪；行夏政，则杀。春失政，则③。

[注释]①贼：伤害。 ②钦钦：恭谨。 ③则：此字下当有阙文。

王者能治则义立，义立则秋气得，故义者主秋①。秋气始杀，王者行小刑罚，民不犯则礼义成。于时阳气为贼，故王者辅以官牧之事②,然后万物成熟。秋,草木不荣华,金从革也。秋行春政,则华;行夏政,则乔③;行冬政,则落。秋失政,则春大风不解,雷不发声。

[注释]①义者:以道义治天下者。　②官牧:行政官员。　③乔:枯萎。

王者能知,则知善恶,知善恶则夏气得,故哲者主夏。夏,阳气始盛,万物兆长①,王者不揜明②,则道不退塞。而夏至之后,大暑隆③,万物茂育怀任④,王者恐明不知贤不肖,分明白黑⑤。于时寒为贼,故王者辅以赏赐之事,然后夏草木不霜,火炎上也。夏行春政,则风;行秋政,则水行;冬政,则落。夏失政,则冬不冻冰,五谷不藏,大寒不解。

[注释]①兆长:蓬勃生长。　②揜明:辨别是非曲直的能力被遮蔽。　③隆:兴旺。　④任:通"妊"。　⑤王者恐明不知贤不肖,分明白黑:苏舆认为此句可能是衍文。

王者无失谋,然后冬气得,故谋者主冬。冬,阴气始盛,草未必死,王者能闻事①,审谋虑之,则不侵伐。不侵伐且杀,则死者不恨,生者不怨。冬日至之后,大寒降,万物藏于下。于时暑为贼,故王者辅之以急断之事,以水润下也。冬行春政,则蒸②;行夏政,则雷;行秋政,则旱。冬失政,则夏草木不实,霜,五谷疾枯。

[注释]①事:战争之事。　②蒸:气往上升腾。

郊语第六十五

[题解]郊祭是古代祭天之礼,在古代祭典中最为重要,其实质是对天的尊重。"天者,百神之大君也。"如果不敬畏上天,灾害将随时随地发生。秦朝废除郊祭,二世而亡,就是一个典型的案例。

人之言:酝去烟①,鸱羽去眯②,慈石取铁③,颈金取火④,蚕珥丝于室⑤,而弦绝于堂⑥,禾实于野而粟缺于仓,芜荑生于燕⑦,橘枳死于荆⑧,此十物者,皆奇而可怪,非人所意也。夫非人所意而然,既已有之矣,或者吉凶祸福、利不利之所从生,无有奇怪,非人所意,如是者乎!此等可畏也。孔子曰⑨:"君子有三畏:畏天命,畏大人,畏圣人之言。"彼岂无伤害于人,如孔子徒畏之哉!以此见天之不可不畏敬,犹主上之不可不谨事。不谨事主,其祸来至显;不畏敬天,其殃来至暗⑩。暗者不见其端,若自然也。故曰:堂堂如天殃⑪,言不必立校⑫,默而无声、潜而无形也。由是观之,天殃与主罚所以别者,暗与显耳。不然其来逮人,殆无以异。孔子同之,俱言可畏也。天地神明之心,与人事成败之真，固莫之能见也，唯圣人能见之。圣人者，见人之所不见者也，故圣人之言亦可畏也，奈何如废郊礼⑬？郊礼者，人所最甚重也。废圣人所最甚重，而吉凶利害在于冥冥不可得见之中，虽已多受其病，何从知之！故曰：问圣人者，问其所为而无问其所以为也。问其所以为，终弗能见，不如勿问。问为而为之，所不为而勿为，是与圣人同实也，何过之有！《诗》云："不愆不忘，率由旧章。"⑭旧章者，先圣人之故文章也；率由，各有修从之也⑮。此言先圣人之故文章者，虽不能深见而详知其则，犹不知其美誉之功矣。今郊事天之义，此圣人故。故古之圣王，文章之最重者也，前世王莫不从重，粢精奉之⑯，以事上天。至于秦而独阙然废之⑰，一何不率由旧章之大甚也。天者，百神之大君也。事天不备，虽百神犹无益也。何以言其然也？祭而地神者，《春秋》讥之，孔子曰："获罪于天，无所祷也。"⑱是其法也。故未见秦国致天福如周国也。《诗》云："唯此文王，小心翼翼，昭事上帝，允怀多福。"⑲多福者，非谓人也，事功也，谓天之所福也。传曰：周国子多贤，蕃殖至于骈孕男者四⑳，四产而得八男，皆君子俊雄也。此天之所以兴周国也，非周国之所能为也。今秦与周俱得为天子，而所以事天者异于周。以郊为百神始，始入岁首，必以正月上辛日先享天㉑，乃敢于地，先贵之义也。夫岁先之与岁弗行也，相去远矣。天下福若无可怪者，然所以久弗行者，非灼灼见其当而故弗行也㉒，典礼之官常嫌疑，莫能昭昭明其当也。今切以为其当与不当，可内反于心而定也。尧谓舜曰："天之历数在尔躬。"㉓言察身以知天也。今身有子,孰不欲其有子礼也!圣人正名,名不虚生。天子者,则天之子也㉔。以身度天㉕,独何为不欲其子之有子礼也!今为其天子而阙然无祭于天,天何必善之?所闻曰:天下和平,则灾害不生。今灾害生,见天下未和平也;天下所未和平者,天子之教化不行也。《诗》曰:"有觉德行,四国顺之。"㉖觉者,著也,王者有明著之德行于世,则四方莫不响应,风化善于彼矣。故曰:悦于庆赏,严于刑罚,疾于法令。

[注释]①酝(yùn):酒。 ②鸱(chī)羽去眯:用鸱鹰的羽毛可去除掉入眼中的异物。 ③慈石:磁石。 ④颈金:铜镜。 ⑤蚕珥(ěr)丝:蚕吐丝。 ⑥弦绝:商音在五音中急而细,琴上商弦最容易断裂。 ⑦芜荑(wú tí):榆树类果实,可制作酱。一说为草类。 ⑧橘枳(zhǐ):江南之橘逾淮河而成枳。 ⑨孔子曰:下引文见《论语·季氏》。 ⑩殃来至暗:指灾祸不期而至。 ⑪堂堂:至高无上。 ⑫校:通"效",效验。 ⑬郊礼:郊祭,古代祭天之礼。 ⑭不愆不忘,率由旧章:语出《诗经·大雅·假乐》,原句为"不愆不忘,率由旧章"。 愆(qiān):过失。率:循。由:从。旧章:旧法度。 ⑮修从:遵从。 ⑯粟精奉之:谨慎忠心地奉行。粟:通"慄",谨小慎微。精:诚心。 ⑰独阙然废之:指秦朝废除郊祭。阙:通"缺"。 ⑱获罪于天,无所祷也:语出《论语·八佾》。 ⑲唯此文王,小心翼翼,昭事上帝,允怀多福:引文出自《诗经·大雅·大明》,原文作"唯此文王,小心翼翼,昭事上帝,聿怀多福"。昭事:勤勉事奉。聿:以。怀:招来。 ⑳骈孕:双胞胎。 ㉑正月上辛日:孟春正月上旬第一个辛日。古代用干支来纪年,所以有60年一轮回之说,六十甲子用于纪月则是五年一个轮回(一年12个月)。古代以六十甲子纪日,"正月上辛"指正月上旬第一个辛日。 ㉒灼灼:显而易见。 ㉓天之历数在尔躬:语出《论语·尧曰》。历数:天命。尔躬:你的身上。 ㉔则:效法。 ㉕度:考量。 ㉖有觉德行,四国顺之:语出《诗经·大雅·抑》。觉:正直。顺:遵从。

郊义第六十六

[**题解**]本篇继续论述郊祭的重要性:"天者,百神之君也,王者之所最尊也。"正因为上天地位尊贵,所以每年正月都必须在都城郊外举行郊礼。

郊义:《春秋》之法,王者岁一祭天于郊,四祭于宗庙。宗庙因于四时之易,郊因于新岁之初,圣人有以起之,其以祭,不可不亲也。天者,百神之君也,王者之所最尊也。以最尊天之故,故易始岁更纪①,即以其初郊。郊必以正月上辛者,言以所最尊,首一岁之事。每更纪者以郊,郊祭首之,先贵之义,尊天之道也。

[**注释**]①始:"始"字疑为衍文。

郊祭第六十七

[题解]本篇论述天子是上天之子,按时举行郊祭是天子尽孝之义务。如果天子废除郊祭,是不孝之举。

《春秋》之义,国有大丧者①,止宗庙之祭而不止郊祭,不敢以父母之丧废事天地之礼也。父母之丧,至哀痛悲苦也,尚不敢废郊也,孰足以废郊者?故其在礼亦曰:丧者不祭,唯祭天为越丧而行事。夫古之畏敬天而重天郊,如此甚也。今群臣学士不探察,曰:"万民多贫,或颇饥寒,足郊乎!"是何言之误!天子父母事天,而子孙畜万民。民未遍饱无用祭天者,是犹子孙未得食,无用食父母也。言莫逆于是,是其去礼远也。先贵而后贱,孰贵于天子?天子号天之子也②,奈何受为天子之号,而无天子之礼?天子不可不祭天也,无异人之不可以不食父;为人子而不事父者,天下莫能以为可。今为天之子而不事天,何以异是?是故天子每至岁首,必先郊祭以享天,乃敢为地,行子礼也;每将兴师,必先郊祭以告天,乃敢征伐,行子道也。文王受天命而王天下,先郊乃敢行事而兴师伐崇③。

其《诗》曰④:"芃芃棫朴,薪之槱之。济济辟王,左右趋之。济济辟王,左右奉璋。奉璋峨峨,髦士攸宜。"此郊辞也。其下曰:"淠彼泾舟⑤,烝徒楫之⑥。周王于迈⑦,六师及之。"⑧此伐辞也。其下曰:"文王受命,有此武功,既伐于崇,作邑于丰。"⑨以此辞者,见文王受命则郊,郊乃伐崇,伐崇之时,民何处央乎⑩!

[注释]①大丧:君王或君王父母去世。 ②号:号称。一说"号"与"昊"通假。 ③崇:商朝时的一个小诸侯国。 ④《诗》曰:下引诗见《诗经·大雅·棫朴》。芃(péng)芃:茂盛。棫(yù)朴(pò):丛木名。槱(yǒu):堆积木柴燃烧。济济:庄严。辟王:君王。趋之:趋附。璋:一种玉器。峨峨:庄重。髦士:英俊之士。攸:所。宜:适宜。 ⑤淠(bì):舟行貌。泾:水名,在今陕西中部,流入渭水。 ⑥烝(zhēng)徒:众人。楫(jí):划船。 ⑦迈:出征。 ⑧师:两千五百人为一师。 ⑨文王受命,有此武功,既伐于崇,作邑于丰:引诗出自《诗经·大雅·文王有声》。丰:周文王灭崇后,迁都于丰(在今陕西户县)。 ⑩央:殃。

四祭第六十八

[题解]古人一年之中举行四次祭祀。春季的祭祀叫祠,供奉韭菜;夏季的祭祀叫礿,供奉麦子;秋季的祭祀叫尝,供奉黍稷;冬季的祭祀叫蒸,供奉稻米。

古者岁四祭①。四祭者,因四时之生熟,而祭其先祖父母也。故春曰祠,夏曰礿,秋曰尝,冬曰蒸,此言不失其时以奉祭先祖也。过时不祭,则失为人子之道也。祠者,以正月始食韭也②;礿者,以四月食麦也;尝者,以七月尝黍稷也;蒸者,以十月进初稻也。此天之经也,地之义也。孝子孝妇缘天之时③,因地之利。地之菜茹瓜果,艺之稻麦黍稷,菜生谷熟,永思吉日,供具祭物,斋戒沐浴,洁清致敬,祀其先祖父母。孝子孝妇不使时过,已处之以爱敬,行之以恭让,亦殆免于罪矣。

[注释]①古者岁四祭:一年四祭,即"春曰祠,夏曰礿(yào),秋曰尝,冬曰蒸"。 ②食:荐,供奉。 ③缘:根据。

已受命而王①,必先祭天,乃行王事,文王之伐崇是也。《诗》曰:"济济辟王,左右奉璋。奉璋峨峨,髦士攸宜。"此文王之郊也。其下之辞曰:"淠彼泾舟,烝徒楫之。周王于迈,六师及之。"此文王之伐崇也。上言奉璋,下言伐崇,以是见文王之先郊而后伐也。文王受命则郊,郊乃伐崇。崇国之民方困于暴乱之君,未得被圣人德泽②,而文王已郊矣,安在德泽未洽者不可以郊乎③!

[注释]①此段与《郊祭》基本重复。　②被:披,得到。　③洽:周遍。

郊祀第六十九

[题解]董仲舒从《春秋》义理出发,论述郊祭之礼意义重大。在众多祭礼之中,唯独郊祭需要事前占卜。如果占卜的结果不吉利,就不敢举行郊祭。由此可见郊祭之礼超乎寻常。

周宣王时,天下旱,岁恶甚,王忧之。其《诗》曰①:"倬彼云汉,昭回于天。王曰呜呼!何辜今之人!天降丧乱,饥馑荐臻。靡神不举,靡爱斯牲。圭璧既卒,宁莫我听!旱既太甚,蕴隆虫虫。不殄禋祀,自郊徂宫。上下奠瘗,靡神不宗。后稷不克,上帝不临。耗斁下土,宁丁我躬。"宣王自以为不能乎后稷②,不中乎上帝③,故有此灾。有此灾,愈恐惧而谨事天。天若不予是家,是家者安得立为天子?立为天子者,天予是家。天予是家者,天使是家。天使是家者,是家天之所予也,天之所使也。天已予之,天已使之,其间不可以接天,何哉?故《春秋》凡讥郊,未尝讥君德不成于郊也。乃不郊而祭山川,失祭之叙④,逆于礼,故必讥之。以此观之,不祭天者,乃不可祭小神也。郊因先卜,不吉不敢郊。百神之祭不卜,而郊独卜,郊祭最大也。《春秋》讥丧祭，不讥丧郊，郊不辟丧⑤。丧尚不辟，况他物。郊祝曰⑥："皇皇上天⑦，照临下土，集地之灵，降甘风雨，庶物群生，各得其所。靡今靡古⑧，维予一人某，敬拜皇天之祜。"⑨夫不自为言，而为庶物群生言，以人心庶天无尤焉⑩。天无尤焉而辞恭顺，宜可喜也。右郊祀九句。九句者，阳数也。

[注释]①《诗》曰：下引诗见《诗经·大雅·云汉》。倬(zhuō)：高远。云汉：银河。昭：光明。辜：罪过。荐：重、再。臻：至。举：祭祀。卒：尽。宁：乃。蕴：闷热。隆：盛大。虫虫：通"烛烛"，热气蒸发。殄(tiǎn)：断绝。禋(yīn)祀：祭天的典礼。徂(cú)：到。宫：宗庙。奠瘗：上奠下瘗，祭天为奠，陈列祭品。祭地用瘗，把祭品埋于地下。宗：尊敬。不克：不来享受祭祀。耗：损耗。射：败坏。宁：乃。丁：遭逢。 ②能：顺从。 ③中：合。 ④叙：次序。 ⑤辟：回避。 ⑥郊祝：郊祭时用的祝词。 ⑦皇皇：高远。 ⑧靡今靡古：不论古今。 ⑨祜(hù)：福。 ⑩庶：庶几。尤：责备。

顺命第七十

[题解]董仲舒从孔子"畏天命,畏大人,畏圣人之言"出发,论述敬天畏命的道理。天生万物,"天者,万物之祖,万物非天不生"。天的意志叫天命,天子接受上天的命令,诸侯接受天子之命,儿子接受父亲之命。敬天畏命,上天才会佑助他。

父者,子之天也;天者,父之天也。无天而生,未之有也。天者,万物之祖,万物非天不生。独阴不生,独阳不生,阴阳与天地参然后生①。故曰:父之子也可尊②,母之子也可卑③,尊者取尊号,卑者取卑号。故德侔天地者,皇天右而子之④,号称天子。其次有五等之爵以尊之,皆以国邑为号⑤。其无德于天地之间者,州、国、人、民;甚者不得系国邑,皆绝骨肉之属,离人伦,谓之闇盗而已⑥。无名姓号氏于天地之间,至贱乎贱者也。其尊至德,巍巍乎不可以加矣;其卑至贱,冥冥其无下矣。《春秋》列序位,尊卑之陈,累累乎可得而观也。虽暗且愚,莫不昭然。公子庆父罪亦不当系于国,以亲之故为之讳,而谓之齐仲孙,去其公子之亲也。故有大罪不奉其天命者,皆弃其天伦。人于天也,以道受命;其于人,以言受命;不若于道者⑦,天绝之;不若于言者,人绝之。臣子大受命于君,辞而出疆,唯有社稷国家之危,犹得发辞而专安之,盟是也⑧。天子受命于天,诸侯受命于天子,子受命于父,臣妾受命于君,妻受命于夫。诸所受命者,其尊皆天也,虽谓受命于天亦可。天子不能奉天之命,则废而称公,王者之后是也。公侯不能奉天子之命,则名绝而不得就位,卫侯朔是也⑨。子不奉父命,则有伯讨之罪⑩,卫世子蒯聩是也⑪。臣不奉君命,虽善,以叛言,晋赵鞅入于晋阳以叛是也⑫。妾不奉君之命,则媵女先至者是也⑬。妻不奉夫之命,则绝⑭,夫不言及是也⑮。曰不奉顺于天者,其罪如此。

[注释]①参:参合。 ②父之子:当是"天之子"之误。 ③母之子:平民百姓家的孩子。 ④右:佑,保佑。子之:当做儿子对待。 ⑤以国邑为号:根据周朝分封制度,诸侯皆以国邑为号,如鲁公、纪侯、曹伯、楚子等等。 ⑥阍(hūn):守门者。 ⑦若:遵从。 ⑧盟是也:指鄢之盟,事在《春秋·庄公十九年》。 ⑨卫侯朔:即卫惠公,名朔。卫侯朔谋位弑兄,得不到国人拥戴,后被二公子驱逐出国。事在《春秋·桓公十六年》。 ⑩伯:通"霸",霸主。伯讨:霸主讨伐。 ⑪卫世子蒯聩(kuǎi kuì):即卫庄公,名蒯聩,卫灵公世子。蒯聩想诛杀卫灵公夫人南子,结果卫灵公废黜蒯聩,改立蒯聩之子辄为世子,蒯聩出奔晋。事在《春秋·哀公三年》。 ⑫晋赵鞅入于晋阳以叛:公元前497年,赵鞅率领军队驱逐国君身边的奸臣荀寅、士吉射。但是,因此次出兵未奉君命,所以《春秋》仍书"叛"以责之。事在《春秋·定公十三年》。 ⑬媵(yìng)女先至:前652年,鲁僖公准备娶楚国之女为妻,齐国之女为媵(陪嫁之女)。齐国的媵女先到,齐国强迫鲁僖公立姜氏为妻。事在《春秋·僖公八年》。 ⑭妻不奉夫之命,则绝:鲁桓公夫人与齐襄公私通,引诱鲁桓公与齐襄公盟会于齐。鲁桓公夫人与齐襄公合谋派人杀害鲁桓公。绝:断绝夫妻关系。事在《春秋·桓公十八年》。 ⑮夫不言及:《春秋·桓

公十八年》:"公与夫人姜氏遂如齐。"《公羊传》认为《春秋》不说"公及夫人如齐",是对姜氏的谴责。

孔子曰:"畏天命,畏大人,畏圣人之言。"其祭社稷、宗庙、山川、鬼神,不以其道,无灾无害。至于祭天不享,其卜不从①,使其牛口伤②,鼷鼠食其角③。或言食牛,或言食而死,或食而生,或不食而自死,或改卜而牛死,或卜而食其角。过有深浅薄厚,而灾有简甚,不可不察也。犹郊之变④,因其灾而之变应而无为也⑤。见百事之变,之所不知而自然者,胜言与⑥!以此见其可畏。专诛绝者其唯天乎!臣弑君,子弑父,三十有余,诸其贱者则损⑦。以此观之,可畏者其唯天命、大人乎!亡国五十有余,皆不事畏者也。况不畏大人,大人专诛之,君之灭者,何日之有哉⑧!鲁宣违圣人之言⑨,变古易常,而灾立至,圣人之言可不慎!此三畏者,异指而同致⑩,故圣人同之,俱言其可畏也。

[注释]①卜:占卜。郊祭之前,须通过占卜决定祭天的日期。 ②牛口伤:郊祭最重要的祭品是牛,如果牛口受伤,是对上天的不恭敬。 ③鼷(xī)鼠食其角:鼷鼠啃食牛角。鼷鼠:鼠类中一种体积最小的鼠。事见《春秋·成公七年》。 ④犹:由,从。 ⑤为:通"伪",虚假。 ⑥胜言:不可胜数。 ⑦诸其贱者则损:指根据《春秋》笔法,去掉姓名称人。 ⑧何日之有哉:日子还会长久吗? ⑨鲁宣:鲁宣公。圣人之言:指孔子所言"畏天命,畏大人,畏圣人之言"。 ⑩异指而同致:事件不同但道理相同。

郊事对第七十一

[**题解**]"郊事"即郊祭之事。由于年代久远,汉武帝对郊祭之礼不太了解,因此派遣廷尉张汤向董仲舒请教。董仲舒根据《春秋》义理,就郊祭的意义和仪式一一作出回答。

廷尉臣汤昧死言①:臣汤承制②,以郊事问故胶西相仲舒。臣仲舒对曰:"所闻古者天子之礼,莫重于郊。郊常以正月上辛者,所以先百神而最居前。礼,三年丧,不祭其先而不敢废郊,郊重于宗庙,天尊于人也。《王制》曰③:'祭天地之牛,茧栗;宗庙之牛握,宾客之牛尺。'此言德滋美而牲滋微也④。《春秋》曰⑤:'鲁祭周公,用白牡。'色白,贵纯也。帝牲在涤三月⑥。牲贵肥洁而不贪其大也。凡养牲之道,务在肥洁而已。驹犊未能胜刍豢之食⑦,莫如令食其母,便。"臣汤谨问仲舒:"鲁祀周公用白牡,非礼也?"臣仲舒对曰:"礼也。"臣汤问:"周天子用骍犅⑧,群公不毛⑨。周公,诸公也,何以得用纯牲?"仲舒对曰:"武王崩,成王立而在襁褓之中。周公继文、武之业,成二圣之功⑩,德渐天地⑪,泽被四海,故成王贤而贵之。《诗》云⑫:'无德不报。'故成王使祭周公以白牡,上不得与天子同色,下有异于诸侯。臣仲舒愚,以为报德之礼。"臣汤问仲舒:"天子祭天,诸侯祭土,鲁何缘以祭郊?"臣仲舒对曰:"周公傅成王⑬,成王遂及圣,功莫大于此。周公,圣人也,有祭于天道,故成王令鲁郊也。"臣汤问仲舒:"鲁祭周公用白牡,其郊何用?"臣仲舒对曰:"鲁郊用纯骍犅。周色上赤⑭,鲁以天子命郊,故以骍。"臣汤问仲舒:"祠宗庙或以鹜当凫⑮,鹜非凫,可用否?"仲舒对曰:"鹜非凫、凫非鹜也。臣闻孔子入太庙,每事问,慎之至也。陛下祭躬亲,斋戒沐浴,以承宗庙⑯,甚敬谨,奈何以凫当鹜?鹜当凫,名实不相应,以承太庙,不亦不称乎⑰?臣仲舒愚以为不可。臣犬马齿衰⑱,赐骸骨⑲,伏陋巷。陛下乃幸使九卿问臣以朝廷之事⑳,臣愚陋,曾不足以承明诏,奉大对。臣仲舒昧死以闻。"

[注释]①廷尉:汉朝九卿之一,主管司法。汤:张汤。昧死言:此是秦汉时期臣民对君王奏议的专用套语,意谓"冒死上奏"。 ②制:皇帝命为令、制为诏,制即制度之命。 ③《王制》曰:下引文出自《礼记·王制》,文句有所不同。茧栗:牛角初出,像蚕茧、栗子一样小。握:角握,古代一指宽为一寸,角握指长度不超过四寸。 ④微:小。 ⑤《春秋》曰:事在《春秋·文公十三年》。白牡:白色的公牛。 ⑥帝牲:祭祀皇天上帝用的牛。涤:指圈养牺畜的地方。 ⑦驹犊:小马驹、小牛犊。刍(chú)豢(huàn)之食:草料。 ⑧骍(xīng)犅(gāng):背脊赤色的牛。 ⑨不毛:毛色不纯。 ⑩二圣:指周文王与周武王。 ⑪渐:影响。 ⑫《诗》云:下引诗出自《诗经·大雅·抑》。 ⑬傅:辅佐。 ⑭上:通"尚",崇尚。 ⑮鹜(wù):家鸭。凫(fú):野鸭。 ⑯承:奉祀。 ⑰称:相称。 ⑱犬马:古代臣子对皇帝自称用的谦

词。齿衰:年老。 ⑲赐骸骨:指致仕退休。 ⑳使:派遣。九卿是指太常、光禄勋、卫尉、太仆、廷尉、大鸿胪、宗正、大司农和少府。

执贽第七十二

[**题解**]"执贽",指初次见面所用的礼品。由于人们社会等级不同,所以所持礼品也有区别。天子用酒,公侯用玉,卿用羔羊,大夫用雁。酒、玉、羔羊和雁不仅名称不一,象征意义也迥然不同。

凡执贽①:天子用畅②,公侯用玉,卿用羔③,大夫用雁。雁乃有类于长者,长者在民上,必施然有先后之随④,必俶然有行列之治⑤,故大夫以为贽。羔有角而不任⑥,设备而不用,类好仁者。执之不鸣,杀之不谛⑦,类死义者。羔食于其母⑧,必跪而受之,类知礼者。故羊之为言犹祥与⑨,故卿以为贽。

[**注释**]①贽(zhì):初次见面所送的礼物。 ②畅:通"鬯"。用黍与郁金香酿成的酒。 ③羔:羊羔。 ④施然:舒缓而行。 ⑤俶(chù)然:恭敬且缓缓而行。 ⑥任:使用。 ⑦谛:通"啼",啼哭。 ⑧羔食于其母:羊羔吃母奶。 ⑨祥:吉祥。

玉有似君子。子曰①:"人而不曰如之何,如之何者,吾末如之何也矣。"故匿病者不得良医,羞问者圣人去之,以为远功而近有灾,是则不有②。玉至清而不蔽其恶,内有瑕秽③,必见之于外。故君子不隐其短,不知则问,不能则学,取之玉也,君子比之玉。玉润而不污,是仁而至清洁也。廉而不杀④,是义而不害也。坚而不砮⑤,过而不濡⑥。视之如庸⑦,展之如石,状如石,摇而不可从绕⑧。洁白如素而不受污,玉类备者⑨,故公侯以为贽。

[注释]①子曰:下引文出自《论语·卫灵公》。末:莫,不。 ②有:通"友"。 ③瑕秽:瑕疵、污点。 ④廉而不杀:有棱角但不伤人。廉:棱角。杀:通"刈",伤害。 ⑤砮:通"硁",清脆的击石声。 ⑥过:温润。濡:柔弱。 ⑦庸:平常之物。 ⑧搔:折。绕:屈曲。 ⑨类备者:疑当做"类备德者"。

畅有似于圣人者,纯仁淳粹①而有知之贵也,择于身者②尽为德音③,发于事者尽为润泽,积美阳芳香以通之天④。畅亦取百香之心,独末之⑤,合之为一而达其臭⑥,气畅于天。其淳粹无择,与圣人一也,故天子以为贽,而各以事上也。观贽之意,可以见其事。

[注释]①淳:纯净。 ②择:积存。 ③德音:高洁的德行。 ④阳:疑为"畅"之误。 ⑤末之:研成粉末。 ⑥臭:气味。

山川颂第七十三

[题解]孔子当年说:"仁者乐山,智者乐水。"董仲舒进一步对山水之德进行歌颂,山巍然屹立,无私奉献,有君子之德;水滋润万物,有智、勇、明、仁之德。

山则巃嵷礧崔,摧嵬崣巍①,久不崩陀②,似夫仁人志士。孔子曰:"山川神祇立③,宝藏殖④,器用资⑤,曲直合,大者可以为宫室台榭,小者可以为舟舆浮溅⑥。大者无不中,小者无不入,持斧则斫,折镰则艾⑦。生人立⑧,禽兽伏,死人入⑨,多其功而不言,是以君子取譬也。"⑩且积土成山,无损也;成其高,无害也;成其大,无亏也;小其上,泰其下⑪,久长安,后世无有去就⑫,俨然独处,惟山之意。《诗》云⑬:"节彼南山,惟石岩岩;赫赫师尹,民具尔瞻。"此之谓也。

[注释]①山则巃(lóng)嵷(sǒng)礧(lěi)崔,摧(cuī)嵬(wéi)崣(zuǐ)巍:指山巍然屹立、耸立云霄。 ②陀(duò):坍塌。 ③神祇(qí):天神为神,地神为祇。 ④殖:盛产。 ⑤资:供给。 ⑥舆:车。浮:木筏。溅:疑为"楫"之误,船桨。 ⑦折:疑当做"持"。艾:通"刈(yì)",割。 ⑧生人

立:平民百姓依靠大山而生活。 ⑨入:埋葬。 ⑩譬:比喻。 ⑪泰:大。 ⑫去就:移动。 ⑬《诗》云:下引诗见《诗经·小雅·节南山》。节:巍然屹立。岩岩:峰峦迭起。赫赫:显赫。师:太师,周王朝执政大臣之一。尹:姓氏。具:俱。瞻:瞻望。

    水则源泉混混沄沄①,昼夜不竭,既似力者②;盈科后行③,既似持平者;循微赴下④,不遗小间⑤,既似察者⑥;循溪谷不迷,或奏万里而必至⑦,既似知者;障防山而能清净⑧,既似知命者;不清而入,洁清而出,既似善化者⑨;赴千仞之壑⑩,入而不疑⑪,既似勇者;物皆困于火,而水独胜之,既似武者;咸得之而生⑫,失之而死,既似有德者。孔子在川上曰:"逝者如斯夫,不舍昼夜。"⑬此之谓也。

    [**注释**]①混混:喷涌。沄沄(yún yún):水流不息。 ②既:其。③盈:注满。科:坎陷之地。 ④微:疑为"岳"之误。 ⑤间:空间。 ⑥察者:明察之人。 ⑦奏:奔流。 ⑧障:阻挡。防:堤防。 ⑨化:化洁。⑩仞:古代度量单位,周尺八尺为一仞。 ⑪疑:恐惧。 ⑫咸:都。 ⑬逝者如斯夫,不舍昼夜:语出《论语·子罕》。

求雨第七十四

[题解]本篇主要论述求雨的仪式和规则。董仲舒运用阴阳五行学说,分别对春夏秋冬四季求雨的仪式、内涵和规则作详细的说明。在这篇文章中,董仲舒天人感应的思想得到集中表现。

春旱求雨,令县邑以水日祷社稷山川①,家人祀户②,无伐名木,无斩山林。暴巫聚尪八日③,于邑东门之外为四通之坛,方八尺,植苍缯八④。其神共工⑤,祭之以生鱼八、玄酒⑥,具清酒、膊脯⑦。择巫之洁清辩利者以为祝⑧。祝斋三日,服苍衣,先再拜,乃跪陈,陈已,复再拜,乃起。祝曰:"昊天生五谷以养人,今五谷病旱,恐不成实,敬进清酒、膊脯,再拜请雨。雨幸大澍⑨,即奉牲祷。"以甲乙日为大苍龙一,长八丈,居中央;为小龙七,各长四丈,于东方。皆东乡,其间相去八尺。小童八人,皆斋三日,服青衣而舞之。田啬夫亦斋三日⑩,服青衣而立之。凿社,通之于闾外之沟。取五虾蟆⑪,错置社之中⑫。池方八尺,深一尺,置水虾蟆焉。具清酒、膊脯,祝斋三日,服苍衣,拜跪,陈祝如初。取三岁雄鸡与三岁豭猪⑬,皆燔之于四通神宇。令民阖邑里南门⑭,置水其外;开邑里北门,具老豭猪一,置之于里北门之外;市中亦置豭猪一,闻鼓声,皆烧豭猪尾,取死人骨埋之。开山渊,积薪而燔之。通道桥之壅塞,不行者决渎之。幸而得雨,报以豚一⑮,酒、盐、黍财足⑯,以茅为席,毋断。

[注释]①水日:五行纪日中属水的日子。 ②家人:平民。户:户神。 ③暴巫:曝晒女巫。古人认为巫能通神,曝晒女巫以使上帝哀怜而降雨。聚尪(wāng):曝晒骨胳弯曲之人,目的也是使上帝哀怜而降雨。 ④植:树立。苍缯:青色丝帛。 ⑤共工:水神。 ⑥玄酒:水。 ⑦膊脯(fǔ):祭祀用的干肉。 ⑧辩利者:口齿伶俐者。祝:祭主。 ⑨澍(shù):及时雨。 ⑩田啬夫:汉代县级以下的基层单位是乡,乡有三老、有秩(又称啬夫)、游徼、孝弟、力田等。一乡民户五家为伍,十家为什,百家为里,十里为亭,十亭为乡。啬夫主管狱讼、赋税和徭役之事。田啬夫是管理地方农业生产的小吏。 ⑪虾蟆:蛤蟆。 ⑫错:通"措",放置。 ⑬豭(jiā)猪:公猪。 ⑭阖:关闭。 ⑮报:酬谢。 ⑯财:才。

夏求雨,令县邑以水日,家人祀灶①。无举土功②,更火浚井③。暴釜于坛④,臼杵于术⑤,七日。为四通之坛于邑南门之外,方七尺,植赤缯七。其神蚩尤⑥,祭之以赤雄鸡七、玄酒,具清酒、膊脯。祝斋三日,服赤衣,拜跪,陈祝如春辞。以丙丁日为大赤龙一,长七丈,居中央。又为小龙六,各长三丈五尺,于南方。皆南乡⑦,其间相去七尺。壮者七人,皆斋三日,服赤衣而舞之。司空⑧、啬夫亦斋三日,服赤衣而立之。凿社而通之闾外之沟。取五虾蟆,错置里社之中,池方七尺,深一尺。具酒、脯,祝斋,衣赤衣,拜跪,陈祝如初。取三岁雄鸡、豭猪,燔之四通神宇。开阴闭阳如春也。

[注释]①灶:灶神。 ②举土功:大兴土木工程。 ③浚(jùn):疏通。 ④暴:暴晒。釜:锅。 ⑤术:大道。 ⑥蚩尤:炎帝之后裔,相传他能呼风唤雨,因此求雨祀蚩尤。 ⑦乡:向。 ⑧司空:县中职掌工程建设和徭役的官吏。

季夏祷山陵以助之,令县邑十日壹徙市于邑南门之外①,五日禁男子无得行入市,家人祠中霤②,无举土功。聚巫市傍,为之结盖③。为四通之坛于中央,植黄缯五。其神后稷,祭之以母饻五④、玄酒,具清酒、膊脯。令各为祝斋三日,衣黄衣,皆如春祠。以戊己日为大黄龙一,长五丈,居中央。又为小龙四,各长二丈五尺,于南方。皆南乡,其间相去五尺。丈夫五人,皆斋三日,服黄衣而舞之。老者五人,亦斋三日,衣黄衣而立之。亦通社中于闾外之沟,虾蟆池方五尺,深一尺。他皆如前。

[注释]①徙市:把集市迁徙到别处。 ②祠中霤(liù):祭祀宅神,以心、肝、肺为祭品。 ③结盖:搭建遮阳的凉棚。 ④母饻(yǐ):一种食品,用黍、肉酱和油做成。

秋暴巫尫至九日,无举火事,无煎金器①,家人祠门②。为四通之坛于邑西门之外,方九尺,植白缯九,其神少昊③。祭之以桐木鱼九,玄酒,具清酒、膊脯,衣白衣,他如春。以庚辛日为大白龙一,长九丈,居中央。为小龙八,各长四丈五尺,于西方。皆西乡,其间相去九尺。鳏者九人④,皆斋三日,服白衣而舞之。司马亦斋三日⑤,衣白衣而立之。虾蟆池方九尺,深一尺,他皆如前。

[注释]①煎金器:冶炼、锻制金属器物。 ②祠门:祭门神。 ③少昊:五帝之一,黄帝之子,少昊死后成为中国古代传说中的西方天神。 ④鳏者:无妻或丧妻的男子。 ⑤司马:主管刑法的官吏。

冬舞龙六日,祷于名山以助之。家人祠井,无壅水。为四通之坛于邑北门之外,方六尺,植黑缯六。其神玄冥①,祭之以黑狗子六,玄酒,具清酒、膊脯。祝斋三日,衣黑衣,祝礼如春。以壬癸日为大黑龙一,长六丈,居中央。又为小龙五,各长三丈,于北方。皆北乡,其间相去六尺。老者六人,皆斋三日,衣黑衣而舞之。尉亦斋三日②,服黑衣而立之。虾蟆池,皆如春。

[注释]①玄冥:根据《礼记·月令》记载,玄冥是少昊氏之子,为雨师,因此求雨祀之。 ②尉:负责社会治安的官吏。

四时皆以水日,为龙必取洁土为之,结盖,龙成而发之①。四时皆以庚子之日,令吏民夫妇皆偶处②。凡求雨之大体③,丈夫欲藏匿,女子欲和而乐。

[注释]①发:打开。 ②偶处:同居。 ③大体:总方针。

止雨第七十五

[题解]本篇可以说是上篇的姊妹篇。上篇谈求雨,本篇谈止雨。董仲舒从阴阳五行学说出发,对止雨的仪式、内涵和规则作了详细的论述。其中一个总的原则是"开阳而闭阴,阖水而开火"。在这篇文章中,还可以看到董仲舒具体指导的一次止雨活动。止雨活动在今天看来非常荒诞,但是也反映了董仲舒仁民爱物的民本主义立场。

雨太多,令县邑于土日塞水渎①,绝道②,盖井,禁妇人不得行入市。令县乡里皆扫社下。县邑若丞合史、啬夫三人以上③,祝一人;乡啬夫若吏三人以上,祝一人;里正、父老三人以上④,祝一人。皆斋三日,各衣时衣⑤,具豚一、黍、盐、美酒财足,祭社。击鼓三日,而祝。先再拜,乃跪陈,陈已,复再拜,乃起。祝曰:"嗟!天生五谷以养人,今淫雨太多,五谷不和。敬进肥牲清酒,以请社灵,幸为止雨,除民所苦,无使阴灭阳。阴灭阳,不顺于天。天之常意,在于利人,人愿止雨,敢告于社。"鼓而无歌,至罢乃止。凡止雨之大体,女子欲其藏而匿也,丈夫欲其和而乐也。开阳而闭阴,阖水而开火。以朱丝萦社十周⑥,衣赤衣赤帻⑦,三日罢。

[注释]①渎:沟渠。 ②绝道:封闭道路。 ③若:和、以及。丞:县丞,辅佐县令的副职。史:令史,县政权内的事务官员。 ④里正:秦汉时代的一里之长。父老:秦汉时代乡里中德高望重的长者。 ⑤各衣时衣:指按五行规定每个季节应穿何种颜色之衣,如春季穿青色衣,夏季穿赤色衣,秋季穿黄色衣,冬季穿黑色衣。 ⑥萦:缠绕。 ⑦帻(zé):头巾。

二十一年八月甲申①,朔②。丙午,江都相仲舒告内史中尉③:阴雨太久,恐伤五谷,趣止雨④。止雨之礼,废阴起阳。书十七县,八十离乡⑤,及都官吏千石以下夫妇在官者⑥,咸遣妇归。女子不得至市,市无诣井⑦,盖之,勿令泄。鼓用牲于社。祝之曰:"雨以太多,五谷不和,敬进肥牲,以请社灵。社灵幸为止雨,除民所苦。无使阴灭阳。阴灭阳,不顺于天。天意常在于利民,愿止雨。敢告。"鼓用牲于社,皆壹以辛亥之日。书到,即起县社令长若丞尉官长,各城邑社啬夫、里吏正、里人皆出,至于社下,餔而罢⑧。三日而止。未至三日,天暒亦止⑨。

[注释]①二十一年:指江都易王之二十一年,即汉武帝元光二年(公元前133年)。 ②朔:农历每月初一。 ③江都:汉景帝之子易王刘非的封国,董仲舒曾任江都相。内史:西汉诸侯王国掌管民政之官。中尉:据《汉书·百官公卿表》记载,中尉是秦汉时代掌管京师的治安警卫,汉武帝太初元年(前104),改称执金吾,诸侯国亦设中尉职,掌军事治安。 ④趣:急促。 ⑤离:可能是衍文。 ⑥千石:汉官秩,官员地位高低以俸禄多少来计量。如太尉长吏、御史中丞等都属于千石官,月俸谷八十斛。 ⑦市无诣(yì)井:市民不准去水井打水。诣:往、到。 ⑧餔(bū):古代申时(下午三点至五点)进食叫餔。 ⑨暒(qíng):通"晴",晴天。

祭义第七十六

[**题解**]上天用五谷养育人类,人类应知恩图报。在一年四季的收获中,首先要拿出新收获的物品来供奉至上神和祖先神。春季供奉韭菜,夏季供奉大麦,秋季供奉黍米,冬季供奉稻米。祭祀贵在诚心,"君子之祭也,躬亲之,致其中心之诚"。

五谷,食物之性也①,天之所以为人赐也②。宗庙上四时之所成,受赐而荐之宗庙③,敬之性也,于祭之而宜矣④。宗庙之祭,物之厚无上也。春上豆实⑤,夏上尊实⑥,秋上朹实⑦,冬上敦实⑧。豆实,韭也,春之所始生也;尊实,麷也⑨,夏之所受初也;朹实,黍也,秋之所先成也;敦实,稻也,冬之所毕熟也⑩。始生故曰祠,善其司也⑪;夏约故曰礿,贵所受初也;先成故曰尝,尝言甘也;毕熟故曰烝,烝言众也。奉四时所受于天者而上之,为上祭,贵天赐且尊宗庙也。孔子受君赐则以祭,况受天赐乎!一年之中,天赐四至,至则上之,此宗庙所以岁四祭也。故君子未尝不食新,新天赐至,必先荐之,乃敢食之,尊天、敬宗庙之心也。尊天,美义也;敬宗庙,大礼也。圣人之所谨也。不多而欲洁清,不贪数而欲恭敬。君子之祭也,躬亲之,致其中之诚,尽敬洁之道,以接至尊,故鬼享之。享之如此,乃可谓之能祭。

[注释]①性:通"生"。 ②人赐:疑为"赐人"之倒文。 ③荐:上奉。 ④于:疑是衍文。 ⑤豆:木制盛放食物的器皿,高一尺二寸。 ⑥尊:酒器,古代用作祭祀的礼器。 ⑦朹(qiú):即簋,古代用作祭祀或宴享的礼器。 ⑧敦(duì):古代盛放食物的器皿,上下合成圆形,有足。 ⑨䴢(móu):大麦。 ⑩毕:终,最后。 ⑪司:管理。

祭者,察也①,以善逮鬼神之谓也②。善乃逮不可闻见者,故谓之察。吾以名之所享,故祭之不虚,安所可察哉!祭之为言际也与③?祭然后能见不见,见不见之见者,然后知天命鬼神。知天命鬼神,然后明祭之意。明祭之意,乃知重祭事。孔子曰④:"吾不与祭,如不祭。祭神如神在。"重祭事,如事生。故圣人于鬼神也,畏之而不敢欺也,信之而不独任,事之而不专恃。恃其公,报有德也;幸其不私,与人福也。其见于《诗》曰⑤:"嗟尔君子,毋恒安息。静共尔位,好是正直。神之听之,介尔景福。"正直者得福也;不正者不得福,此其法也。以《诗》为天下法矣,何谓不法哉?其辞直而重,有再叹之,欲人省其意也。而人尚不省,何其忘哉⑥!孔子曰⑦:"书之重,辞之复。呜呼!不可不察也。其中必有美者焉。"此之谓也。

[注释]①察:至,指人事至。 ②逮:及,款待。 ③际:交往,连结。 ④孔子曰:下引文出自《论语·八佾》,原文为"祭如在,祭神如神在。子曰:'吾不与祭,如不祭'"。语句稍有不同。与:参与。 ⑤《诗》曰:下引文

出自《诗经·小雅·小明》。安息:闲散安逸。静:通"靖",谋划。共:恭。介:予。景:大。　⑥忘:疏忽大意。　⑦孔子曰:下引文出自《公羊传》僖公四年何休注。

循天之道第七十七

[题解]中和是天地万物之道,也是人的养生之道。养生贵在养中和之气,"心,气之君也"。心是气的主宰,所以养生有道之人都注重内在的道德修养,外无贪欲,内心平和中正。懂得如何养气,也就掌握了养身之道。

循天之道以养其身,谓之道也。天有两和①,以成二中②,岁立其中,用之无穷。是北方之中用合阴③,而物始动于下④,南方之中用合阳⑤,而养始美于上。其动于下者,不得东方之和不能生,中春是也⑥;其养于上者,不得西方之和不能成,中秋是也⑦。然则天地之美恶在⑧?两和之处,二中之所来归而遂其为也⑨。是故东方生而西方成⑩,东方和生,北方之所起;西方和成,南方之所养长。起之,不至于和之所不能生;养长之,不至于和之所不能成。成于和,生必和也;始于中,止必中也。中者,天地之所终始也;而和者,天地之所生成也。夫德莫大于和,而道莫正于中。中者,天地之美达理也⑪,圣人之所保守也⑫。《诗》云:"不刚不柔,布政优优。"⑬此非中和之谓与!是故能以中和理天下者,其德大盛;能以中和养其身者,其寿极命⑭。

[注释]①两和:阴阳二气。也有人认为是指春分与秋分。 ②二中:冬至与夏至。 ③北方之中:指冬至。 ④始动:萌生。 ⑤南方之中:指夏至。 ⑥中春:春分。 ⑦中秋:秋分。 ⑧恶(wū)在:在哪里。 ⑨遂其为:完成它们的职责。 ⑩东方生而西方成:阴阳和气运行到"东方之和"位置(春分),万物始生;阴阳和气运行到"西方之和"位置(秋分),万物成熟。 ⑪达:通达,普遍。 ⑫保守:遵循。 ⑬不刚不柔,布政优优:引文出自《诗经·商颂·长发》,原文为"不刚不柔,敷政优优"。优优:宽和。 ⑭极:尽,长。

男女之法,法阴与阳①。阳气起于北方,至南方而盛,盛极而合乎阴;阴气起乎中夏②,至中冬而盛③,盛极而合乎阳。不盛不合,是故十月而壹俱盛,终岁而乃再合④。天地久节⑤,以此为常。是故先法之内矣⑥,养身以全,使男子不坚牡不家室⑦,阴不极盛不相接⑧。是故身精明,难衰而坚固,寿考无忒⑨,此天地之道也。

[注释]①法:效法。 ②中夏:夏至。 ③中冬:冬至。 ④再合:指阴阳二气在春分与秋分的两次和合。 ⑤天地久节:自然之规律。久:疑作"之"。 ⑥是故先法之内矣:此句疑有脱误。 ⑦牡:雄性生殖器。不家室:不结婚成家。 ⑧不相接:男女不交媾。 ⑨忒(tè):差错。

天气先盛牡而后施精①,故其精固;地气盛牝而后化②,故其化良。是故阴阳之会,冬合北方而物动于下;夏合南方而物动于上。上下之大动,皆在日至之后③。为寒则凝冰裂地,为热则焦沙烂石,气之精至于是。故天地之化,春气生而百物皆出,夏气养而百物皆长,秋气杀而百物皆死,冬气收而百物皆藏。是故惟天地之气而精,出入无形,而物莫不应,实之至也。君子法乎其所贵。天地之阴阳当男女,人之男女当阴阳。阴阳亦可以谓男女,男女亦可以谓阴阳。天地之经④,至东方之中⑤而所生大养,至西方之中⑥而所养大成,一岁四起⑦,业而必于中⑧。中之所为,而必就于和⑨,故曰和其要也。和者,天之正也,阴阳之平也,其气最良,物之所生也。诚择其和者,以为大得天地之奉也⑩。天地之道,虽有不和者,必归之于和,而所为有功;虽有不中者,必止之于中,而所为不失。是故阳之行,始于北方之中,而止于南方之中;阴之行,始于南方之中,而止于北方之中。阴阳之道不同,至于盛而皆止于中,其所始起皆必于中。中者,天地之太极也⑪,日月之所至而却也⑫,长短之隆⑬,不得过中,天地之制也。兼和与不和⑭,中与不中,而时用之,尽以为功。是故时无不时者⑮,天地之道也。顺天之道,节者天之制也⑯,阳者天之宽也,阴者天之急也,中者天之用也,和者天之功也。举天地之道,而美于和,是故物生,皆贵气而迎养之。孟子曰⑰:"我善养吾浩然之气者也。"谓行必终礼⑱,而心自喜,常以阳得生其意也。公孙之养气曰⑲:"里藏泰实则气不通⑳,泰虚则气不足,热胜则气□㉑,寒胜则气□,泰劳则气不入㉒,泰佚则气宛至㉓,怒则气高,喜则气散,忧则气狂,惧则气慑㉔。凡此十者,气之害也,而皆生于不中和。故君子怒则反中㉕而自说以和㉖;喜则反中而收之以正;忧则反中而舒之以意;惧则反中而实之以精。"夫中和之不可不反如此。

[注释]①牡:雄性生殖器。 ②化:生育。 ③日至:夏至、冬至。 ④经:规律,道理。 ⑤东方之中:春分。 ⑥西方之中:秋分。 ⑦一岁四起:指春生、夏长、秋收与冬藏。 ⑧业:此字疑衍。于:符合。 ⑨就:趋向。 ⑩奉:精髓、要道。 ⑪太极:至高无上的法则。 ⑫却:回转,返回。 ⑬隆:极,极点。 ⑭兼:涵盖。 ⑮无不时:合于时令。 ⑯节:节律,秩序。 ⑰孟子曰:下引文出自《孟子·公孙丑上》,原文为"我善养吾浩然之气"。 ⑱终礼:中礼。 ⑲公孙:公孙尼子,孔子学生。《汉书·艺文志》有《公孙尼子》二十八篇。 ⑳里藏:内脏。泰实:过于充实。 ㉑胜:旺盛。 ㉒劳:劳累。 ㉓宛(yū)至:郁积。 ㉔慑:恐惧。 ㉕反:返回。 ㉖说:悦。

故君子道至,气则华而上①。凡气从心,心,气之君也②,何为而气不随也?是以天下之道者③,皆言内心其本也。故仁人之所以多寿者,外无贪而内清净,心和平而不失中正,取天地之美以养其身,是其且多且治④。鹤之所以寿者,无宛气于中⑤,是故食冰⑥;猿之所以寿者,好引其末⑦,是故气四越⑧。天气常下施于地,是故道者亦引气于足。天之气常动而不滞,是故道者亦不宛气。苟不治,虽满不虚。是故君子养而和之,节而法之⑨,去其群泰⑩,取其众和。高台多阳,广室多阴,远天地之和也,故圣人弗为,适中而已矣。

[注释]①华而上:升腾而上。 ②君:主宰。 ③天下之道者:指修养生之道者。 ④且多且治:指修养生之道者真气充裕而且懂得调理。 ⑤宛气:郁结之气。 ⑥食冰:饮食不凝滞。冰:当做"凝","食冰"当为"食不冰",冰前脱一"不"字。 ⑦末:四肢。 ⑧越:发散。 ⑨节:调理。法:仿效。 ⑩泰:过度,过分。

法人八尺①,四尺其中也。宫者,中央之音也;甘者,中央之味也;四尺者,中央之制也。是故三王之礼,味皆尚甘,声皆尚和。处其身,所以常自渐于天地之道②,其道同类,一气之辨也③。法天者,乃法人之辨。天之道,向秋冬而阴来,向春夏而阴去。是故古之人霜降而迎女④,冰泮而杀内⑤,与阴俱近,与阳俱远也。天地之气,不致盛满⑥,不交阴阳。是故君子甚爱气而游于房⑦,以体天也。气不伤于以盛通⑧,而伤于不时、天并⑨。不与阴阳俱往来,谓之不时;恣其欲而不顾天数⑩,谓之天并。君子治身不敢违天,是故新牡十日而一游于房⑪,中年者倍新牡,始衰者倍中年,中衰者倍始衰,大衰者以月当新牡之日,而上与天地同节矣。此其大略也。然而其要皆期于不极盛不相遇,疏春而旷夏⑫,谓不远天地之数。

　　[**注释**]①法人:标准身高之人。八尺:一周尺合今19.91公分,汉一尺约合今23.1公分。　②渐:浸染。　③辨:治理。　④迎女:古代婚礼中的亲迎之礼。　⑤泮(pàn):溶化。杀内:停止。　⑥致:达到。　⑦游于房:男女交媾。　⑧盛通:即上文所言"不极盛不相接"。　⑨并:摒弃。　⑩天数:自然规律。　⑪新牡:新郎。　⑫疏春而旷夏:春夏两季行房事次数应减少。

　　民皆知爱其衣食,而不爱其天气①。天气之于人,重于衣食。衣食尽,尚犹有闲②,气尽而立终。故养生之大者,乃在爱气,气从神而成,神从意而出。心之所之谓意③,意劳者神扰,神扰者气少,气少者难久矣。故君子闲欲止恶以平意,平意以静神,静神以养气。气多而治,则养身之大者得矣。

[注释]①天气:真气,元气。　②闲:防御。　③心之所之谓意:心所指向之处则意念生。

古之道士有言曰①:"将欲无陵②,固守一德。"③此言神无离形,而气多内充,而忍饥寒也。和乐者,生之外泰也④;精神者,生之内充也。外泰不若内充,而况外伤乎!忿恤忧恨者⑤,生之伤也;和说劝善者,生之养也。君子慎小物而无大败也,行中正,声向荣⑥,气意和平,居处虞乐,可谓养生矣。凡养生者,莫精于气。是故春袭葛⑦,夏居密阴,秋避杀风⑧,冬避重漯⑨,就其和也。衣欲常漂,食欲常饥,体欲常劳,而无长佚居多也。凡天地之物,乘于其泰而生,厌于其胜而死,四时之变是也。故冬之水气,东加于春而木生,乘其泰也。春之生,西至金而死,厌于胜也。生于木者,至金而死;生于金者,至火而死。春之所生,而不得过秋;秋之所生,不得过夏,天之数也。饮食臭味⑩,每至一时,亦有所胜,有所不胜,之理不可不察也。四时不同气,气各有所宜,宜之所在,其物代美。视代美而代养之,同时美者杂食之,是皆其所宜也。故荠以冬美⑪,而茶以夏成⑫,此可以见冬夏之所宜服矣。冬,水气也;荠,甘味也,乘于水气而美者,甘胜寒也。荠之为言济与?济,大水也;夏,火气也;茶,苦味也,乘于火气而成者,苦胜暑也。天无所言,而意以物。物不与群物同时而生死者,必深察之,是天之所以告人也。故荠成告之甘,茶成告之苦也。

君子察物而成告谨,是以至荠不可食之时,而尽远甘物,至荼成就也⑬。天所独代之成者,君子独代之,是冬夏之所宜也。春秋杂物其和,而冬夏代服其宜,则当得天地之美,四时和矣。凡择味之大体,各因其时之所美,而违天不远矣。是故当百物大生之时,群物皆生,而此物独死。可食者,告其味之便于人也;其不可食者,告杀秽除害之不待秋也。当物之大枯之时,群物皆死,如此物独生。其可食者,益食之,天为之利人,独代生之;其不可食,益畜之。天愍州华之间⑭,故生宿麦,中岁而熟之。君子察物之异,以求天意,大可见矣。是故男女体其盛,臭味取其胜,居处就其和,劳佚居其中,寒暖无失适,饥饱无过平,欲恶度理⑮,动静顺性,喜怒止于中,忧惧反之正,此中和常在乎其身,谓之得天地泰。得天地泰者,其寿引而长⑯;不得天地泰者,其寿伤而短。

[注释]①道士:得道之士。 ②陵:侵害。 ③德:通"得",指得道。 ④泰:安逸。 ⑤忿:忿恨。恤:忧愁。 ⑥声向荣:嗓音宏亮。 ⑦袭:穿衣。 ⑧杀风:肃杀之风。 ⑨重漯:过度潮湿。漯(luò):湿。 ⑩臭味:气味。 ⑪荠(jì):荠麦。 ⑫荼(tú):一种苦菜。 ⑬成就:成熟。 ⑭愍(mǐn):哀怜。州华之间:四字疑误。 ⑮度(duó):考量。 ⑯引:延伸。

短长之质①,人之所由受于天也。是故寿有短长,养有得失,及至其末之②,大卒而必雠于此③,莫之得离,故寿之为言,犹雠也。天下之人虽众,不得不各雠其所生,而寿夭于其所自行④。自行可久之道者,其寿雠于久;自行不可久之道者,其寿亦雠于不久。久与不久之情,各雠其生平之所行,今如后至,不可得胜⑤。故曰:寿者,雠也。然则人之所自行,乃与其寿夭相益损也。其自行佚而寿长者⑥,命益之也;其自行端而寿短者,命损之也。以天命之所损益,疑人之所得失,此大惑也。是故天长之而人伤之者,其长损;天短之而人养之者,其短益。夫损益者皆人,人其天之继欤!出其质而人弗继⑦,岂独立哉⑧!

[注释]①质:实质,根本。 ②末:死亡。 ③大卒:大率,大概。雠(chóu):对称。 ④自行:自身的行为。 ⑤胜:超过。 ⑥佚:安逸。 ⑦继:继承。 ⑧岂独立哉:当做"岂不哀哉"。

天地之行第七十八

[**题解**]本篇主要论述治国安民之道。天地之道是天尊地卑，各司其职。人之道应效法天地之道，任人唯贤、仁爱万民、无为而治是君道；忠贞不渝、辅助君王、积极有为是为臣之道。概而论之，君之德在于贤，臣之德在于忠。

天地之行美也。是以天高其位而下其施①，藏其形而见其光②，序列星而近至精③，考阴阳而降霜露④。高其位，所以为尊也；下其施，所以为仁也；藏其形，所以为神也；见其光，所以为明也；序列星，所以相承也；近至精，所以为刚也；考阴阳，所以成岁也；降霜露，所以生杀也。为人君者，其法取象于天，故贵爵而臣国，所以为仁也；深居隐处，不见其体，所以为神也；任贤使能，观听四方，所以为明也；量能授官，贤愚有差⑤，所以相承也；引贤自近，以备股肱⑥，所以为刚也；考实事功，次序殿最⑦，所以成世也；有功者进，无功者退，所以赏罚也。是故天执其道，为万物主；君执其常，为一国主。天不可以不刚，主不可以不坚。天不刚，则列星乱其行；主不坚，则邪臣乱其官。星乱则亡其天,臣乱则亡其君。故为天者,务刚其气;为君者,务坚其政,刚坚然后阳道制命⑧。

[注释]①施:施与。 ②见:通"现"。 ③序:排列顺序。近至精:三字无义,疑有讹误。 ④考:形成。 ⑤差(cī):等差。 ⑥股肱:大腿与胳膊,比喻聪明能干的辅佐大臣。 ⑦殿最:最低与最高。 ⑧阳道:天道,君道。制命:发挥优势。

地卑其位而上其气,暴其形而著其情①,受其死而献其生,成其事而归其功②。卑其位,所以事天也;上其气,所以养阳也;暴其形,所以为忠也;著其情,所以为信也;受其死,所以藏终也;献其生,所以助明也③;成其事,所以助化也④;归其功,所以致义也⑤。为人臣者,其法取象于地,故朝夕进退,奉职应对,所以事贵也;供设饮食,候视疢疾⑥,所以致养也;委身致命⑦,事无专制,所以为忠也;竭愚写情⑧,不饰其过,所以为信也;伏节死难⑨,不惜其命,所以救穷也;推进光荣,褒扬其善,所以助明也;受命宣恩,辅成君子,所以助化也;功成事就,归德于上,所以致义也。是故地明其理,为万物母;臣明其职,为一国宰。母不可以不信,宰不可以不忠。母不信,则草木伤其根;宰不忠,则奸臣危其君。根伤则亡其枝叶,君危则亡其国。故为地者,务暴其形;为臣者,务著其情。

[注释]①暴:显现。著:彰显。 ②归其功:不居功自傲。 ③明:通"萌",萌芽。 ④化:化育。 ⑤致:尽。 ⑥疢(chèn):热病。 ⑦委身致命:献出生命。 ⑧竭:尽全力。写(xiè):通"泻",表达。 ⑨伏节:殉节而死。

一国之君,其犹一体之心也:隐居深宫,若心之藏于胸;至贵无与敌,若心之神无与双也;其官人上士①,高清明而下重浊②,若身之贵目而贱足也;任群臣无所亲③,若四肢之各有职也;内有四辅④,若心之有肝肺脾肾也;外有百官,若心之有形体孔窍也;亲圣近贤,若神明皆聚于心也⑤;上下相承顺,若肢体相为使也;布恩施惠,若元气之流皮毛腠理也⑥;百姓皆得其所,若血气和平,形体无所苦也;无为致太平,若神气自通于渊也⑦;致黄龙、凤皇⑧,若神明之致玉女芝英也⑨。君明,臣蒙其功,若心之神,体得以全;臣贤,君蒙其恩,若形体之静而心得以安;上乱,下被其患⑩,若耳目不聪明而手足为伤也;臣不忠而君灭亡,若形体妄动而心为之丧。是故君臣之礼,若心之与体;心不可以不坚,君不可以不贤;体不可以不顺,臣不可以不忠。心所以全者,体之力也;君所以安者,臣之功也。

[注释]①官:授予官职。上:崇尚。　②清明:清廉正直之士。重浊:昏庸无能之辈。　③无所亲:无所偏爱。　④四辅:国君身边四位辅佐大臣,即左辅、右弼、前疑和后丞。　⑤神明:精神。　⑥腠(còu)理:皮肤纹理。
⑦渊:指人身上的膻中穴,位于胸中两乳之间。　⑧黄龙、凤皇:古人所信仰的祥瑞之物。　⑨玉女:仙女。芝英:长生不老药。　⑩被:蒙受。

威德所生第七十九

[题解]天之德为温和、恩爱、公平和威严,春代表天之温和,夏代表天之恩爱,秋代表天之公平,冬代表天之威严。人道应遵从天道,"行天德者,谓之圣人"。所以,君王也应有温和、恩爱、公平和威严四德,喜怒哀乐的表露不违背常理,赏善罚恶不违背道义。

天有和、有德、有平①、有威,有相受之意②,有为政之理,不可不审也。春者,天之和也;夏者,天之德也;秋者,天之平也;冬者,天之威也。天之序,必先和然后发德③,必先平然后发威。此可以见不和不可以发庆赏之德,不平不可以发刑罚之威。又可见德生于和,威生于平也。不和无德,不平无威,天之道也,达者以此见之矣④。我虽有所愉而喜,必先和心以求其当,然后发庆赏以立其德。虽有所忿而怒,必先平心以求其政,然后发刑罚以立其威。能常若是者,谓之天德。行天德者,谓之圣人。

[注释]①平:公平。 ②相受:天人感应。 ③发:显现。 ④达者:明白道理之人。

为人主者,居至德之位,操杀生之势,以变化民①。民之从主也,如草木之应四时也,喜怒当寒暑,威德当冬夏。冬夏者,威德之合也;寒暑者,喜怒之偶也②。喜怒之有时而当发,寒暑亦有时而当出,其理一也。当喜而不喜,犹当暑而不暑;当怒而不怒,犹当寒而不寒;当德而不德,犹当夏而不夏;当威而不威,犹当冬而不冬也。喜怒威德之不可以不直处而发也,如寒暑冬夏之不可不当其时而出也。故谨善恶之端。何以效其然也?《春秋》采善不遗小,掇恶不遗大③,讳而不隐,罪而不忽④。□□以是非,正理以褒贬。喜怒之发,威德之处,无不皆中,其应可以参寒暑冬夏之不失其时已。故曰圣人配天。

[**注释**]①变化:教化。　②偶:成双,对应。　③掇:拾取。　④忽:忽略。

如天之为第八十

[题解]本篇从气学角度论述天人合一、天人感应。天有暖清寒暑,人有好恶喜怒,表现形式不同,但性质一样。天有春夏秋冬,所以统治者在春季应修治仁爱,在夏季应修治恩爱,在秋季应修治道义,在冬季应修治刑法。

阴阳之气,在上天亦在人。在人者为好恶喜怒,在天者为暖清寒暑。出入、上下、左右、前后,平行而不止,未尝有所稽留滞郁也①。其在人者,亦宜行而无留,若四时之条条然也②。夫喜怒哀乐之止动也,此天之所为人性命者。临其时而欲发,其应亦天应也,与暖清寒暑之至其时而欲发无异。若留德而待春夏③,留刑而待秋冬也④,此有顺四时之名,实逆于天地之经⑤。在人者亦天也,奈何其久留天气,使之郁滞,不得以其正周行也⑥。是故天行谷朽寅⑦,而秋生麦,告除秽而继乏也⑧。所以成功继乏,以赡人也。

[注释]①稽留:停留。滞:阻塞。郁:郁结。 ②条条然:通畅无阻。③留德而待春夏:春夏向民众施行恩德。 ④留刑而待秋冬:秋冬季实行

刑杀。　⑤天地之经:自然之规律。　⑥正周行:正常地周转流行。　⑦谷朽寅:稻谷长于春季,成熟于夏季。朽:成熟。寅:地支之一,寅代表木,木属春。　⑧除秽:去除污垢。继乏:赈济穷困。

天之生有大经也,而所周行者,又有害功也①。除而杀殄者②,行急皆不待时也,天之志也,而圣人承之以治。是故春修仁而求善,秋修义而求恶③,冬修刑而致清,夏修德而致宽。此所以顺天地、体阴阳。然而方求善之时,见恶而不释④;方求恶之时,见善亦立行。方致清之时,见大善亦立举之;方致宽之时,见大恶亦立去之。以效天地之方生之时有杀也,方杀之时有生也。是故志意随天地,缓急仿阴阳。然而人事之宜行者,无所郁滞,且恕于人,顺于天,天人之道兼举,此谓执其中。天非以春生人、以秋杀人也。当生者曰生,当死者曰死,非杀物之义待四时也。而人之所治也,安取久留当行之理,而必待四时也。此之谓壅,非其中也。人有喜怒哀乐,犹天之有春夏秋冬也。喜怒哀乐之至其时而欲发也,若春夏秋冬之至其时而欲出也,皆天气之然也。其宜直行而无郁滞,一也。天终岁乃一遍此四者,而人主终日不知过此四之数,其理故不可以相待。且天之欲利人,非直其欲利谷也⑤。除秽不待时,况秽人乎⑥!

[注释]①又:疑有脱文。害:妨害。　②殄(jǐn):诛杀。　③求:审讯。　④释:宽宥。　⑤直:仅仅。　⑥秽人:坏人,恶人。

天地阴阳第八十一

[题解]本篇从气学高度论述天人关系。天、地、阴、阳、木、火、土、金、水,与人构成"天之数",在十大要素中,人最为尊贵,因为人能赞天地之化育。社会安定和谐,天地之化育就精妙;社会混乱,生灵涂炭,天地之化育就会受到损害。

天、地、阴、阳、木、火、土、金、水九,与人而十者,天之数毕也。故数者至十而止,书者以十为终,皆取之此。圣人何其贵者?起于天,至于人而毕。毕之外谓之物,物者投所贵之端①,而不在其中。以此见人之超然万物之上,而最为天下贵也。人,下长万物,上参天地②。故其治乱之故③,动静顺逆之气,乃损益阴阳之化,而摇荡四海之内。物之难知者若神,不可谓不然也。今投地死伤而不腾相助④,投淖相动而近⑤,投水相动而愈远。由此观之,夫物愈淖而愈易变动摇荡也。今气化之淖,非直水也,而人主以众动之无已时,是故常以治乱之气,与天地之化相殽而不治也⑥。世治而民和,志平而气正,则天地之化精,而万物之美起。世乱而民乖⑦,志僻而气逆⑧,则天地之化伤,气生灾害起⑨。是故治世之德,润草木,泽流四海,功过神明;乱世之所起,亦博若是⑩。皆因天地之化,以成败物;乘阴阳之资⑪,以任其所为。故为恶愆人力而功伤⑫,名自过也⑬。

[**注释**]①物者投所贵之端:天地万物按类别分别归属到从天到人的十端之下。投:归属。 ②参:并立。 ③故:所作所为。 ④不腾相助:孙诒让认为当改为"不能相动"。 ⑤淖(nào):沼泽。 ⑥殽(xiáo):混乱,混杂。 ⑦乖:不和。 ⑧僻:邪僻。 ⑨气生灾害起:"气"字前疑有脱文。 ⑩亦博若是:当做"亦复若是"。 ⑪乘:凭借。资:作用,功效。 ⑫愆(qiān):过错。 ⑬名自过也:句疑有误,不可解。

天地之间,有阴阳之气,常渐人者①,若水常渐鱼也。所以异于水者,可见与不可见耳,其澹澹也②。然则人之居天地之间,其犹鱼之离水③,一也,其无间④。若气而淖于水⑤,水之比于气也,若泥之比于水也。是天地之间,若虚而实,人常渐是澹澹之中,而以治乱之气与之流通相殽也。故人气调和,而天地之化美,殽于恶而味败,此易之物也。推物之类,以易见难者,其情可得。治乱之气,邪正之风,是殽天地之化者也。生于化而反殽化,与运连也。《春秋》举世事之道,夫有书,天之尽与不尽,王者之任也。《诗》云:"天难谌斯,不易维王。"⑥此之谓也。夫王者不可以不知天。知天,诗人之所难也。天意难见也,其道难理⑦。是故明阳阴、入出、实虚之处,所以观天之志。辨五行之本末、顺逆、小大、广狭,所以观天道也。天志仁,其道也义。为人主者,予夺生杀,各当其义,若四时;列官置吏,必以其能,若五行;好仁恶戾⑧,任德远刑,若阴阳。此之谓能配天。

[注释]①渐:浸润。 ②澹澹(dàn dàn):淡薄无形。 ③离:通"丽",附着。 ④间:隔阂。 ⑤淖:柔和。 ⑥天难谌斯,不易维王:引诗出自《诗经·大雅·大明》,原文为"天难忱斯,不易维王"。 忱:恒常。斯:语气词。维:为。此句言天命无常,为天子不容易。 ⑦理:理顺,明白。 ⑧戾(lì):罪恶。

天者其道长万物①,而王者长人②。人主之大,天地之参也③;好恶之分,阴阳之理也;喜怒之发,寒暑之比也;官职之事,五行之义也。以此长天地之间,荡四海之内,殽阴阳之气,与天地相杂。是故人言:既曰王者参天地矣,苟参天地,则是化矣④,岂独天地之精哉!王者亦参而殽之,治则以正气殽天地之化,乱则以邪气殽天地之化,同者相益,异者相损之数也,无可疑者矣。

[注释]①长:生长。 ②长:化育。 ③参:通"三",天、地、人为三。 ④化:化育。

天道施第八十二

[**题解**] 本篇主要论述礼治的重要性。礼是治国安民之根本，礼因循人情而制定，人情又是人性的外在表现。因此，礼制约人情，另一方面礼又必须不违人性。"以礼义为道则文德"，以礼为生活准则，德性就会美好。

天道施①，地道化②，人道义。圣人见端而知本，精之至也；得一而应万，类之治也③。动其本者，不知静其末。受其始者，不能辞其终。利者，盗之本也。妄者，乱之始也。夫受乱之始，动盗之本，而欲民之静，不可得也。故君子非礼而不言，非礼而不动。好色而无礼则流④，饮食而无礼则争，流、争则乱。夫礼，体情而防乱者也⑤。民之情，不能制其欲，使之度礼⑥。目视正色，耳听正声，口食正味，身行正道，非夺之情也⑦，所以安其情也。变谓之情，虽持异物性亦然者，故曰内也。变变之变⑧，谓之外。故虽以情，然不为性说⑨。故曰外物之动性，若神之不守也。积习渐靡⑩，物之微者也，其入人不知⑪，习忘乃为，常然若性，不可不察也。纯知轻思则虑达⑫，节欲顺行则伦得⑬，以谏争僴静为宅⑭，以礼义为道则文德⑮。是故至诚遗物而不与变，躬宽无争而不以与俗推⑯，众强弗能入⑰。蜩蜕浊秽之中⑱，含得命施之理⑲，与万物迁徙而不自失者⑳，圣人之心也。

[注释]①施：施与。 ②化：化育。 ③类：统类。治：治理。 ④流：淫乱。 ⑤体情：了解人性。 ⑥度礼：以礼为规范。 ⑦夺：失。 ⑧变变之变：当为"变情之变"，指影响人类情感变化的外在因素。 ⑨不为性说：已失去人之本性。 ⑩渐靡：逐渐增多。 ⑪入人：影响人。 ⑫纯：全部。轻思：思不过节。 ⑬伦得：得伦，指言行符合伦理规范。 ⑭僴静：娴静。僴通"娴"。 ⑮文德：德文，指言行举止优雅。 ⑯躬宽：宽宏大度。躬：身体。 ⑰众强：指外在邪念与邪恶势力。 ⑱蜩（tiáo）：蝉。蜕：蜕化。 ⑲含得：包含。命施：天命施与。 ⑳自失：丧失自我本性。

名者，所以别物也①。亲者重，疏者轻，尊者文，卑者质，近者详，远者略，文辞不隐情，明情不遗文②，人心从之而不逆③，古今通贯而不乱，名之义也。男女犹道也④。人生别言礼义，名号之由人事起也。不顺天道，谓之不义。察天人之分，观道命之异，可以知礼之说矣。见善者不能无好，见不善者不能无恶，好恶去就，不能坚守，故有人道。人道者，人之所由⑤，乐而不乱，复而不厌者。万物载名而生，圣人因其象而命之。然而可易也，皆有义从也，故正名以名义也。物也者，洪名也⑥，皆名也，而物有私名⑦，此物也非夫物。故曰：万物动而不形者，意也；形而不易者，德也；乐而不乱，复而不厌者，道也。

[注释]①别:区别。　②情:实情。　③逆:违背。　④道:阴阳之道。　⑤由:遵从。　⑥洪名:相当于逻辑学上的集合概念。　⑦私名:具体事物的具体概念。

参考文献

徐中舒:《殷周金文集录》,四川辞书出版社,1986年版。
凌曙注:《春秋繁露》,中华书局,1975年版。
钟肇鹏主编:《春秋繁露校释》(校补本),河北人民出版社,2005年版。
周桂钿、朋星等译注:《春秋繁露》,山东友谊出版社,2001年版。
周桂钿:《董学探微》,北京师范大学出版社,1989年版。
王永祥:《董仲舒评传》,南京大学出版社,1995年版。
袁长江主编:《董仲舒集》,学苑出版社,2003年版。
杨伯峻:《春秋左传注》,中华书局,1990年版。
傅隶朴:《春秋三传比义》,中国友谊出版公司,1984年版。
《国语》,吉林文史出版社,1991年版。
[宋]朱熹:《四书集注》,岳麓书社,1987年版。
[清]刘宝楠:《论语正义》,《诸子集成》本,上海书店,1986年版。
[清]焦循:《孟子正义》,《诸子集成》本,上海书店,1986年版。
程树德:《论语集释》,中华书局,1990年版。
钱穆:《论语新解》,三联书店,2002年版。
朱谦之:《老子校释》,中华书局,1984年版。
[清]郭庆藩:《庄子集释》,《诸子集成》本,上海书店,1990年版。

陈奇猷:《韩非子集释》,上海人民出版社,1974 年版。

严北溟:《列子译注》,上海古籍出版社,1991 年版。

吴毓江:《墨子校注》,中华书局,1993 年版。

[汉]司马迁:《史记》,中华书局标点本,1959 年版。

[汉]班固:《汉书》,中华书局标点本,1962 年版。

陈奇猷:《吕氏春秋校释》,学林出版社,1995 年版。

刘文典:《淮南鸿烈集解》,中华书局,1997 年版。

[宋]黎靖德:《朱子语类》,中华书局,1994 年版。

[宋]程颢、程颐:《二程集》,中华书局,1981 年版。

严可均:《全上古三代秦汉三国六朝文》,中华书局,1958 年版。

[清]黄宗羲著、[清]全望祖补修:《宋元学案》,中华书局,1986 年版。

胡适:《中国哲学史大纲》,东方出版社,1996 年版。

冯友兰:《三松堂学术文集》,北京大学出版社,1984 年版。

冯友兰:《中国哲学史新编》,人民出版社,1984 年版。

冯友兰:《中国哲学简史》,北京大学出版社,1996 年版。

张岱年:《中国哲学大纲》,中国社会科学出版社,1994 年版。

任继愈主编:《中国哲学发展史》(秦汉卷),人民出版社,1985 年版。

张立文:《宋明理学研究》,中国人民大学出版社,1985 年版。

陈来:《宋明理学》,辽宁教育出版社,1991 年版。

陈少峰著:《中国伦理学史》,北京大学出版社,1996 年版。

李泽厚:《中国古代思想史论》,人民出版社,1986 年版。

列维·布留尔:《原始思维》,商务印书馆,1994 年版。

黑格尔:《小逻辑》,商务印书馆,1986 年版。

康德:《实践理性批判》,商务印书馆,1960 年版。

李约瑟:《中国科学技术史》第二卷《科学思想史》,科学出版社、上海古籍出版社,1990年版。

俞荣根:《儒家法思想通论》,广西人民出版社,1998年版。

甘肃省武威县博物馆:《汉简研究文集》,甘肃人民出版社,1984年版。

黄留珠:《秦汉仕进制度》,西北大学出版社,1985年版。

近期国学读物要目

国学新读本
诗经　梁锡锋　注说
论语　臧知非　注说
尚书　姜建设　注说
国语　曹建国　张玖青　注说
孔子家语　杨朝明　注说
山海经　郑慧生　注说
墨子　苏凤捷　程梅花　注说
孟子　何晓明　周春健　注说
庄子　曹础基　注说
荀子　杨朝明　注说
韩非子　赵　沛　注说
孙子兵法　赵国华　注说
楚辞　李中华　邹福清　注说
潜夫论　王　健　注说
文心雕龙　戚良德　注说
商君书　徐莹　注说
战国策　张彦修　注说
淮南子　杨有礼　注说
老子　曹峰　注说
礼记　杨天宇　注说
吕氏春秋　张福祥　注说
世说新语　赵成林　陈艳　注说
史通　李振宏　注说
春秋繁露　曾振宇　注说

百年河大国学旧著新刊
河洛方言诠诂　王广庆　著
三统历表　邵瑞彭　著
中国戏剧概论　卢前　著
晚明思想史论　嵇文甫　著
论语新探　赵纪彬　著

天问研究　孙作云　著
汉魏六朝文学史　李嘉言　著
金艺文志　金登科记考　万曼　著
唐集叙录　万曼　著
中国文学史新编　张长弓　著
汉碑集释　高文　著
袁中郎研究　任访秋　著
东夷杂考　李白凤　著
宋会要辑稿考校　王云海　著
长江集新校　李嘉言　著
高适岑参选集　高文　王刘纯　选著
花间集注　华锺彦　著
庆湖遗老诗集校注　王梦隐　著
曾瑞散曲集校注　李春祥　著
辛弃疾选集　佟培基　选著

于安澜书画学四种
画论丛刊
画史丛书
画品丛书
书学名著选

元典文化丛书
中华第一经——《周易》与中国文化　宋会群　苗雪兰　著
教化百科——《诗经》与中国文化　孙克强　张小平　著
经国治民之典——《周礼》与中国文化　郝铁川　著
哲人的智慧——《老子》与中国文化　高秀昌　龚力　著
圣人箴言录——《论语》与中国文化　李振宏　著
武学圣典——《孙子兵法》与中国文化　龚留柱　著
亚圣思辨录——《孟子》与中国文化　何晓明　著
逍遥之祖——《庄子》与中国文化　白本松　王利锁　著
外王之学——《荀子》与中国文化　张曙光　著
中国帝王术——《韩非子》与中国文化　王宏斌　著
史家绝唱——《史记》与中国文化　邓鸿光　著
诸经总龟——《春秋》与中国文化　涂文学　周德钧　著
管理宝典——《管子》与中国文化　袁闯　著
纵横家书——《战国策》与中国文化　张彦修　著
人仙之间——《抱朴子》与中国文化　徐仪明　冷天吉　著

医学圣典——《黄帝内经》与中国文化　王庆宪　梁晓珍　著
礼乐渊薮——《礼记》与中国文化　黄宛峰　著
词章之祖——《楚辞》与中国文化　李中华　著
星学宝典——《历书天官书》与中国文化　郑慧生　著
天人衡中——《春秋繁露》与中国文化　曾振宇　范学辉　著
王政全书——《吕氏春秋》与中国文化　张富祥　著
神话之源——《山海经》与中国文化　高有鹏　孟芳　著
新道鸿烈——《淮南子》与中国文化　杨有礼　著
史家龟鉴——《史通》与中国文化　曾凡英　著
政事纲纪——《尚书》与中国文化　姜建设　著
春秋弦歌——《左传》与中国文化　龚留柱　著
平民理想——《墨子》与中国文化　苏凤捷　程梅花　著
人伦本原——《孝经》与中国文化　臧知非　著
法典之王——《唐律疏议》与中国文化　徐永康　吉霁光　郑取　著
文论巨典——《文心雕龙》与中国文化　戚良德　著

宋代研究丛书

北宋诗学　张海鸥　著
宋代东京研究　周宝珠　著
宋代地域经济　程民生　著
宋代监察制度　贾玉英　著
宋代官员选任和管理制度　苗书梅　著
宋代地域文化　程民生　著
宋代文学通论　王水照　主编
宋代司法制度　王云海　主编
宋代教育　苗春德　主编
清明上河图与清明上河学　周宝珠　著
宋代文化史　姚瀛艇　主编
黄庭坚与宋代文化　杨庆存　著
宋代交通管理制度研究　曹家齐　著
岳飞和南宋前期政治与军事研究　王曾瑜　著
成圣之道——北宋二程修养工夫论之研究　温伟耀　著
宋代绘画研究　邓乔彬　著

汉语史专书语法研究丛书

《三朝北盟会编》语法研究　刁晏斌　著
《荀子》虚词研究　黄珊　著
《晏子春秋》词类研究　姚振武　著

《聊斋俚曲》语法研究　　冯春田　著
《孟子》词类研究　　崔立斌　著
《朱子语类辑略》语法研究　　吴福祥　著
敦煌变文12种语法研究　　吴福祥　著
《吕氏春秋》句法研究　　殷国光　著
《尚书》语法论稿　　钱宗武　著
《左传》语法研究　　何乐士　著
《元典章·刑部》语法研究　　李崇兴　祖生利　著
汉语语法史断代专书比较研究　　何乐士　著

图书在版编目（CIP）数据

春秋繁露/曾振宇注说.—开封：河南大学出版社，2009.4(2015.1重印)

（国学新读本）

ISBN 978-7-81091-106-1

Ⅰ.春… Ⅱ.曾… Ⅲ.①儒家②春秋繁露—注释 Ⅳ.B234.52

中国版本图书馆 CIP 数据核字（2009）第 045997 号

责任编辑	龚留柱
责任校对	龙　田
封面设计	马　龙

出版发行	河南大学出版社
	地址：河南省开封市明伦街 85 号　邮编：475001
	电话：0371－22825003（营销部）　网址：www.hupress.com
排　版	河南新华印刷集团有限公司
印　刷	开封智圣印务有限公司
版　次	2009 年 4 月第 1 版　印次　2015 年 1 月第 4 次印刷
开　本	650mm×960mm　1/16　印张　24.75
字　数	310 千字　印数　3001—4000 册
定　价	45.00 元

（本书如有印装质量问题请与河南大学出版社营销部联系调换）